# 問いからはじめる発達心理学

生涯にわたる育ちの科学

[改訂版]

DEVELOPMENTAL PSYCHOLOGY BEGINNING WITH QUESTIONS: A LIFE-SPAN VIEW

著・坂上裕子
　　山口智子
　　林　創
　　中間玲子

有斐閣ストゥディア

## はしがき──改訂版によせて

　この本では，人の心が生涯を通してどのようなメカニズムのもとに，どのような発達を遂げていくのかを扱っています。人は，生物としてのヒトの特徴をもちながら，時代や社会の影響を受け，コミュニティの中でさまざまな人たちとの関わりを通して発達していきます。

　本書の初版が出版されてから10年近く経ちました。その間，日本を含む世界はコロナ禍に見舞われました。コロナ禍では，人びとが直接的に関わる機会がさまざまなところで奪われました。とりわけ，人と人との直接的なふれあいがその営みの中心にある子育ち・子育てに与えた影響は，小さくなかったといえます。コロナ禍後に行われた，乳幼児を子育て中の母親を対象としたある調査では，「子どもがわずらわしくていらいらする」「子どもが将来うまく育っていくか心配になる」と回答した人の割合が，前回2015年の調査から大幅に増加しました。これには，コロナ禍でコミュニティの対人関係が縮小化し，子育てを手助けしてくれる人や子育ての仲間が減ったことや，子育ての負担が依然として母親に偏っていること，また，「子育ても大事だが，自分の生き方も大切にしたい」と考える人が増えたことが関係しているようです。

　一方で，コロナ禍がもたらした変化には，好ましいものもあります。ICT化やテレワークの導入によって，働き方改革が進み，男性の家事・育児への関与や，子育て中の女性の就労が促進されました。この背景には，少子高齢化と労働力不足というより深刻な社会問題もありますが，若い世代では性役割分業意識が薄れ，個人が自身の価値観や状況に応じた生き方を選択できる自由度が高まっています。

　個人が自身の生き方を自由に選択しやすい時代や社会になったこと，それ自体は望ましい変化です。ただしそれは，個人の責任を問う風潮の高まりとも表裏一体です。自己責任論の高まりは，失敗への恐れを生みます。子育てに照らしていえば，子どもをもつことへのハードルを上げ，大人や社会が望む子ども像を子どもに押しつけることや，子育てにおいて目に見える成果を追うことにつながります。また，自分の意志とは無関係に誰にでも起こりうる，事故や病

気による障がいの可能性を考えると，行きすぎた自己責任論は，人が安心して自分らしく生きていくことを阻む要因となりえます。

家族や地域のつながりが希薄化した現状を受け，日本では，子育てや介護の社会化が進められています。すなわち，家族や個人が負担する子育てや介護の役割を，政府や地域社会，企業を含む社会全体で分担し，支えていくための仕組みづくりが進展しています。人が育ち，育てられることや，人が老いることを，社会の皆で支えあおう，という方向への転換です。この流れを充実させていくためには，法律面や環境面の整備はもちろんのこと，自分と異なる世代や異なるライフコースを歩む人たちへの関心と相互理解が不可欠です。

私たちは皆，生物の「ヒト」として生まれ，同じような変化を経験しながら発達していきます。この共通性があるからこそ，私たちは，同世代の仲間と興味や関心，悩みを共有することができるのです。また，少し先を行く世代の人びとは，そうした悩みの乗り越え方を経験的に知っているからこそ，自分よりも若い世代の人に寄り添い，支えていくことができます。若い世代は，先を行く世代が乗り越えてきた悩みや，いまもまた別の悩みや問題に向き合っていることを知ることで，先を行く世代の人たちへの感謝や尊敬の念をもつようになるのでしょう。

本書では，「この年代にはこのような変化が起こる」という発達の共通性の記述に紙面の多くを費やしていますが，人の心の発達は，時代や社会の影響を受けています。10年ぶりの改訂となる本書では，時代や社会の変化の影響がより大きい，青年期，成人期の発達に関する内容を刷新しました。また，乳児期，幼児期，児童期の発達に関しては，初版の内容に新たな知見を加えました。内容が大きく変わっていないトピックもありますが，それらはより普遍的な発達のプロセスに関わるものであるといえます。

また，発達には，共通性だけではなく個別性もあります。一人ひとりが生まれもった資質は異なることに加え，発達の過程でどのような人に出会い，どのような経験をしてきたのかは，人によってさまざまです。その人が出会う一人ひとりの人や，1つひとつの出来事が，その人の発達を形づくっていくのだといえます。本書を読み進める際には，発達の共通性と個別性について，実体験を振りかえったり，身近な人たちと話しあったり，周りの人たちを観察したり

することを通して，確認してみてください。そのためのツールとして，各章には QUESTION（クエスチョン）を設けてあります。ぜひ，いろいろな人たちと QUESTION の答えを分かちあい，発達についての見方を広げ，考えを深めてください。

著者ら4人は，心理学を学ぶ学生や，教職をめざす学生，福祉の仕事を志す学生を対象に，異なる地域の大学で教鞭をとりながら，異なる世代の人たちを対象に研究や支援の仕事をしてきました。また，仕事と並行して，各々がこの10年の間に，次のライフステージへと歩みを進めてきました。今回の改訂版には，各々が職業生活や私的な生活の中で経験してきたことをふまえ，読者に伝えたいと考えた内容がこめられています。本書が，学問的な知識を得るためだけでなく，読者が自身や周りの人を理解し，これからの歩みを考える手がかりとなれば，筆者としてはこれほど嬉しいことはありません。今回の改訂作業に辛抱強くお付き合いくださり，最後まで丁寧なサポートをしてくださった有斐閣の中村さやかさんに，深く感謝いたします。

最後に，本書の出版を目前にして，私たちの大切な仲間であり，著者の1人である中間玲子さんが，この世を旅立ちました。大学での教育や書籍を通して次世代，とりわけ青年期の人たちの発達を後押しすることに力を尽くした，彼女のジェネラティヴィティの証として，感謝の気持ちをこめて本書を彼女の御前に捧げます。

2024 年 8 月

著者を代表して　坂上 裕子

┌─ インフォメーション ─────────────────────
●**各章のツール**　各章には，KEYWORDS，QUESTION，POINT が収録されており，適宜 Column，**comment** が挿入されています。
＊本文中の重要な語句および基本的な用語を，本文中では太字（ゴシック体）にし，章の冒頭には KEYWORDS 一覧にして示しています。
＊本文中に，学びのスイッチを入れるツールとして，「考えてみよう」「やってみよう」と読者へ問いかける QUESTION を設けています。自分のことを想像したり，振りかえったり，身近な人たちと話をしたり，周りの人たちを観察したりしてみてください。
＊章末には，各章の要点をわかりやすく簡潔にまとめた POINT が用意されています。
＊また，本文の内容に関連したテーマを，読み切り形式で Column として適宜解説しています。
＊本文中で右上に★印をつけている文や用語については，より理解を深めるための補足情報を，**comment** として該当頁の下部で解説しています。
●**索　引**　巻末に，索引を精選して用意しました。より効果的な学習に役立ててください。
●**ウェブサポート**　本書を利用した学習をサポートする資料を提供していきます。
http://www.yuhikaku.co.jp/books/detail/9784641151291　
─────────────────────────────

# 著 者 紹 介

坂上 裕子（さかがみ ひろこ）
　　　　担当　序，第 **1**, **2**, **4**, **5**, **6** 章，**11** 章（共同執筆），**13** 章（共同執筆），Column ④
青山学院大学教育人間科学部教授
主　著
『子どものこころの発達がよくわかる本』（監修）講談社，2024 年。『新乳幼児発達心理学――子どもがわかる好きになる』第 2 版（共編著）福村出版，2023 年。『子どもの反抗期における母親の発達――歩行開始期の母子の共変化過程』風間書房，2005 年。

> **読者へのメッセージ**
> 　私たちは皆，それぞれが，それぞれの年代の発達上の課題に向き合いながら，生活を共にし，日々を積み重ねています。このテキストが，あなた自身のことを，そして，あなたにとって大切な人たち，あなたの身近にいる人たちを理解するうえで，役に立つことを願っています。

山口 智子（やまぐち さとこ）　担当　第 **11** 章（共同執筆），**12** 章，**13** 章（共同執筆）
日本福祉大学名誉教授
主　著
『喪失のこころと支援――悲嘆のナラティヴとレジリエンス』（編著）遠見書房，2023 年。『老いのこころと寄り添うこころ――介護職・対人援助職のための心理学』改訂版（編著）遠見書房，2017 年。『人生の語りの発達臨床心理』ナカニシヤ出版，2004 年。

> **読者へのメッセージ**
> 　発達心理学は，自己理解を深めるだけでなく，臨床実践にも役立ちます。特に，発達の道筋の理解，交流を楽しむ姿勢，発達を期待するまなざし，発達を促す環境づくりが重要です。また，私の研究テーマ「人は人生をどのように語るのか」は学生時代の「なぜカウンセリングは役立つのか」という問いとつながっています。20 歳前後に見つけた問いは貴重です。コロナ禍や AI 活用など社会の急激な変化を経験しているいま，問いをもつこと，仲間と語り共有することの重要性が増しています。この本をあなたの問いの発見や仲間との語らいに役立ててほしいと思います。

**林　創**（はやし　はじむ）　　　　　　　　　担当　第 3, 7, 8 章，Column ①

神戸大学大学院人間発達環境学研究科教授

**主　著**

『子どもの社会的な心の発達——コミュニケーションのめばえと深まり』金子書房，2016 年。『社会性の発達心理学』（共編著）ナカニシヤ出版，2024 年。『他者とかかわる心の発達心理学——子どもの社会性はどのように育つか』（共編著）金子書房，2012 年。

> **読者へのメッセージ**
> 　人の心の働きは，その発達の様子を知ることで，ますますおもしろくなります。各章に設けられた問いを考え，このテキストを読み終えた頃には，「子どもはこんなふうに考えるんだ」「青年や高齢者にはこんな特徴があるんだ」といったように，「世の中の見え方」や「人に対する感じ方」が変化していることにきっと驚かれることでしょう。このテキストによって，さらに発達心理学に関心を深めていただけると嬉しいです。

**中間　玲子**（なかま　れいこ）　　　　　　　担当　第 9, 10 章

元兵庫教育大学教授

**主　著**

『自尊感情の心理学——理解を深める「取扱説明書」』（編著）金子書房，2016 年。『自己の心理学を学ぶ人のために』（分担執筆）世界思想社，2012 年。『自己形成の心理学』風間書房，2007 年。

> **読者へのメッセージ**
> 　自分がどんな人間なのか，どのように生きていけばいいのか。そんなことを考えるとき，ちょっと広い視点に立ってみると，違った世界が見えてきます。ヒトであることの不思議，この時代・社会に生まれた不思議。その不思議の中で，いろんな人と出会い，経験し，そしてこういう自分になってきたという事実。自分が生きているということの醍醐味を味わうヒントになれば幸いです。

# 目 次

はしがき――改訂版によせて ——————————————— i

## CHAPTER 0 ヒトとして生まれ，人として生きる 1

人の生涯をめぐる普遍的な営みと今日的課題（1） 本書の概要と構成（4） 発達段階と発達課題（5） 本書を手にしたあなたへ（8）

## CHAPTER 1 発達するとはどういうことか 9

### 1 発達観の変化 ………………………………………………… 9
発達のゴールとしての大人（10） 寿命の伸長とライフサイクルの変化（10） 発達するのは子どもだけか？――求められる新たな発達観（10）

### 2 生涯発達心理学の理論的枠組み ……………………………… 12
生涯にわたる発達（13） 発達の多次元性・多方向性（13） 獲得と喪失としての発達（14） 歴史に埋め込まれた発達（15） 発達の可塑性（16）

### 3 進化の産物としてのヒトの発達 ……………………………… 17
大きな脳（18） 他者の心を理解すること，自己を反省的に見ること（19） 長い子ども期と高齢期の存在（20）

### 4 社会や文化の産物としての発達 ……………………………… 22

### 5 遺伝と環境――生まれは育ちを通して ……………………… 23
遺伝情報が発現するメカニズム（24） 形質の個人差は何によって説明されるのか（26）

Column① 知　能　14

vii

## CHAPTER 2 生命の芽生えから誕生まで　31

1. 生命の芽生え──受胎から胎芽まで ………………… 31
   胎児にとっての環境としての母体（33）
2. 胎児はお腹の中で何をしているのか ………………… 34
   活発に動く胎児（34）　五感の発達（35）　胎児は感情を経験している？（36）
3. 胎児期からはじまる親子のコミュニケーション ……… 38
   母親は胎児の存在をどう感じているのか（38）　母子の共同作業としての出産（40）
4. 出生をめぐる現代的な問題──出生前検査をめぐって ………… 41
   出生前検査と出生前遺伝学的検査（41）　出生前遺伝学的検査の広がりとそれに伴う問題（43）

## CHAPTER 3 見て・さわって・感じる　47
### 赤ちゃんがとらえる世界

1. ピアジェの発達段階 ……………………………………… 48
   ピアジェの発達理論（48）　4つの発達段階（48）
2. 赤ちゃんは世界を知っている？ ………………………… 50
   感覚運動期の発達（50）　表象の発達と物理的世界の把握（51）　数の理解（53）
3. 社会性の萌芽 ……………………………………………… 55
   顔の認知（55）　社会性の発達（55）

| Column② 赤ちゃんの心を調べる方法　49 |
|---|
| Column③ ピアジェとヴィゴツキー　57 |

viii

## CHAPTER 4  他者との関係性を築く　59
### コミュニケーションと人間関係の発達

1. 他者との関係形成のための生物学的基盤 …………… 59

2. 乳児-養育者間の初期コミュニケーション …………… 60
   泣きと微笑み（60）　コミュニケーションの担い手になる（61）　心の理解を支える養育者の関わり（62）

3. コミュニケーションを通して育まれるもの …………… 62
   ——アタッチメントの発達
   アタッチメントとは（62）　アタッチメントの発達（63）　安全な避難所と安全の基地としての養育者（64）　アタッチメントの個人差（65）　アタッチメントの個人差の要因（67）　アタッチメントの連続性と後の発達への影響（69）

4. 多様な関係が支える子どもの発達 …………… 71
   さまざまな人間関係の中で育つ子ども（71）　発達の可塑性——レジリエンスと防御因子（72）

## CHAPTER 5  「いま」「ここ」をこえて　76
### 言語と遊びの発達

1. 内的世界を支える表象と象徴機能 …………… 77
   表象と象徴機能の出現（77）　シンボルの使用と内的世界の広がり（77）　シンボルとしての言語の特徴（77）

2. 言葉が芽生えるまで …………… 79
   音声知覚と構音の発達（79）　注意や意図の理解の発達（80）　共同注視から共同注意へ（81）　共同注意から話し言葉へ（83）　言語の習得を促す養育者の関わり（83）

3. 幼児期の言語発達 …………… 84
   初語の出現（84）　語彙の発達（84）　統語の発達（84）　談話の発達（85）　読み書きへの関心（86）　行動調整，思考の道具としての言葉へ——外言と内言（86）

4. 遊びが広げる子どもの世界 …………… 87
   遊びとは（88）　遊びの発達（88）　遊びにおける仲間との関わり（88）　言葉と遊びを育てるために（90）

## CHAPTER 6 自分を知り,自分らしさを築く　　92
### 関わりの中で育まれる自己

1　自己のさまざまな側面 ……………………………………… 92

2　主体としての自己を知る …………………………………… 93
　自己感覚の芽生え（93）　生態学的自己と対人的自己（94）
　自他の意図への気づき（95）

3　客体として自己をとらえる ………………………………… 96
　自己意識の発達（96）　第一次反抗期（96）　自己意識的感情
　の発達（98）

4　幼児は自己をどうとらえているのか ……………………… 99
　自己について語る（99）　概念的自己（自己概念）の発達
　（99）　時間的拡張自己の発達（100）

5　自己制御の発達 ……………………………………………… 101
　自己制御とは（101）　自己制御の個人差（102）　社会的場面
　での自己制御の発達と文化差（103）

**Column④　気　質　103**

## CHAPTER 7 関わりあって育つ　　107
### 仲間の中での育ち

1　心の状態の理解 ……………………………………………… 107
　感情の理解（107）　欲求や信念の理解（108）　誤信念課題
　（109）

2　心の理論に基づく社会性の発達 …………………………… 111
　うそと欺き（111）　洗練されたうそ（111）　道徳的判断
　（112）　共感性と向社会的行動（114）　実行機能の発達
　（115）

3　仲間の中での育ち …………………………………………… 116
　仲間関係（116）　妬みと関係性攻撃（117）

## CHAPTER 8 思考の深まり　121
学校での学び

**1 子どもと学校** ……………………………………………… 121
前操作期の思考の特徴（122）　具体的操作期の思考の特徴（122）　形式的操作期の思考の特徴（123）　移行期のつまずきやすさと質的飛躍（123）　学習行動と学習支援（124）

**2 記憶の発達** ………………………………………………… 126
記憶のしくみ（126）　ワーキングメモリ（127）　長期記憶（129）

**3 動機づけ** ………………………………………………… 130
内発的動機づけと外発的動機づけ（130）　動機づけを高めるには（130）

**4 思考の深まり** …………………………………………… 132
メタ認知を育む（132）

　Column⑤　非認知能力　133

## 子どもからの卒業　136

**1 青年期の発達的変化** …………………………………… 136

**2 思春期の身体変化** …………………………………… 137
思春期スパート（成長スパート）（137）　第二次性徴（138）　ホルモンバランスの変化（139）　青年期の脳の発達状態（139）

**3 思春期発達の受容** …………………………………… 140
身体的自己の受容（141）　性的成熟の受容（142）

**4 自己理解の発達** ……………………………………… 143
自己理解の発達と認知能力の発達（143）　時間的展望の発達（145）　自己への否定的感情の高まり（145）　青年期の自己中心性（146）

目　次　●　xi

5 青年期の人間関係 ………………………………………… 147
　友人関係（148）　仲間関係（149）　恋愛関係（150）　親子関係（152）

## CHAPTER 10　大人になるために　156

1 青年期の終わり・成人期のはじまり ……………………… 156
2 アイデンティティの発達 …………………………………… 157
　アイデンティティの感覚（157）　アイデンティティ地位（158）　アイデンティティ発達の様相（160）　生涯にわたるアイデンティティ発達（161）
3 職業生活における発達 ……………………………………… 162
　職業選択とアイデンティティ（162）　日本社会の構造的変化とキャリア意識の変化（163）　社会的状況が人生形成に与える影響（164）
4 自律的・主体的なキャリア形成が求められる時代 ……… 165
　新しいキャリア観（165）　キャリア形成を難しくしているもの（166）　ジェンダーの問題（167）
5 家庭生活における発達 ……………………………………… 169
　結婚という選択（169）　未婚の男女が思い描く結婚後のライフコースと生活（171）　成人期を生きるということ（171）

## CHAPTER 11　関わりの中で成熟する　176

1 成人初期・中期における他者との関わりの深化と成熟 … 176
2 中年期危機と生成継承性 …………………………………… 177
3 職業生活における発達 ……………………………………… 178
　キャリア発達（178）　メンタリング――先輩に育てられ，後進を育てる関わり（179）　女性の職業生活（180）

## 4 親としての発達 …… 181
親になること──「授かる」から「つくる」へ（181） 親になる準備と末子就学前の子育て（182） 子どもの年齢とともに変わる子育ての悩み（183） 子どもの自立を援助する難しさ（184） 子育てをめぐる現代的な問題──夫婦で協働する子育てをめざして（185）

## 5 老親の介護や看取りにおける発達 …… 188
「老親扶養」の意識変化（188） 介護の担い手と介護ストレス（189） 介護・看取りによる発達（190）

## 6 多重役割とジェネレイショナル・ケアの担い手としての成熟 …… 190

> **Column⑥** アロマザリング──比較行動学における子育て　188

# CHAPTER 12　人生を振りかえる　194

## 1 老いるとはどういうことか …… 194
加齢についての理解とエイジズム（194） 生物学的加齢と心理的加齢の関連──エイジング・パラドックス（196）

## 2 認知機能の加齢変化 …… 197
記憶（197） 知能（197） 認知機能の低下を補償する方略：SOC理論（199） 認知機能の低下に対する予防的介入（200） 知恵（201）

## 3 パーソナリティの発達と情動の調整 …… 202
人生の振りかえり（202） 人生の意味づけの変容過程（202） 社会情動的選択性理論──未来展望と動機づけの変容（203） 老年的超越（204）

## 4 発達を支える家族や社会のネットワーク …… 204
サクセスフル・エイジングと生きがい（204） 家族関係（205） ソーシャル・ネットワークとコンボイ・モデル（206）

## 5 高齢者の死生観と死をめぐる問題 …… 208
喪失と悲嘆（208） 終末期の死のプロセス──キューブラー＝ロスの理論（208） 日本の高齢者の死生観と「お迎え」体験（209） 延命治療と尊厳死──超高齢社会を生きる（209）

Column⑦ バトラーの提言
——プロダクティヴ・エイジングと長寿革命　210

## CHAPTER 13　発達は十人十色　213
発達におけるつまずきをどう理解し支えあうか

1　発達におけるつまずき——発達を理解することの重要性 …………213

2　神経発達症群（発達障害） ………………………………………215
　神経発達症群（発達障害）とは（215）　神経発達症への支援（220）

3　子ども虐待とアタッチメントの障害 ………………………………224
　虐待を引き起こす背景——リスク因子と防御因子（224）　虐待による子どもへの影響（225）　虐待に対する支援（226）

4　長い時間軸から見たつまずきと可塑性 ……………………………226
　乳幼児期（227）　児童期・青年期（227）　成人期（230）

5　つまずきの背景にある時代や文化 …………………………………232

6　つまずきの理解と支援に求められる発達的観点 …………………233

事項索引 ———————————————————————————— 237
人名索引 ———————————————————————————— 245

イラスト：山口みつ子

# CHAPTER 序章

# ヒトとして生まれ，人として生きる

### KEYWORDS
時代　社会　生涯発達　生物学的要因（遺伝）　環境的要因　個人差　遺伝と環境の相互作用　発達段階　発達課題　エリクソン　心理社会的危機

### QUESTION 0-1
あなたの父母や祖父母など周りの年配の人に，どのような子ども時代を送っていたのか，また，いまのあなたと同じ歳の頃に，何を考えたり何に悩んでいたりしたのか，毎日をどのように過ごしていたのか，話を聞いてみよう。

## 人の生涯をめぐる普遍的な営みと今日的課題

　少子高齢化の進行が著しい昨今，日本では，出産・子育てや子どもの育ち，男女の働き方，老いや看取りなど，人の生涯を取り巻く社会的状況はこの数十年の間に大きく変化してきた。これと並行して，人生の節目となるさまざまな出来事（就職，結婚，出産・子育てなど）をいつ，どのように経験するのか（あるいはしないのか）も変化し，多様になってきたといえる。

　現代の青年の親世代が生まれた1970年代，日本は第二次ベビーブームの真っ只中にあった。子ども数の増加に伴い，小学校が次々と増設され，子どもた

1

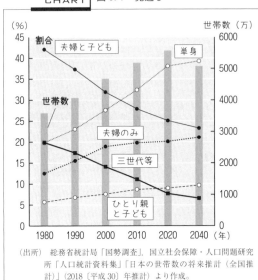

図0.1 世帯構成・世帯数の推移と見通し

(出所) 総務省統計局「国勢調査」, 国立社会保障・人口問題研究所「人口統計資料集」「日本の世帯数の将来推計（全国推計）」(2018〔平成30〕年推計) より作成。

ちは道路や空き地で群れて遊んだ。小学校中学年頃になると，子どもたちは「ギャング」と呼ばれる同性・同年代の仲間で構成される集団を形成し，大人の監視から外れたところで子ども独自の文化を築いていた。彼らが中学生，高校生になった頃には，校内暴力や暴走族などが社会問題となり，若者の憧れであったミュージシャンが書く詞には，大人や社会への反発の言葉が綴られていた。高校や大学卒業後，企業などに就職した女性は，数年間の勤務を経た後，寿退社（結婚を機に会社を辞め家庭に入ること）し，専業主婦になるのが一般的であった。当時流行のドラマでは，大家族の中での葛藤や嫁姑の確執がしばしば描かれていた。

翻って現代の青年が生まれた2000年代になると，日本の社会では，出生率の低迷と子ども数の減少，三間（子どもが遊ぶ時間，空間，仲間の3つの「間」）の欠如，青年における反抗の希薄化，非婚というライフコースを選択する（あるいはそうした選択を余儀なくされる）男女の増加，晩婚化と晩産化，単身高齢者世帯の増加など，かつて経験したことのない数々の事態が進行してきた。世帯構成の変化を見ると，それまで最多であった夫婦と子どもからなる世帯の割合を単身世帯が上回るようになり，三世代等世帯の割合は低下の一途をたどっている（図0.1）。人間関係においても，全面的なつきあいを望む者の割合は低下する一方で，形式的なつきあいを望む者が相対的に増えている（図0.2）。これらは，社会や人びとの価値観が，個としての意思や生き方を尊重する方向へと変化していることの現れと考えられる。同時にこれらの変化は，同世代，異世代の人たちが空間と時間，体験を共有し，密に関わり合って生きることを忌避

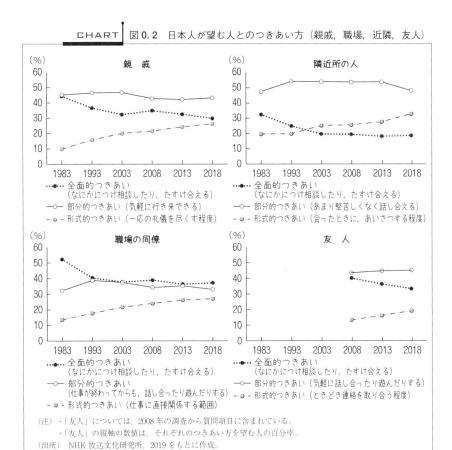

図0.2 日本人が望む人とのつきあい方（親戚，職場，近隣，友人）

する傾向が強まっていることを示唆している。

　さらに，2020年に世界を席巻した新型コロナウイルスのパンデミックは，人びとが対面で直接的に関わる機会を大幅に制限することとなった。社会全体のつながりが希薄化している中で，接触機会の減少が長期化したことによって，社会に内在していた孤独・孤立の問題が顕在化・深刻化したことを指摘する声もある（厚生労働省，2023）。その一方で，パンデミックは，人びとが非対面で，空間を超えてリアルタイムのやりとりをする手段を拡張し，人びとの出会い方や世代間の関わり方，働き方などに変化をもたらした。オンラインでの婚活や老親の見守り，在宅ワークやオンライン授業の普及はその最たるものである。

　このように人の生涯のありようは，時代や社会の変化とともに変わってきた

が，時代や社会の変化によらず，普遍的なことも存在する。それは，人はひとりでは生まれることも，生きていくこともできない，ということである。大多数の人びとは，家族という集団のもとに生まれ，長じるとともにさまざまな社会集団に所属し，さまざまな人たちと出会い，支え合いながら育ち，育てられていく。やがて，次の世代を生み，あるいはまた育て，人生の最期を迎える。これは，ヒト★が生物の一種として太古の昔から繰り返してきた普遍的な営みであり，こうした営みのうえに，いまの私たちが存在している。他者と密に関わりながら生活することへの忌避は，逆説的ではあるが，私たちが他者の存在なくしては生きられないことの裏返しであるといえるのかもしれない。

## 本書の概要と構成

「発達心理学」は，生物として生まれた「ヒト（ホモ・サピエンス）」が，社会や文化をまとった「人」として，他者と関わりながら育ち，育てられ，次の世代を育み，死に至るまでの，心の発達の過程を考究する学問である。では，心が発達するとはどのようなことを指すのであろうか。また，心の発達はどのようなしくみで生じ，どのように進んでいくものなのであろうか。

第1章では，発達とはどのような現象を指すのかを，生涯発達心理学の基本的枠組みと併せて説明する。ここでは**生涯発達**を人の一生涯にわたる心の機能★や行動の変化と過程，としておく。そのうえで，生物としてヒトを見たときに，人の一生涯にはどのような特徴があるのかを他の動物との共通性や差異に着目して述べていく。さらに，生涯発達を規定する**生物学的要因（遺伝）**と**環境的要因**が，いかに作用し合って人の発達を形づくっていくのかを説明する。

ヒトの発達は，遺伝子に記された形質が，時間の経過とともに環境からの刺激を受けて発現する（表に現れる）ことによって展開されるが，人はそれぞれ異なる家庭や地域，社会，文化で生活しているため，一人ひとりが育つ環境は異なっている。また，一人ひとりがもつ遺伝子にも違いがあるため，それらと環境の差異とがかけ合わさることで，一人ひとりの発達には違いが生み出され

---
comment
★ 生物の一種としての人類（ホモ・サピエンス）を指す場合には，片仮名で「ヒト」と表記する。
★ 心の機能には，知覚（さまざまな刺激を五感を通じて感じ取ること），認知（思考や推論，記憶など），感情（喜怒哀楽をはじめとする感情で，表情や身体の生理的変化，行動を伴う）などがある。

る。しかし，種という，より大きな単位で見れば，生活環境の点でも遺伝子の点でも，ヒト同士の違いは，ヒトにもっとも近い種であるチンパンジーとヒトとの違いに比べれば，ほんのわずかにすぎない（⇨第1章）。そのため人の発達には，多くの人がほぼ同じ年齢（年代）で経験する，心の機能や行動の変化，出来事が存在する。そこで，第2章から第12章では，多くの人が共通して経験すると想定される変化や出来事を中心に，人の発達の過程を見ていく。

ただし，社会や文化は多様な人びとから構成されていることをふまえると，発達について考える際には，**個人差**に目を向けることも忘れてはならない。発達の個人差は，**遺伝と環境の相互作用**の結果，生み出されるが，その中には，大多数の人に認められる発達の状態や過程から大きく隔たったものもある。例えば，刺激がきわめて乏しい，劣悪な環境下で育てられた場合や，ある機能や行動に関係する遺伝子が特異である場合には，多くの人に特定の年齢で生じる心身の機能の変化が当該の年齢になっても現れないことがある。こうした個人差は，当事者や当事者と生活をともにする人たちに生きづらさや生活上の困難をもたらしうるものであり，周囲の理解や支えが不可欠となる。

## 発達段階と発達課題

**QUESTION 0-2**

生まれてから死ぬまでの一生涯をいくつかの時期に分けるとするならば，どのように分けられるだろうか。そのように分けた理由は何だろうか。

人の一生は長期に及ぶため，生涯にわたる発達の過程を一度に見渡すことは困難である。そこで発達心理学では，通常，生涯をいくつかのまとまり（時期）に分けて，人の発達をとらえることを試みる。代表的なものとしては，胎児期，乳児期，幼児期，児童期，青年期，成人期という6つの時期的区分が知られている（表0.1）。

なお，これらの時期の境目は，心の機能や身体，行動面に大きな質的変化（量では表現できない，不連続な変化）が生じる時期と重なっている。すなわち，乳児期のはじまりは，母胎の外での生活や肺呼吸，哺乳の開始に，幼児期のはじまりは，離乳や歩行，話し言葉の使用の開始に，児童期のはじまりは，書き

CHART 表0.1 人の一生涯をとらえるための時期的区分——発達段階

| 名称とおおよその範囲 ||
| --- | --- |
| 胎児期 | 受精から出産まで |
| 乳児期 | 出産から1歳6カ月頃まで |
| 幼児期 | 1歳6カ月頃から6歳頃まで |
| 児童期 | 6歳頃から12歳頃まで |
| 青年期 | 12歳頃から20代はじめ頃まで |
| 成人期 | 20代はじめ頃から死まで<br>・成人初期（若年期）20代はじめ頃から40歳頃まで<br>・成人中期（壮年期）40歳頃から65歳まで<br>・成人後期（高齢期）65歳から死まで |

言葉の使用や具体的な事物に沿っての論理的な思考の開始に重なる。また、青年期のはじまりは、第二次性徴や抽象的な論理的思考の開始に重なる。このような質的変化に着目した時期的区分は、**発達段階**と呼ばれている。

さらに、各発達段階には、その時期の発達において中心となるテーマを見出すことができる。これらは、**発達課題**と呼ばれている。

発達上のテーマを扱った理論のうち、もっとも包括的で、広く知られているのが、エリクソン（2001）によるライフサイクル理論である。エリクソンは、人間を、身体的・精神的・社会的・文化的・歴史的存在としてとらえたうえで、生涯にわたる人の発達を、個人と環境との相互作用によって展開される、エピジェネティック（漸成的）★なものととらえた。エリクソンによれば、人生とは、人が環境との出会いの中で繰り返し経験し、乗り越えてゆく、内的要求と外的（＝集団や社会、歴史の）要求の葛藤の連続であり、その葛藤は、後の発達を方向づける発達上の契機となる**心理社会的危機**（psychosocial crisis）として経験

---
comment
★ エピジェネティック（epigenetic；漸成的または後生的とも訳される）とは、発達はあらかじめ道筋が決まっているのではなく、後から新しく（epi-）生成される（genesis）ことを含意する。epigenesis（漸成説）に関係する生物学の用語である。漸成説では、生物個体には発達のグランドプランが遺伝的に備わっているが、それがそのまま表われるのではなく、生物個体は未分化な状態から出発し、環境との相互作用を通じて、段階を踏んで分化しつつ発達していく、と考える（鈴木、2008）。

CHART 表0.2 エリクソンによる発達段階と心理社会的危機

| | 発達段階 | 心理社会的危機 | 重要な関係の範囲 | 基本的強さ |
|---|---|---|---|---|
| Ⅰ | 乳児期 | 基本的信頼 対 基本的不信 | 母親的な人物 | 希望 |
| Ⅱ | 幼児初期（幼児前期） | 自律 対 恥, 疑惑 | 両親的な人物 | 意志 |
| Ⅲ | 遊戯期（幼児後期） | 自主性 対 罪の意識 | 家族 | 目的 |
| Ⅳ | 児童期 | 勤勉 対 劣等感 | 近隣, 学校 | コンピテンス |
| Ⅴ | 青年期 | アイデンティティ 対 アイデンティティ拡散 | 同年代の集団・他者集団 リーダーシップのモデル | 忠誠 |
| Ⅵ | 若い成人期（成人初期） | 親密と連帯 対 孤独 | パートナー（友情, 性愛, 競争, 協力） | 愛 |
| Ⅶ | 成人期（成人中期） | 生成継承性 対 停滞 | 仕事における分業 家庭における分担 | 世話 |
| Ⅷ | 老年期（成人後期） | 統合 対 絶望 | 人類, 私の種族 | 英知 |

（注）・（　）は筆者による補足。
・「基本的強さ」とは危機を乗り越えることによって獲得される「強さ」を指す。
（出所）エリクソン，2001 より作成。

される（表0.2）。発達の各段階で私たちは，その後の発達にプラスとなる特質が優勢となるような方向へと発達を遂げうるのか，それともマイナスとなる特質が優勢となる方向へと発達するのかという分かれ目に繰り返し立たされる。この葛藤と緊張が，人の成長と強さを生み出す源泉であり，危機の乗り越え方は，各時期に固有の「重要な意味をもつ他者」との関係に影響される。

本書でも，発達の各時期における中心的なテーマやそれに関連する内容を取り上げ，紹介するが，それらは，生物学的に規定されたものであると同時に，時代や社会・文化の影響を受けたものであることを，あらためて確認しておき

たい。例えば，エリクソンの理論の発達段階に「胎児期」はないが，胎児の状態や行動を可視化する技術が向上した現代では，心の発達の準備は胎児期からはじまっている（⇨第2章）ことがわかっている。また，結婚する，子どもをもつ・育てる，といったライフイベントは，時代や社会・文化によってその意味づけや様相が異なるものの代表であるといえる（⇨第1, 10, 11章）。

## 本書を手にしたあなたへ

人の心の発達は，私たちヒトに生まれつき備わった生物学的な特徴を土台として，他者と関わり合って生活する中で，さまざまなことを経験し，その経験の積み重ねのうえに形づくられていく。どのようなことを経験するのかには，時代や社会・文化が大きく関わっている。自分がおかれている時代や社会・文化にはどのような特徴があるのか，それらを相対化する視点を携えながら，本書を読んでいただければ幸いである。

本書はどの章から読み進めていただいてもかまわないが，ぜひとも一度，発達の時期の順を追って通読していただきたい。いずれの時期においても，さまざまな側面の発達がつながっていること，また，各時期の発達の積み重ねのうえに，生涯発達が成り立っていることを理解していただけるであろう。

本書を通じて，生物学的要因という縦糸と，社会・文化的要因という横糸が絡まり合って，人の生涯という織物が綿密に織り上げられていくエキサイティングな過程を感じ取ってほしい。

## 引用文献 Reference

エリクソン, E. H.・エリクソン, J. M./村瀬孝雄・近藤邦夫訳（2001）『ライフサイクル，その完結』増補版，みすず書房（Erikson, E. H. & Erikson, J. M. (1997) *The Life Cycle Completed: A review*. Extended ver. W. W. Norton & Company.）

厚生労働省（2023）『令和5年版厚生労働白書——つながり・支え合いのある地域共生社会』日経印刷

NHK放送文化研究所（2019）「第10回『日本人の意識』調査（2018）結果の概要」

鈴木忠（2008）『生涯発達のダイナミクス——知の多様性 生きかたの可塑性』東京大学出版会

# CHAPTER

## 第1章

# 発達するとはどういうことか

### KEYWORDS

発達観　ライフサイクル　獲得　喪失　バルテス　生涯発達　相互作用
可塑性　連続　不連続　多次元性　多方向性　環境への適応　年齢的事象
歴史的事象　非標準的事象　世代間伝達　個体発生　系統発生　進化　社会
脳仮説　他者の心の理解　自己意識　共同注意　生理的早産　祖母仮説　ブ
ロンフェンブレンナー　形質　遺伝　遺伝子型　表現型　エピジェネティクス
生まれは育ちを通して　行動遺伝学　双生児法　共有環境　非共有環境

### QUESTION 1-1

「心が発達する」とはどういうことだろうか。横軸を時間軸（年齢）とし，縦軸は自由に設定して，あなたが考える「心の発達」をグラフに描いて説明してみよう。

## 1　発達観の変化

　発達心理学は，心の発達を扱う学問である。では，心が発達するとはどのようなことを指すのだろうか。この問いに対する答えである**発達観**は，この半世

紀ほどの間に大きく変わってきた。

### 発達のゴールとしての大人

1970年代頃まで，発達心理学は「児童心理学」とも呼ばれていた。当時の発達心理学は，乳児期から青年期にかけての変化を扱う学問であった。そこでいう発達とは，無力で未熟な子どもが有能で成熟した大人へと直線的，上昇的に変化していく成長の過程を指しており，大人になること（認知面でいえば，論理抽象的な思考ができること）が発達のゴールとみなされてきた。そのため，大人になってからの発達が学問的見地から問われることはほとんどなかった。

### 寿命の伸長とライフサイクルの変化

医学の進歩や経済発展とともに寿命が延びるに伴い，人びとや研究者の関心は，長い人生をどう生きるか，ということに向けられるようになった。図1.1は，大正，昭和，平成，令和の4つの時代における家族の平均的な**ライフサイクル**★を示したものである。大正時代には子ども数が多いために子育て期が長く，寿命はいまほど長くなかったため，男女ともに末子が成人すると程なく寿命を迎えていた。しかし現代では，子育てが終わり，仕事を引退した後でも長い年月が残されている。このように，大人として過ごす期間は時代とともに伸長しており，特に長い老後をどう過ごすか，ということが現代では大きな課題となっている。

### QUESTION 1-2

大正期から現代にかけてのライフサイクルの変化として，寿命の伸長の他にどのようなことがあげられるだろうか。図1.1をもとに考えてみよう。

### 発達するのは子どもだけか？——求められる新たな発達観

大人になると人はもはや発達しないのだろうか。人生には，就職や結婚，子

---
comment
★ ライフサイクルとはもともと生物学の用語で，前世代がつくった生殖細胞から出発して，次世代をつくるまでの一周期の過程を指している。心理学では，個人の誕生から死に至るまでの過程を指して用いられることが多い。

図1.1 家族のライフサイクルの時代的変化

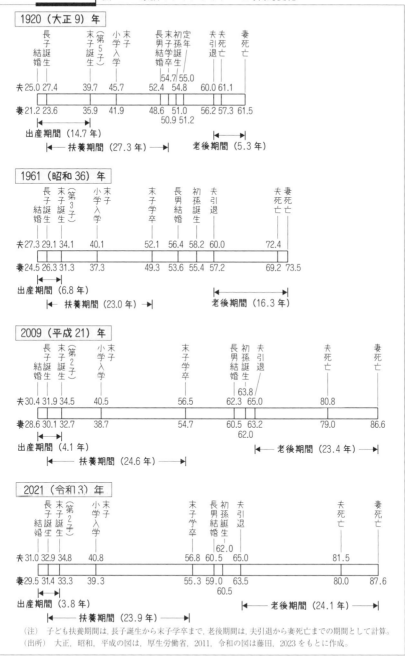

(注) 子ども扶養期間は，長子誕生から末子学卒まで，老後期間は，夫引退から妻死亡までの期間として計算。
(出所) 大正，昭和，平成の図は，厚生労働省，2011，令和の図は藤田，2023 をもとに作成。

どもや孫の誕生など，大人になってはじめて経験する出来事が多数存在する。その度に人は，生活の場や関わる人びと，自身が担う役割の変化を経験する。

　例えば，子どもを授かることは，親という新たな役割を引き受けることを意味する。親となった人は，わが子やわが子を取り巻く人たちとの関わりを通じて，わが子についての理解を徐々に深め，子育ての中で起こるさまざまな出来事に対処しうるようになる（⇨第11章）。このような親としての成長は，大人になってからの発達の好例といえる。また，現代では退職後でも，人生の最期を迎えるまでに長い時間が残されている。加齢に伴う心身の変化（老い）に向き合いつつ，子育てや仕事以外の新たな生きがいを見つけ，うまく年を重ねていくことが，この時期を迎えた人にとっては新たな課題となる（⇨第12章）。大人になると，何かの能力が飛躍的に向上することはもはやないが，それまでに身につけ，維持してきた能力と，経験の蓄積から得たものを総動員して，人生のさまざまな難局（親しい人との離別や疾病への罹患など）を切り抜けられるようになる。こうしたこともまた，大人になってからの発達にあたる。

　このように，大人になってからの変化も含めて人の発達をとらえる場合，「発達＝何かができるようになること」という単純なとらえ方では，その過程を十全に記述，説明できないことは明白であろう。寿命の伸長とともに，大人として過ごす期間が長期化した今日，何かができるようになる，という上昇的な変化（**獲得**）だけでなく，下降的な変化（**喪失**）や停滞を含むものとして発達をとらえることは，時代や社会の要請であるともいえる。

## 生涯発達心理学の理論的枠組み

　生涯発達心理学の礎石を築いたバルテスは，**生涯発達**を，「人の受胎から死に至るまでの，生涯を通しての行動の不変性（constancy）と変化」（Baltes, 1987）と定義している。バルテスによれば，人の発達は，社会・文化・歴史的文脈の中に埋め込まれており（文脈主義），人の発達プロセスは，それらの文脈との**相互作用**を抜きにして研究することはできない。人は生涯にわたって環境に働きかけ，また，環境に応答しうる，**可塑性**をもつ存在である。

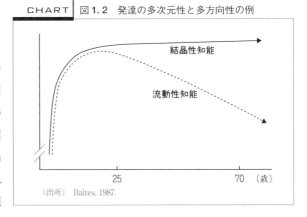

図1.2 発達の多次元性と多方向性の例
(出所) Baltes, 1987.

生涯発達心理学の目的は，生涯のさまざまな時点で生じる行動の変化の形態や道筋を同定し，それらの変化の時間的な順序や相互関係に関する法則を見出すこと (Baltes et al., 1980)，そして，発達の個人間の差と類似性に関する知識や，個人の可塑性や発達の修正可能性の程度と条件に関する知識を得ることにある。以下に，生涯発達をとらえるにあたってバルテスが示したいくつかの前提を示す。

## 生涯にわたる発達

発達は，生涯にわたるプロセスである。人の機能や行動には，**連続**的な過程（語彙数が増えるなど）と**不連続**な過程（歩行の開始など）があり，発達のあらゆる段階においてその両方が生じている。

## 発達の多次元性・多方向性

心身の機能や行動の変化には多様なものがあり，その変化がいつ生じ，いつ終わるのか，どの程度の期間にわたって生じるのか，また，それがどのような方向性をもつものであるのか（例えば，機能の向上や低下，行動の増加や減少など）は，たとえ同じ領域内の機能や行動であっても，異なっている。

バルテスは，知能の発達を例にこのことを説明している。知能は，流動性知能（記憶や問題解決能力などの，基本的な情報処理過程としての知能）と結晶性知能（言語や社会的知性などの，文化的知識としての知能）という，複数の要素（次元）に分けてとらえることができる (Cattell, 1971)。このうち，流動性知能は成人に達する頃にピークを迎え，その後は徐々に低下するが，結晶性知能は年齢とともに向上し続けることがわかっている（**図1.2**）（⇨第12章）。このように知

2 生涯発達心理学の理論的枠組み ● 13

> **Column① 知　能**
>
> 　「知能」と聞くと，何らかの「頭のよさ」を連想し，知識の確認や，図形の記憶や異同の判断など，言葉や論理的思考力を問われるような知能検査を思い浮かべる人も多いだろう。知能とは広い意味では，環境に適応する能力のことであり，知能検査で測定される知能指数（IQ：intelligence quotient）は，
>
> 　　IQ＝精神年齢／生活年齢×100
>
> で算出される。精神年齢は知能検査で測定される知能の程度であり，生活年齢は実際の年齢であるため，生活年齢で10歳の子どもの精神年齢が12歳であったとしたら，IQは120となる。
>
> 　知能の構造はどのようになっているのだろうか。スピアマンは，知能を知的活動全般に機能する「一般知能因子（g因子）」と領域ごとに固有の「特殊因子（s因子）」に分けた。キャッテルによる流動性知能と結晶性知能の分類も有名である（⇨第1，12章）。ガードナーは，多重知能の理論を提唱し，構成要素として，言語的知能，論理－数学的知能，音楽的知能，身体－運動感覚的知能，空間的知能，対人的知能，個人内知能，博物的知能（種間の関係を描き出す能力）の8つをあげている（ガードナー，2001）。
>
> 　このような構造を考えると，知能検査と聞いて思い浮かべやすい内容には，対人的な社会的知能が欠けているともいえよう。そこで，感情を認識したり，感情の表出をコントロールしたりする能力を指す「情動知能（感情知性）」（emotional intelligence）が重要になる。幼児期から児童期にかけて，情動知能（⇨第7章）が発達し，自分や他者の感情を認識したり理解したりする能力は高まっていく。それとともに，子どもは自分の感情の表出や感情の喚起をコントロールすることにも長けていく。

能の発達は，知能を構成する各要素が異なる速さや方向性で発達している，という意味で，**多次元性**，**多方向性**をもつ（⇨Column①）といえる。

### 獲得と喪失としての発達

　発達は，成長（獲得）と衰退（喪失）とが結びついて生じる，ダイナミックなプロセスであり，それは，個人の**環境への適応能力**の変化としてとらえることができる（図1.3）。

バルテスは，これを高齢の熟練タイピストを例にあげて説明している。高齢のタイピストは若いタイピストに比べ，1つひとつの文字を打つのには時間がかかる。しかし，次にタイプする文字や言葉のつながりを見通してタイプするため，長い文章を打ち込む場合には若いタイピストと遜色のない成果を示す。高齢のタイピストは，加齢に伴う反応時間の低下，すなわち，1つひとつの文字を早く打つ能力の喪失を，文字や単語の並びをより広範囲に見通してタイプする，という新たな適応能力で補っているといえる。

CHART 図1.3 適応能力における獲得と喪失の割合

図は，理論上期待される，獲得と喪失の比率における変化の平均的な過程を示したもの。
（出所）　Baltes, 1987 より。

乳児期の発達においても，獲得と喪失は認められる。その1つが知覚的狭小化の現象である。乳児は，誕生直後から多様な刺激を見分けられるが，その弁別力は経験とともに狭まることが知られている。例えば，生後6カ月の乳児は異なる人の顔だけでなく，異なるサルの顔を見分けられるが，生後9カ月頃になると後者の能力のみが衰退する（Pascalis et al., 2002）。これと同じ頃に，母語にない音韻の弁別能力にも低下が見られる（Werker & Tees, 1984）。これらは，自身が生活する環境の中で必要性の低い能力は失われ，必要性の高い能力は維持される，という環境への適応過程としてとらえられる。

### 歴史に埋め込まれた発達

個人の発達は，ある特定の時代における社会文化的条件から著しい影響を受ける。生涯発達に影響を与える事象は，**年齢的事象**，**歴史的事象**，**非標準的事象**の3つに分けることができ，バルテスは，これら3つのシステムが相互に影響しながら，個々人の生涯発達を生み出していくと考えた。

1. **年齢的（age-graded）事象**　　個人の年齢と強い関連をもつ，生物学的変化（身体の発育など）や社会的事象（就園・就学や就職など）がこれにあたる。

2. **歴史的（history-graded）事象**　　歴史的時間と関連をもつ，生物学的（進化的）文脈や，環境的（社会的）文脈を指す。近代化に向けての長期にわたる

社会的変化や，長期にわたる人口構造や産業構造の変化，経済不況，戦争，疾病の流行などがこれには含まれる。リーマン・ショックや新型コロナウイルスの流行などがこれにあたる。

3. **非標準的（non-normative）事象** その人にとっては重要であるが，いつ，どのように生じるかが人によって大きく異なる，人生上の出来事の影響を指す。生物学的なものとしては疾病への罹患，環境的なものとしては転居，転職，事故，離婚，重要な他者の死などがある。

## 発達の可塑性

個人の発達の道筋は，環境や経験によって異なるものになる可能性がある。

可塑性の例としてバルテスは，高齢期における認知機能の訓練効果研究を紹介している。先述のとおり，高齢期には流動性知能に低下が認められるが，バルテスはその原因が，流動性知能に相当する能力が日常生活の中であまり使われていないことにあるのではないか，と考えた。そこで高齢者に，流動性知能の測定に使用する問題に類する課題（記憶や計算，図形の処理などの問題）を解く練習をしてもらったところ，練習をした高齢者の多くは，若者とほぼ同水準の成績を示したという（Baltes, 1987）。これは，使われていなかった能力が，使用されることによって回復しうることを示唆する結果である。

発達早期の可塑性に関する代表的研究には，ルーマニアの孤児の追跡研究（Rutter et al., 1998）がある。ルーマニアではかつて独裁政権が長く続き，人口増加政策と国内経済の疲弊から多数の子どもが遺棄された。彼らは人的・物的環境がきわめて劣悪な施設で養育されていたが，1989 年の政権崩壊と同時に，英国やカナダなどで養子として保護された。保護された当初，彼らの体格や心理面には大幅な遅れが見られたが，養子になったときの月齢が 24 カ月未満であった孤児の多くは，数年の間に一定水準まで遅れを取り戻していた（図 1.4）。一方で，政権崩壊後も引き続き施設で養育を受けた子どもの発達には，知能やアタッチメント（⇨第 4 章），運動能力を中心に，長期にわたり深刻な影響が認められた。また，生後 6 カ月以降に養子となった孤児の中にも，コミュニケーションや認知面の遅れを青年期まで継続的に示した者が少数ながら存在したことも確認されている（Rutter et al., 2010）。これらの知見は，人の発達の可塑性

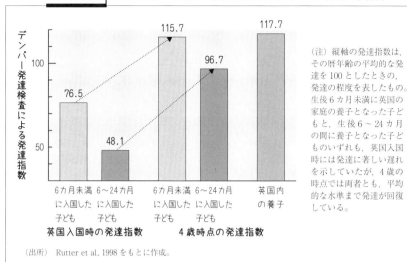

図1.4 ルーマニアの劣悪な環境にいた子どもの発達の改善例

（注）縦軸の発達指数は，その暦年齢の平均的な発達を100としたときの，発達の程度を表したもの。生後6カ月未満に英国の家庭の養子となった子どもと，生後6〜24カ月の間に養子となった子どものいずれも，英国入国時には発達に著しい遅れを示していたが，4歳の時点では両者とも，平均的な水準まで発達が回復している。

（出所）Rutter et al., 1998 をもとに作成。

の大きさを示すと同時に，可塑性の限界や個人差を示している。

# 3 進化の産物としてのヒトの発達

**QUESTION 1-3**

私たちヒトには，他の動物には見られないさまざまな特徴がある。その特徴を，できる限り多くあげてみよう。また，なぜそのような特徴が備わったのかを考えてみよう。

バルテス（Baltes et al., 1980）によれば，個人の発達の目的は，究極的には，遺伝子の**世代間伝達**と文化の世代間伝達にある。前者に関わる行動には，生殖や子育て，祖父母による養育などがある。後者に関わる行動には，次世代への文化的遺産の継承や社会的資源の分配などがある。世代間のつながりを考えた場合，個人の生涯発達はその人自身にとって重要であるだけではなく，後に続く世代の人たちの生涯にも影響を与える。このように個人の生涯発達は，長い時間をかけて生じた種としての発達や，長い時間をかけてつくられ，伝承されてきた文化の影響を受けており，進化や文化の長い歴史の中に埋め込まれている。

では，個人の生涯発達（個体発生）と，種としての発達（系統発生）には，具体的にはどのようなつながりがあるのだろうか。私たちヒトが進化の中で獲得してきた特徴が，生涯発達にどのような形で現れているのかを見てみよう。

ヒトを含むあらゆる生物は，自身が生まれた環境の中で生き延び，自らの遺伝子を残すべく，**進化**をとげてきた。現在，ヒトに備わっているさまざまな特徴もまた，私たちの祖先が太古の昔に生活していた環境（ただしそれは，現在の環境とは大きく異なっていたであろう）を生き延び，子孫を残すべく，受け継がれてきたものである。

ヒトは，哺乳類の霊長類に属する大型類人猿の一種であり，霊長類は6500万年前に出現した，熱帯雨林の環境に適応した生物であるとされる。ヒトと，ヒトにもっとも近い種であるチンパンジーは，約600万年前に共通の祖先から分化し，以降，それぞれの生活環境に適応すべく，独自の進化をとげたと考えられている。もっとも，チンパンジーとヒトは98.8％まで遺伝子の塩基配列が同じであり，両者には多くの類似点がある。例えば，大きな脳をもつこと，群れで生活し，社会生活を行うために高度な知性を発達させていること，一生のうち子ども時代が長いこと，子どもの養育に多くの時間と労力をかけることなどである（ビョークランド・ペレグリーニ，2008；長谷川ほか，2022）。以下では，ヒトの特徴として，①大きな脳，②他者の心を理解する，③自己を反省的に見る，④長い子ども期と高齢期の存在，の4つを取り上げ，見ていく。

## 大きな脳

ヒトは大型類人猿の中でもとりわけ脳が大きい。脳の部位の中でも特に高次な機能（知覚や思考，言語など）を司る新皮質の大きさは，同じ大きさの身体をもつ類人猿の新皮質の約2倍程度であると試算されている（Barton & Harvey, 2000）。では，なぜヒトは大きな脳をもつようになったのだろうか。その理由については諸説あるが，仲間同士で競合したり協力したりする必要があったためではないか，という**社会脳仮説**が現在では有力視されている（バーン，1998）。

---
comment
★ 進化とは，時間とともに生じる遺伝子の系統的な変化を指す（ビョークランド・ペレグリーニ，2008）。生物にはさまざまな遺伝子の変異があり，環境により適した形質をもった個体がより高い確率で生き残り，その形質を子孫に遺し伝え続けることになる（安藤，2011）。

霊長類の群れでは，同じ成員が恒常的に一緒に暮らしているため，成員相互の競争や協調の関係が複雑になる。それに伴い集団内部で処理すべき情報量が多くなり，その結果，脳の発達が促され，大きくなったのではないか，と社会脳仮説では考える。この説に合致する知見として，霊長類の中でも大きい群れで生活する種ほど，新皮質の（脳の他の部分に対する）割合が相対的に大きいことが確かめられている（Dunbar, 1992）。

個体発生的には，ヒトの新皮質の前頭前野（意欲や興味の維持，高次の判断，自己意識などを司る部位）の発達は，他の部位に比べてゆっくりであり，前頭前野の白質（神経繊維のネットワーク）体積の成長期間は，新生児から成人までに及ぶ（Kolk & Rakic, 2021）。このように，脳の発達が長期間に及ぶことが，ヒトの発達に大きな可塑性，すなわち，環境や経験による変化の可能性をもたらしていると考えられる。

## 他者の心を理解すること，自己を反省的に見ること

ヒトは集団で生活し，複雑な社会を築く中で，他の動物には見られない（あるいは，見られたとしてもごく一部の類人猿に萌芽的にしか見られない）能力を獲得し，発達させてきた。その能力とは，**他者の心**を理解する能力である。他者との競争や協力によって成り立つ複雑な社会を生き抜くには，他者が何を知っており，何を欲しているのか，また，何をしようとしているのかを理解していなければならない。さらには，自分の行動が他者の目にはどう映っているのかを考え，状況に応じて自身の行動を選択することが求められる。このような必要性からヒトは，他者の心を読みとり，理解する能力や，自己を反省的に見ること，つまり**自己意識**を発達させていったものと推察される。

個体発生的には，他者の心に関する理解の兆しは生後 9 カ月頃から見られる。

---

**comment**

★ ヒトの脳が大型化した理由は，食物摂取の変化にある，と考える説もある。すなわち，食物を得たり加工したりするために道具や火の使用がはじまり，それによって高品質の食糧（肉など）を獲得できるようになったことで，高いエネルギーを消費する脳を維持できるようになったためではないか，とする説である（バーン，1998）。

★ ここでいう「心」とは，注意（ある対象に意識を向けること）や意図（何かをしようとすること），欲求や願望（何かをしたい，何かが欲しいと思うこと），感情（喜怒哀楽などの主観的情感），信念（信じることや考えることなど）など，脳の活動によって生み出される内的な状態を指している。

この頃からヒトの乳児は、やりとりの中で相手が指さした先にある物を見たり、自分が興味のある物を指さして相手に知らせたりするようになる。このように、相手が注意を向けている対象と同じ対象に自分も注意を向けたり、自分が注意を向けている対象に相手の注意を向けさせたりすることで、同じ対象に注意を向け、共有することを**共同注意**と呼ぶ。これは、他者が自分と異なる心の状態をもちうることを乳児が理解しはじめたことを表す（⇨第5章）。

共同注意の成立はさらに、他者の目を通して自身を見つめること、つまり、自己意識の獲得の土台となる。他者の注意が自分に向いていることに気づくことは、自分が注意の対象になりうることへの気づきを促す。私たちは、自分と他者を比べて思い悩んだり、将来なりたい自分を思い描いて、目標に向かって努力をしたり、過去の自分について振り返ったりするが、これらはヒトが進化の過程において、自分に注意を向けるという能力を獲得してきたからこその行動であるといえる。

## 長い子ども期と高齢期の存在

動物は種によって寿命の長さが異なり、どのような一生を送るのかも種によって異なる（図1.5）。では、ヒトの一生にはどのような特徴があるのだろうか。

1つ目に、ヒトの赤ちゃんは他の動物の赤ちゃんに比して未熟な状態で誕生する（**生理的早産**★）。これには、直立二足歩行と大きな脳という、ヒトに固有の特徴が関わっている。直立二足歩行をはじめたヒトの産道は屈曲し、内臓を支えるべく、骨盤が閉じて狭くなった。そのため、大きな脳をもつヒトの赤ちゃんは、母体の狭い骨盤を通り抜けられる大きさのうちに生まれなければならず、特に運動面においては、きわめて未熟な状態で生まれることになった（奈良, 2012）。このような運動面の未熟さを補って生き延びるべく、ヒトの赤ちゃんは、ある程度成熟した感覚機能を備え、他者から世話を引き出すさまざまな特徴を備えて生まれてくることになった（⇨第3, 4章）。

2つ目に、ヒトにおいては子どもの期間が長い、という特徴がある。霊長類の子どもは、食糧の確保の仕方や他者との関わり方、子守りの仕方など、生きるために必要な技能を、遊びを通して身につけていく。とりわけヒトの子どもは、複雑な社会を生き抜くために多くのことを学習する必要がある（⇨第5, 7,

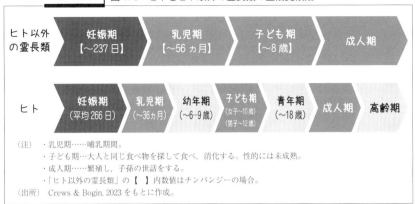

図1.5 ヒトとヒト以外の霊長類の生活史段階

(注) ・乳児期……哺乳期間。
・子ども期…大人と同じ食べ物を探して食べ，消化する。性的には未成熟。
・成人期……繁殖し，子孫の世話をする。
・「ヒト以外の霊長類」の【　】内数値はチンパンジーの場合。
(出所) Crews & Bogin, 2023 をもとに作成。

8章）が，子どもの期間が長いことは，学習を行ううえで有利に働くと考えられる（ビョークランド・ペレグリーニ，2008）。さらにヒトの場合には，子どもから大人になるまでの間に，性成熟や身長に急激な伸長（成長スパート）が認められる過渡的な時期（青年期）が存在する。このような過渡期は，将来の生殖のための知識や，子育てに求められる複雑な社会的スキルの獲得のために備わったのではないか，と推察されている（Crews & Bogin, 2023）。

3つ目に，ヒトにおいては自身が子どもを産み終えた後に，長い余生が残されている（図1.5）。ヒト以外の霊長類の雌では，閉経から間もなくして寿命がつき，高齢期は存在しない。では，なぜヒトのみが長寿になったのだろうか。諸説ある中で有力視されているのが，祖母による子育ての手伝いが長寿をもたらしたとする，**祖母仮説**（Hawkes, 2003）である。ヒトにおいては，より多くの子孫を残すべく，加齢とともに老化が進行していく母親が子どもを産み続け，育てることよりも，その能力をすでに誕生した孫（自分の娘の子ども）の子育てに向けることが，進化の過程で選択されたのではないかと考えられている。祖母が娘の子育て（特に，離乳期の子どもの食糧の確保）を助けることは，孫の生存可能性を高めると同時に，娘が短い間隔で子を産むことを可能にし，娘の多産

— comment

★ ヒトでは脳が巨大化した結果，脳の成長にかなりのエネルギーが必要であり，母体から供給可能なエネルギーに限界があるため，生理的早産となった，とする説（Dunsworth et al., 2012）もある。
★ ヒト以外の霊長類では，身体の成長が停滞すると同時に性成熟がはじまり，このような過渡期は存在しないようである（Crews & Bogin, 2023）。

に貢献する。その結果，長寿の女性の遺伝子が多く残され，長寿がもたらされたのではないか，というのである。

## 4 社会や文化の産物としての発達

　ヒトは，群れで暮らすという生活様式の中で複雑な社会を発達させ，社会の成員間で共有された知識やふるまい方を次世代へと伝達してきた。すなわち，種としての発達（進化）と並行して，社会の中でつくりだし，共有してきたものを，文化として次世代へ伝達することを繰り返してきた。したがって，私たち一人ひとりの発達は，長い期間をかけて築かれた歴史的産物としての社会や文化の影響を多分に受けている。さらに，社会の一員である私たち一人ひとりが，これから先の社会のあり方に影響を与え，新しい文化を築き伝達していくことになる。

　あなたのものの見方や感じ方，価値観には，あなたが育ってきた家庭や属してきた学校，地域の中で周りの大人から伝えられ，その中で共有されてきた見方や感じ方，価値観，つまり文化が反映されているであろう。それらは少なからず，あなたの日々の生活や生き方に影響を与えているはずである。また，あなたのものの見方や感じ方，価値観には，自覚はしていなくても，日本に特有のものの見方や感じ方，価値観が埋め込まれている。さらに家庭や学校のあり方は，家族制度や教育制度をはじめとする社会的制度によって枠づけられており，それらは生涯のどの時期に何を経験するのかに影響を与えている。ブロンフェンブレンナー（1996）は，このような人を取り巻く生態学的環境を，マトリョーシカ（ロシアの民芸品として知られる，入れ子構造の木製人形）になぞらえた入れ子構造とみなし，4層のシステムを仮定した（図 1.6）。発達とは，これらのシステムの相互作用を通して，人が環境や自己についての認知（とらえ方）を変容させ，それを受けてさらに，環境との相互作用を変えていくプロセスとして理解できる。人は，幾重もの有形，無形の環境との相互作用を通して発達していくのである。

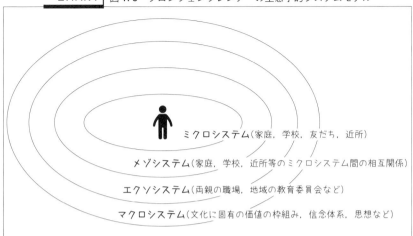

CHART 図1.6 ブロンフェンブレンナーの生態学的システムモデル

## 5 遺伝と環境
▶ 生まれは育ちを通して

**QUESTION 1-4**

人の性格（外向性や誠実さなど），言語能力，空間認知力の個人差に，遺伝や環境はそれぞれどの程度関わっているのだろうか。直感的に答えてみよう。

前節では，歴史的時間という時間軸上に人の発達を位置づけ，進化の過程でヒトならではの特徴がいかにして獲得されてきたのかに関して，有力とされる説を紹介した。本節では，個人の一生涯という時間軸において，生物学的要因（遺伝）と環境的要因が人の発達にいかに作用しているのかを見ていく。

遺伝というと何を思い浮かべるだろうか。母親の容姿と子どもの容姿がよく似ている，というのは遺伝のわかりやすい例であろう。しかし，父親は運動が不得意だが，子どもは運動が得意，ということもある。遺伝学では，親から子に伝えられる形態や性質のことを**形質**と呼び，親から子へと形質が伝えられることを**遺伝**という。では，親から引き継いだ形質がある場合には現れ，ある場

合には現れないのは，どのようなメカニズムによるのだろうか。

## 遺伝情報が発現するメカニズム

　ヒトの身体は約37兆個の細胞から成り立っており，正常な細胞核の中には，父親と母親のそれぞれに由来し，2本で1組をなす1対の性染色体と22対の染色体がある。1組の染色体上には，同じ機能に関わる父親由来の遺伝子と母親由来の遺伝子が，同じ特定の位置（遺伝子座）に配列されており，同じ位置にあるそれぞれの遺伝子を対立遺伝子と呼ぶ。対立遺伝子は，父親由来の片方の遺伝子と母親由来のもう片方の遺伝子で異なる特徴をもつことがあり，対立遺伝子が2種類以上あるとき，その組み合わせを**遺伝子型**と呼ぶ。遺伝子に記されたどの形質が現れるか（**表現型**）は，対立遺伝子の顕性度（どちらの効果が強いか）によって決められる。例えば，父母の血液型がともにA型である場合，子の血液型の遺伝子型はAA，AO，OOのいずれかである。このうち，遺伝子型がAOの場合，AはOに対して顕性であるため，子の血液型の表現型はA型になる。このように，父母から受け継いだ遺伝子はすべてそのまま現れるわけではない。心理学が対象とする形質の多くには，複数の遺伝子座にある遺伝子が関与しており，それらが相加的に働くことで，ある形質（例えば，知的な能力や性格など）は発現することになる。

　表現型における個人間の違いは，遺伝情報，すなわち両親から受け継いだ遺伝子の違いで説明されることが多い。しかし，遺伝子がまったく同じである一卵性双生児でも，発症する疾患や性格などは異なる。現代の分子遺伝学では，生物には受け継いだ遺伝情報の現れ方を後天的に制御するしくみが備わっている（鵜木・佐々木，2020）と考えられている。

　ミクロなレベルで見ると，私たちの身体の器官や体内の化学反応を触媒する酵素の多くは，タンパク質（アミノ酸が結合したもの）からつくられている（図1.7）。このタンパク質をつくるのに使用されるコード（設計図）が，遺伝子である。細胞の中にある染色体は，DNA（4種類の塩基が，二重らせん状に長く連なってできた物質）がヒストンというタンパク質に巻き付いたものでできており，DNA中の特定のタンパク質の設計情報が記録された領域を遺伝子と呼ぶ。体内でどのようなタンパク質がつくられるかは，遺伝子の塩基の並びによって決

CHART 図1.7 遺伝子発現までのプロセス

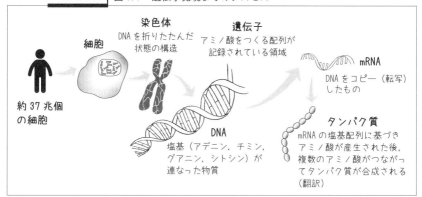

められている。

　一人のヒトの身体の細胞にはすべて同じDNAが入っており，DNAには莫大な遺伝情報が蓄えられている。そのすべてが1つの細胞内で一度に使われることはなく，細胞ごとに使われる情報と使われない情報があり，それぞれの情報には異なる目印がついている★。目印のつき方は，細胞や個人ごとに異なっており，さらに，個人の環境（ストレスやそれによって体内で分泌される化学物質，体内の栄養状態など）や体験も，この目印に影響を与えることがわかっている。この目印は，DNA上のどの範囲の情報に基づいて，どのようなタンパク質をどのタイミングでつくるかを決める役割を果たしている。このような，後天的な遺伝子の発現制御（調整）機構を，**エピジェネティクス**と呼ぶ。同じ遺伝子型をもつ一卵性双生児が，表現型において異なる場合，2人の違いは，一部の遺伝子の働きが，環境の影響を受けてエピジェネティックに抑制されたり増幅されたりすることによって生じている可能性があると考えられる。

　このように，表にどのような形質が現れうるのかは，複数の遺伝子によって規定されており，そのうちのどの形質がいつ現れる（現れない）のかは，環境からの影響を受けて調整されている。私たちはともすると，極端な遺伝主義（「遺伝で決まっているのだから努力をしても無駄だ」）や極端な経験（環境）主義

---

**comment**

★　この目印を，分子遺伝学では化学修飾といい，主なものにDNAメチル化やヒストン修飾がある。詳細は，鵜木・佐々木，2020を参照。

(「努力で何事も変えられる」)という二項対立に陥りがちである。しかし，ある形質の発現には遺伝と環境のいずれも不可欠であり，「**生まれは育ちを通して**」(リドレー，2004)はじめて，表に現れるのだといえる。

## 形質の個人差は何によって説明されるのか

複数の人が集まると，その中には，外交的な人もいれば内向的な人もいる。こうした性格の違いは，何の違いに由来するのだろうか。遺伝だろうか，環境だろうか。**行動遺伝学**という学問では，このような集団内での形質のばらつき(個人差)に遺伝と環境がそれぞれどの程度，影響しているのかを推定するために，**双生児法**という方法を用いる。

双生児法では，一卵性双生児と二卵性双生児，それぞれの双子における類似度を比較する。一卵性双生児は，同じ遺伝子型をもつが，すべての形質において2人に同じ特徴が見られるわけではない。では，2人の類似性と差異はどのように説明できるだろうか。2人が遠く離れた別の環境で生活してきたとすれば，2人の類似性は遺伝によるものである可能性が高い。しかし，2人が同じ家庭で生活してきた場合，2人の類似性は環境の類似性によって生じている可能性もある。つまり，2人の類似性には，遺伝子の共通性と，環境の共通性(これを**共有環境**と呼ぶ)の両方が貢献していると考えられる。では，同じ家庭で生活する一卵性双生児が，ある形質においてまったく似ていないとすればどうであろう。この場合，その形質における2人の違いは，それぞれに固有の環境(例えば友だちや先生など；これを**非共有環境**と呼ぶ)によると考えられる。

次に，同じ環境で生活する二卵性双生児を考えてみよう。二卵性双生児では，2人の遺伝子の共有率は赤の他人よりは高いが，きょうだいの場合と同程度(50％程度)である。したがって，一卵性双生児では類似性が高いが，二卵性双生児では類似性が低い形質があった場合，その形質は，遺伝の影響を相対的に強く受けていると考えられる。一方，一卵性双生児でも二卵性双生児でも，同程度に高い類似性が見られる形質があったとしよう。この場合，その形質は，共有環境の影響を相対的に強く受けていると考えられる。

双生児法を用いて，さまざまな心理的形質に対する遺伝と共有環境，非共有環境の影響の大きさが検討されてきた結果，現在では次の3つの法則(Tur-

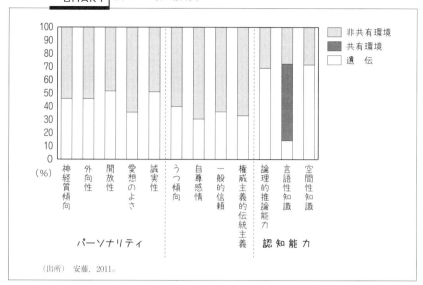

図1.8 さまざまな心理学的形質に対する遺伝・共有環境・非共有環境の説明率

(出所) 安藤, 2011。

kheimer, 2000) について，頑健な証拠が得られている。

① 人間のすべての形質は，遺伝の影響を受ける（遺伝の普遍性）。
② 共有環境の影響は，あったとしても相対的に小さい（共有環境の希少性）。
③ 個人差のうち，遺伝でも共有環境でも説明できない部分，すなわち，非共有環境の影響が相当の割合で存在する（非共有環境の優位性）。

図1.8 は，パーソナリティや認知能力など，いくつかの心理的形質について，その形質の個人差（集団内での分散）がどの要因によって，どの程度説明できるのか（説明率）を示したものである。これを見ると，先の3法則がおおよそ当てはまることがわかる。例えば，パーソナリティの個人差の50％は遺伝によって，また残りの50％は非共有環境によって説明できると推定されている。一方，認知能力の論理的推論や空間性知識の個人差は，遺伝によって説明できる割合が70％で，残りの30％は非共有環境によって説明できると推定されている。ただし，言語性知識のみは例外的に，共有環境（例えば，家に本がたくさんあるなど）の説明率が他の形質に比して高い（50％程度）と推定されている。

このように，心理的形質によって遺伝や環境による影響の受けやすさは異なるが，知能や問題行動といった一部の心理的形質における個人差については，

5 遺伝と環境 ● 27

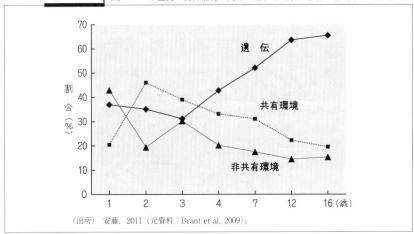

CHART 図1.9 双生児の認知能力に対する遺伝と環境の影響の説明率の時間的変化

(出所) 安藤, 2011（元資料：Brant et al., 2009）。

遺伝による説明率が加齢とともに高くなる傾向があることがわかっている（図1.9）。さらに、同じ経験をしていたとしても、経験からの影響の受けやすさは個人がもつ遺伝子のタイプによって異なるなど、遺伝と環境の間には交互作用がある（詳細は、安藤, 2023 など）。

この章では、歴史的時間や人の一生涯といった比較的長期の時間的枠組みから人の発達の特徴を見てきたが、次章以降では、各時期の発達の具体的な内容を、さまざまな側面に焦点を当てながら追っていく。

### POINT

- 1 発達は子どもだけのものではなく、大人も発達する。
- 2 発達は、獲得と喪失からなる環境への個人の適応過程といえる。
- 3 生物学的要因と環境的要因の相互作用によって個人の発達は形づくられる。
- 4 個人の生涯発達（個体発生）と種としての発達（系統発生）がある。
- 5 ある形質は、複数の遺伝子とさまざまな環境との複雑な相互作用を経て表に現れる。
- 6 人間のすべての形質は、遺伝の影響を受けている。共有環境の影響は相対的に小さく、個人差のうち、遺伝でも共有環境でも説明できない部分、すなわ

ち，非共有環境の影響が相当の割合で存在する。

## 引用文献

安藤寿康（2011）『遺伝マインド——遺伝子が織り成す行動と文化』有斐閣

安藤寿康（2023）『能力はどのように遺伝するのか——「生まれつき」と「努力」のあいだ』講談社

Baltes, P. B. (1987) Theoretical propositions of life-span developmental psychology: On the dynamics between growth and decline. *Developmental Psychology*, **23**, 611-626.

Baltes, P. B., Reese, H. W. & Lipsitt, L. P. (1980) Life-span developmental psychology. *Annual Review of Psychology*, **31**, 65-110.

Barton, R. A. & Harvey, P. H. (2000) Mosaic evolution of brain structure in mammals. *Nature*, **405**, 1055-1058.

ビョークランド，D. F.・ペレグリーニ，A. D.／無藤隆監訳／松井愛奈・松井由佳訳（2008）『進化発達心理学——ヒトの本性の起源』新曜社

Brant, A. M., Haberstick, B. C., Corley, R. P. et al. (2009) The developmental etiology of high IQ. *Behavior Genetics*, **39**, 393-405.

Brant, A. M., Haberstick, B. C., & Corley, R. P. et al. (2009) The Developmental Etiology of High IQ. *Behavior Genetics*, **39**, 393-405.

ブロンフェンブレンナー，U.／磯貝芳郎・福富護訳（1996）『人間発達の生態学——発達心理学への挑戦』川島書店

バーン，R.／小山高正・伊藤紀子訳（1998）『考えるサル——知能の進化論』大月書店

Cattell, R. B. (1971) *Abilities: Their Structure, Growth, and Action*. Houghton Mifflin.

Crews, D. E. & Bogin, B. (2023) Human life history evolution: Growth, development, and senescence. In C. S. Larsen (Ed.), *A Companion to Biological Anthropology*. Wiley.

Dunbar, R. I. M. (1992) Neocortex size as a constraint on group size in primates. *Journal of Human Evolution*, **20**, 469-493.

Dunsworth, H. M., Warrener, A. G., Deacon, T. et al. (2012). Metabolic hypothesis for human altriciality. *Proceedings of the National Academy of Sciences*, **109**(38), 15212-15216.

藤田由紀子（2023）「ライフサイクルの変化と生活設計——老後期間と子供の扶養期間」公益財団法人生命保険文化センター

ガードナー，H.／松村暢隆訳（2001）『MI——個性を生かす多重知能理論』新曜社

長谷川寿一・長谷川眞理子・大槻久（2022）『進化と人間行動』第2版，東京大学出版会

Hawkes, K. (2003) Grandmothers and the evolution of human longevity. *American Journal of Human Biology*, **15**, 380-400.

Hawkes, K., O'Connell, J. F., Blurton Jones, N. G. et al. (1998) Grandmothering, menopause, and the evolution of human life histories. *Proceedings of the National Academy of Sciences of the United States of America*, **95**, 1336-1339.

Kolk, S. M. & Rakic, P. (2021) Development of prefrontal cortex. *Neuropsychopharmacology*, **47**(1), 41-57.

厚生労働省（2011）「平成 23 年版厚生労働白書　社会保障の検証と展望――国民皆保険・皆年金制度実現から半世紀」

厚生労働省（2012）「平成 24 年版　厚生労働白書――社会保障を考える」

奈良貴史（2012）『ヒトはなぜ難産なのか――お産からみる人類進化』岩波書店

Pascalis, O., de Haan, M. & Nelson, C. A. (2002) Is face processing species-specific during the first year of life? *Science*, **296**, 1321-1323.

リドレー，M.／中村桂子・斉藤隆央訳（2004）『やわらかな遺伝子』紀伊國屋書店

Rutter, M. & the English and Romanian Adoptees Study Team. (1998) Developmental catch-up, and deficit, following adoption after severe global early deprivation. *Journal of Child Psychology and Psychiatry*, **39**, 465-476.

Rutter, M., Sonuga-Barke, E. J., Beckett, C. et al. (2010) Deprivation-specific psychological patterns: Effects of institutional deprivation. *Monographs of the Society for Research in Child Development*, **75**(1), 1-252.

Schultz, A. H. (1969) *The Life of Primates*. Weidenfeld and Nicolson.

Turkheimer, E. (2000) Three laws of behavior genetics and what they mean. *Current Directions in Psychological Science*, **9**, 160-164.

鵜木元香・佐々木裕之（2020）『もっとよくわかる！　エピジェネティクス――環境に応じて細胞の個性を生むプログラム』羊土社

Werker, J. F. & Tees, R. C. (1984). Cross-language speech perception: Evidence for perceptual reorganization during the first year of life. *Infant Behavior and Development*, **7**, 49-63.

# CHAPTER

## 第2章

# 生命の芽生えから誕生まで

### KEYWORDS

胎児　胎芽　器官形成期　驚愕様運動　呼吸様運動　吸てつ反射　嚥下運動　胎動　五感　触覚　味覚　嗅覚　聴覚　視覚　表情　出産　出生前検査　出生前遺伝学的検査　染色体疾患　NIPT

## 1 生命の芽生え
### ▶受胎から胎芽まで

#### QUESTION 2-1

ひとりのヒトは，1つの精子と1つの卵子が出会い，その受精卵が母親の胎内で約40週間弱をかけて成長し，ようやくこの世に生まれる。このような過程を経て，あなたがこの世に生まれてきた確率はどれくらいだろうか。

妊娠成立後，赤ちゃんは約35〜38週間もの間，母親の胎内で何をしているのだろう。胎児の様子を直接目で見ることはできないが，近年では4次元超音

| CHART | 図 2.1 胎児の発育 |

| 時期 | 妊娠初期 | | 妊娠中期 | | | 妊娠後期 | | |
|---|---|---|---|---|---|---|---|---|
| 週数 | 4〜7 | 8〜11 | 12〜15 | 16〜19 | 20〜23 | 24〜27 | 28〜31 | 32〜35 | 36〜40 |
| 月数 | 2 | 3 | 4 | 5 | 6 | 7 | 8 | 9 | 10〜 |
| 胎児と妊婦の変化 | | | | | | | | | |
| 体重(g) | 約4 | 約20 | 約30〜120 | 約150〜300 | 約350〜650 | 約750〜1150 | 約1300〜1750 | 約1950〜2450 | 約2650〜3200 |

(出所)「妊娠中の検査に関する情報サイト」(こども家庭庁 出生前検査認証制度等啓発事業運営事務局)
https://prenatal.cfa.go.jp/pregnancy-and-childbirth/body-changes.html (2024年9月1日) を加工して作成。

波(以下,4Dと略す)検査装置によって,胎児の表情や動きを立体的かつリアルタイムに観察できるようになった。以下,胎児の発育(図2.1)と発達の実際(小西, 2007；小西ほか, 2013；Einspieler et al., 2021) を具体的に見ていこう。

ひとりのヒトの生命は,3億ある精子の1つと,1つの卵子が受精し,約1週間をかけ子宮内膜に埋め込まれること(着床)からはじまる。妊娠8週頃まで(受精後約6週まで)の胎児は特に,まだヒトの形を呈していないことから胎芽と呼ばれる。胎芽は,臍帯(臍の緒)で胎盤とつながっており,母体の血液中の酸素や栄養素は,胎盤を通して胎芽・児の体に運ばれる。同時に,胎芽・児の血液から二酸化炭素や不要物が,母体の血液に受け渡される。

妊娠4〜8週頃は,さまざまな器官が形成される時期(器官形成期)にあたる。諸器官の中でもとりわけ早い時期からつくられはじめるのが脳であり,妊娠10週頃までの間に,大脳,小脳,延髄などが形成され,神経細胞がつくられはじめる。この頃の胎芽の大きさは2cm程度であり,頭と胴,手足がはっきりとし,指も分かれ,顔つきもわかるようになってくる。

comment
★ ここでは,受精成立後から出生後約1年までの時期をすべて含めて赤ちゃんと呼び,その中でも母親の胎内にいる時期の赤ちゃんを胎児,出生後の赤ちゃんを乳児と呼ぶ。
★ 4次元超音波検査装置とは,母親のお腹に超音波を当て,反射して戻ってくる超音波を処理することで,胎児を4次元像(立体像に時間の要素を加えた映像)として映し出せる装置をいう。
★ 妊娠週数(胎齢ともいう)とは,最終月経があった日から数えた週数を指す。通常,排卵は最終月経の約2週間後に生じ,そのときに受精が成立するため,妊娠週数と,受精成立後の実際の経過週数との間には,約2週間の開きがある。

## 胎児にとっての環境としての母体

　胎児は生まれるまでの間，母親の子宮の中で過ごす。子宮内は羊水で満たされており，羊水は，胎児を外部の衝撃から守る，胎児が自由に動くための空間を確保する，子宮内の温度を一定に保つなど，重要な役割を果たしている。胎児は母親の血液中の酸素と栄養素を，胎盤を介して受け取るため，母親の生活環境の影響を受けることになる。特に，諸器官の形成が進む妊娠 4～8 週頃は，母親自身が有する疾病のほかに，ウイルス感染（トキソプラズマ，風疹，単純ヘルペスなど）や，放射線・公害などによる化学物質への曝露，薬剤（一部の抗てんかん薬，睡眠薬，抗ガン剤や，抗血液凝固剤など），アルコール（酒），ニコチン（煙草）の摂取の影響を受けやすい。これらは，胎児の器官の形成を阻害したり，子宮内での発育不全を引き起こしたりする可能性がある。妊娠中の喫煙は発育不全を，飲酒は胎児性アルコール症候群（発達全般の遅れや多動などの中枢神経系の障害や，発育の遅延，頭蓋顔面の奇形などの症状を呈する先天性の疾患）を引き起こす可能性があるため，妊娠中の飲酒・喫煙は，少量であっても控えるべきである。

　妊娠初期は，流産が起こりやすい時期でもある。実のところ受精卵の 50～75％ は流産しており，その大部分は本人も妊娠に気がつかないくらいの早期に起こっている。また，妊娠として診断されたもののうち，約 13％（40 歳以上では約 25～30％）は早期（妊娠 12 週未満）に流産している（竹村，1999）。流産は，母体側（父親を含む）の要因によっても胎児側の要因によっても生じるが，早期流産では主に受精卵の異常（染色体の異常）によって，また，後期流産では母体（子宮や内分泌代謝など）の異常や感染症によって生じることが多いとされる（日本産婦人科医会，2017）。

---
comment

★　流産とは，医学的には児の胎外での生存が不可能な妊娠 22 週よりも前に胎児が娩出され，妊娠が終了することをいう（竹村，1999）。

胎児はお腹の中で何をしているのか

QUESTION 2-2
　　　　　　　　　　胎外へ出るまでの間，胎児は母親の胎内で何をして過ごしているのだろう。どのように身体を動かしているのだろうか。胎児に人の声や音は聞こえているのだろうか。聞こえているのだとすれば，どのように聞こえているのだろう。

### 活発に動く胎児

　妊娠3カ月（8～11週）に入り，ほとんどの内臓の基本的な形ができあがる頃，胎児には**驚愕様運動**という全身をびくっとさせるような動きが認められるようになる。また，妊娠10週頃になると，脳や筋肉，神経系の発達とともに，頭部（首）の動きや上下肢の自発的な動きが認められるようにもなる。

　妊娠4カ月（12～15週）には，胎児の身長（座高）は16cm程度，体重は120g程度になり，さまざまな動きが見られるようになる。具体的には，**呼吸様運動**（胸を膨らませたりしぼませたりする動作）や**吸てつ反射**（指を吸う動作），あくび，**嚥下運動**（羊水を口に入れ，飲み込むこと；なお，飲んだ羊水は，尿として再び羊水中に排泄される）などが見られる（図2.2）。これらの運動には，肺で呼吸をしたり，母乳を飲んだりするなど出生後，生存のために必要となる動作が含まれている。このように胎児は母親の胎内にいるうちから，出生後の環境変化に適応し，外界で生きていくための準備をしていると考えられる。また，この頃の胎児は，自分の手で，自分の顔や母親の子宮壁，臍帯に頻繁に触れる。触覚を通じて胎児は，自身の身体や周囲の環境を確かめているのではないかと考えられている（⇨第6章）。妊娠4カ月の終わり頃には，身体の大まかな部位の形成が終わり，以降は，各臓器や器官の成熟が進むとともに，脳細胞をつなぐ配線にあたる神経回路ができていく。

　妊娠5カ月（16～19週）頃になると，胎児は羊水の中で回転したり，母親の子宮壁を蹴ったりするなど，ますます活発な動きを示すようになる。この頃に

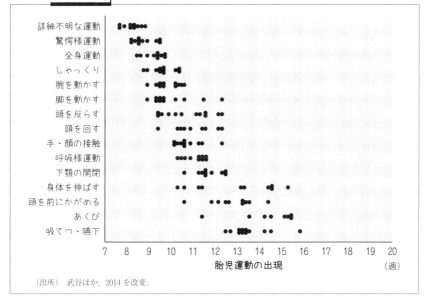

図 2.2 さまざまな胎児運動とその初発時期

(出所) 武谷ほか，2014 を改変。

は，身長 25 cm 程度，体重 280 g 程度になり，早ければ胎児の動き（胎動）を感じる母親もいる。超音波の画像で胎児の性別が判別できるようになるのも，この頃である。

## 五感の発達

神経回路の形成が進む妊娠 5 カ月頃からは，触覚，味覚，嗅覚，聴覚，視覚の**五感**が発達する。もっとも早く発達するのは**触覚**で，先に述べた吸てつ反射や自身の身体への接触は，この頃から触覚が機能していることを示している。

続いて発達するのは**味覚**と**嗅覚**であり，妊娠 7 カ月頃（24〜27 週）には，甘味や苦味の区別がつくようになる。また，羊水の中ではにおいは感じられないが，嗅覚の機能は妊娠 7〜10 カ月には成熟しているようである。

**聴覚**については，妊娠 6 カ月（20〜23 週）頃に機能ができあがり，この頃の胎児には，胎内の音（母親の声や心臓の音，血流の音など）が聞こえている。その後，妊娠 7 カ月に聴覚器官が一応の完成をみると，外界のさまざまな音も聞こえるようになる。そして，妊娠 8 カ月の中頃（30 週）には，外から与えられた

2つの異なる音刺激に対して胎動を変化させることから，音を弁別できるようになっていると考えられる。ただし，胎児は母親の腹壁を隔てて，羊水の中で外からの音を聞いている状態にある。そのため，胎児に聞こえる音はおそらくはくぐもっており，イントネーションや声の高低の違いまではわかるとしても，言葉そのものを聞き分けることは難しいものと思われる。

　五感のうち，もっとも長い時間をかけて発達するのは**視覚**である。眼球の基本的構造は妊娠 4 カ月ですでにできあがっているが，その頃はまぶたは閉じたままで，目としての機能は果たしていない。ただし，まぶたの下で眼球は動いていることから，胎児はこの頃から物を見るための準備をはじめていると考えられている。やがて，妊娠 7 カ月（24～27 週）頃になると，明暗を感じる網膜が形成される。腹壁を通じて光を当てると，脳の活動に変化が見られることから，この頃には光（明暗）に対して反応しうることがわかる。この頃にはまぶたの開閉もはじまるものの，胎内は真っ暗であるため，物を見るという機能が実際に発揮されるのは，出生後である。

　なお，妊娠 8 カ月（28～31 週）頃には，眼球運動が集中的に見られる時間帯と胎動が活発になる時間帯が同期するようになる。そして，妊娠 37 週頃には，眼球運動期（約 30 分間，レム睡眠の原型）と無眼球運動期（約 20 分間）が交互に出現するリズムが明瞭になり，40 週頃に睡眠と覚醒のリズムがほぼ完成する（太田ほか，2016）。

### 胎児は感情を経験している？

　乳児は生まれて間もないうちから泣いたり微笑んだりする（生理的微笑 ⇨ 第 4 章）が，このような**表情**は，胎児のうちから見られるものなのだろうか。

　4D の映像によれば，妊娠 7, 8 カ月頃には，微笑みやしかめっ面，泣きそうな顔など，複数の表情を胎児に認めることができる（秦・丸茂，2010）（図 2.3）。ただし，これらの表情が認められるからといって，胎児がそれに対応する感情（うれしい，悲しいなど）を経験している（主観的に感じている）とは限らない。生まれて間もない頃には，ある感情や表情を引き起こしうる状況と，そのような状況下で乳児が実際に示した表情は必ずしも対応していないため，乳児の表情（顔の動き）はある程度ランダムに発生している可能性が指摘されている（Mits-

CHART 図2.3　4Dによる胎児の顔画像

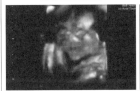
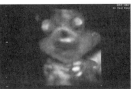
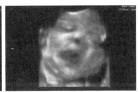

（24週）右手で目をこすっているように見える

（28週）正面を向いて笑みを浮かべているように見える

（32週）口を少し開けて寝ているように見える

(筆者提供)

ven et al., 2020)。したがって，胎児に見られる表情も，特定の感情状態の反映というよりは，その時どきの身体の状態の反映，もしくは偶発的に引き起こされた顔面筋の運動パターンである可能性が高いといえる。

　ただし，乳児がこのような表情を備えて生まれてくることには，適応上，大きな意味があると考えられる。乳児が誕生すると養育者は，乳児の表情を手がかりに身体の状態を読みとり，乳児が生きていくために必要な世話（授乳や体温調整のための着替えなど）をする。その際，乳児に見られた表情が単なる顔面筋の運動パターンに過ぎなかったとしても，乳児を取り巻く周りの人たちは，さまざまな心の状態を乳児の表情に読み取ったり解釈したりして，乳児との間でやりとりを交わしていくであろう。このように乳児は心をもつ存在として扱われることではじめて，心をもつ人として発達していくのである（⇨第4, 5章）。

　ここまでは，胎内における発達の様子を見てきたが，外界に生まれ出た乳児にとって最大の課題となるのは，出生に伴う環境の変化に適応することである。胎内から外の世界に出た乳児は，生きていくために自力で呼吸をし，母乳を飲み，排泄をし，外界のさまざまな刺激（音や光，温度変化など）を処理しなければならない。生後間もない乳児は，口元をつつかれるとそちらに顔を向け，唇に触れたものに吸い付いたり，さまざまな味に応じた表情を示したり，自分の母親と他の母親のお乳を嗅ぎ分けたり，自分の母親と他の女性の声を聞き分けられたりすることがわかっている（⇨第3章）。このように赤ちゃんは胎内にいるときから，外界で生きるための準備をして生まれてくるのである。

# 3 胎児期からはじまる親子のコミュニケーション

**QUESTION 2-3**
あなたを妊娠していた間，あなたの母親や父親はどのようなことを感じたり考えたりしていたのだろうか。また，あなたが生まれた瞬間はどうだったのだろうか。母親や父親に，あなたが母親のお腹にいたときや出産時のエピソードを尋ねてみよう。

## 母親は胎児の存在をどう感じているのか

　ヒトの乳児は自力での移動が可能になるまでに約1年を要するため，生き延びていくには，周りの大人から世話を引き出し，守ってもらわなければならない（⇨第4章）。赤ちゃんがはじめて直接的に触れる人は，臍帯でつながっている母親であり，子宮壁に触れる，胎内で母親の声を聞くなども含めると，母親とのコミュニケーションは出生前からはじまっている。ただし，胎児の側に母親とコミュニケーションをしているという自覚があるかどうかは定かではない。胎児期の母子のコミュニケーションは，双方向的なものというよりは，親の側の働きかけや解釈によって形づくられていると考えるのが適切であろう。

　母親が赤ちゃんの存在を確認しうる手がかりはいくつかある。例えば，超音波検査では通常妊娠4,5週頃に，胎のうという赤ちゃんが入った小さな袋を子宮内に確認でき，6週には赤ちゃんの心臓の拍動も確認できるようになる。しかし，母親が赤ちゃんの存在を実感するのは，自身の身体の変化を通してであろう。早い人では4週頃につわりがはじまり，その後，1,2カ月の間はつわりが続く。また，妊娠の週数が進むにつれ，自身の体型はどんどん変化していく。さらに（個人差はあるが）18週頃には胎児の身体の動き，すなわち胎動が感じられるようになる。つわりや胎動は母親の意志とは無関係に起こるため，赤ちゃんの存在を母親が認識する大きな契機になる。

　ここで，母親らが胎動をどうとらえているのかを調べた調査（岡本ほか，2003）を紹介しよう。妊婦が記した胎動に関する日誌の分析によると，28週頃

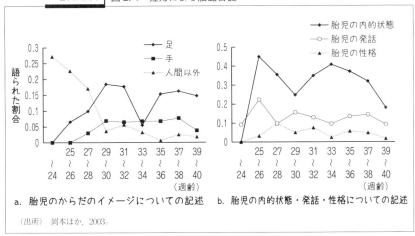

図2.4 妊婦による胎動日記

a. 胎児のからだのイメージについての記述
b. 胎児の内的状態・発話・性格についての記述

(出所) 岡本ほか, 2003。

までは,「グルグル。魚が泳いでいる感じ」など,胎児を人間以外(モグラ,虫など)に喩えた記述が多く見られる。しかし,29週頃からは,胎動を胎児の「足」や「手」の動きとして記述することが増えてくる(図2.4a)。これは,母親がこの頃から胎児を一人の人間として実感しはじめることを示唆する。しかし,多くの母親はこれよりも早い時期(25週頃)から胎児の内的状態(「喜んでいる」「心配している」など)に言及したり,胎児が母親や他の人に反応や応答をしている,と述べたりしていた(図2.4b)。母親は,胎動を感じはじめて間もない時期から,わが子を心をもつ存在としてとらえていることがうかがわれる。

では,自身の身体を通して胎児の存在を感じられない父親は,いかにしてわが子の存在を認識していくのであろうか。妊娠後期にもなると,お腹が波打つほどの激しい胎動が起こることがあり,父親でも(母親のお腹ごしに)胎児の動きを感じとれる場合がある。しかし,多くの父親は,出生直後に子どもに触れたり子どもの顔を見たりすることで,親としての自覚をもつようである(田中ほか,2011)。最近では,4D画像によって胎児の顔や様子をはっきりととらえられるようになっており,こうした技術の進歩が,父子関係の形成の一助となる可能性もある。妊婦健診で胎児の4D画像を見た父親は,胎児への肯定的な感情や親としての役割意識の芽生えを語っていた,という調査報告がある(丸茂ほか,2007)。自身が親になったという自覚を早くからもつことは,誕生後の

育児によい影響をもたらすと考えられる。

### 母子の共同作業としての出産

　ここまでは，生命の芽生えにはじまり，胎児が発達する過程や親子のコミュニケーションについて見てきたが，最後に，母親と赤ちゃんのはじめての共同作業ともいえる**出産**に焦点を当ててみよう。

　約 40 週間を胎内で過ごし，身長約 50 cm，体重 3000 g 前後まで成長した胎児は，いよいよ胎外へと出る日を迎える。ただし出産は，母子双方にとって決して楽なことではない。なぜなら，ヒトの出産は，母親，胎児双方の身体の構造的特徴のゆえに，必然的に難産になるからである（⇨第 1 章）。ヒトの身体は直立二足歩行に適応した構造になっており，内臓を支えるために背骨がＳ字に曲がりくねり，しかも骨盤が変形している（骨盤の入り口は前後経より横経が長いが，出口では前後経の方が長い）（奈良, 2012）。さらに，ヒトにおいては脳が発達したため，胎児の頭囲は母親の産道の直径とほぼ同じである。つまり，産道は胎児がぎりぎり通り抜けられる程度の大きさしかない。そのため胎児は，この複雑な狭い産道に合わせて自身の姿勢を上手に変えながら，ようやく出口にたどり着くことになる。

　出産は，陣痛を引き起こすいくつかのホルモンが，胎児と胎盤，母親の身体によってそれぞれ多量につくられることによってはじまる。その後は，娩出力，産道，胎児という 3 つの要素によって出産が進んでいく（武谷ほか, 2014）。

　娩出力とは，母親が胎児を押し出そうとする力を指す。陣痛がはじまると母親は反射的にいきみたくなり，そのときの腹圧で胎児が押し出され，産道を通過していく。また，お産が近づくと，ホルモンの働きで骨盤のつなぎ目がゆるみ，産道が柔らかくなる。ここに，胎児の頭が圧力を加え，産道を広げていく。胎児は，狭い産道をくぐり抜けるために頭の骨が重ね合わさり，上手に身体を縮め，抵抗を少なくする。そして，産道の形に合わせて，一番周経の大きい頭や肩がつかえないように，合計 4 回，回転しながら出てくる（図 2.5）。このようにして，規則的な陣痛がはじまってから，初産の場合には約 12～15 時間，経産の場合には約 6, 7 時間をかけてようやく，赤ちゃんは外の世界に出てくる。

　出産は，母親，胎児のいずれにトラブルがあっても順調には進まない。母親

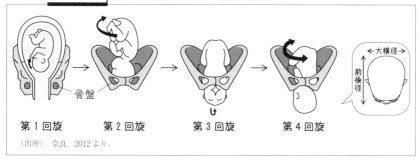

図2.5 出産時における胎児の動き

(出所) 奈良, 2012 より。

の陣痛が弱く, 娩出力が弱いと, 出産は長引く。また, 胎児が産道でうまく回転できず（これを回旋異常という), 胎外に出られなかったり, 首に臍帯が巻き付いたりする場合にも出産は長引き, 母子双方の生命に危険が生じることもある。出産は, 母親と胎児による, 文字どおり命がけの共同作業なのである。

#  出生をめぐる現代的な問題
▶ 出生前検査をめぐって

　超音波検査をはじめとする検査技術の進歩は, 疾病や異常の早期発見を可能にし, 胎児の発達の様子を明らかにすることにも貢献してきた。その一方で検査技術の進歩は, 新たな問題も生み出している。

### 出生前検査と出生前遺伝学的検査

　**出生前検査**とは, 広義には, 母体内の胎児の状況を把握するために行われる検査をいう (こども家庭庁, 2023)。胎児の発育状態や器官の形態異常, 先天的な疾患の確認がその主な目的とされる。出生前検査の中でも, 胎児の遺伝子や染色体を調べるために行われる検査を**出生前遺伝学的検査**という。これは, **染色体疾患**を調べる目的で, 妊婦とパートナーの希望を受けて任意で行われる検査である。狭義にはこれを出生前検査と呼んでいる。

　現在, 日本国内で実施されている出生前遺伝学的検査には, 実施可能期間や調べる病気, 検査内容（採取する試料), 検出率, 結果の出方などの点で異なる,

CHART 表2.1 出生前遺伝学的検査の種類とその特徴

| | 非確定的検査（非侵襲性検査） | | | 確定的検査（侵襲性検査） | |
|---|---|---|---|---|---|
| | 超音波マーカー検査（コンバインド検査） | 母体血清マーカー検査 | NIPT（非侵襲性出生前遺伝学的検査） | 絨毛染色体検査 | 羊水染色体検査 |
| 実施可能時期 | 11-13週 | 15-18週 | 9-10週以降 | 11-14週 | 15-16週以降 |
| 対象染色体疾患 | 21トリソミー<br>18トリソミー<br>(13トリソミー) | 21トリソミー<br>18トリソミー | 21トリソミー<br>18トリソミー<br>13トリソミー | 染色体疾患全般 | 染色体疾患全般 |
| 検査内容 | 超音波検査（NTなど）<br>※コンバインド検査は採血も必要 | 採血のみ | 採血のみ | 絨毛穿刺 | 羊水穿刺 |
| 21トリソミーについての検出率（感度） | NT：60％程度<br>コンバインド検査：80％ | 80％ | 99％ | 99.9％ | 99.9％ |
| 結果の出方 | 確率（1/○○○）および陽性・陰性 | 確率（1/○○○）および陽性・陰性 | 陽性・陰性・判定保留 | 染色体の写真・核型 | 染色体の写真・核型 |
| 検査の特徴 | 偽陽性が多い<br>流産リスクがない<br>実施可能施設が限定される<br>安値<br>実施時期が早い | 偽陽性が多い<br>流産リスクがない<br>実施可能施設が多い<br>安値 | 陽性的中率が高い<br>流産リスクがない<br>実施可能施設が限定される<br>高値<br>実施時期が早い | 染色体の写真・核型<br>流産リスクがある（1％）<br>実施可能施設が限定される<br>実施時期が早い | 流産リスクがある（0.3％）<br>実施可能施設が比較的多い |

(注)・NTは、胎児の首の皮下の厚みをいい、ここが通常の胎児に比べて厚いときには、染色体異常や心奇形などの可能性が考えられる。
・絨毛は、胎盤の組織の一部。
・染色体の核型とは、染色体の数、形、大きさを表したもの。
(出所) 菊池、2023より作成。

複数の検査がある（表2.1）。これらの検査は、結果によって診断が確定できる「確定的検査」と、診断が確定できない「非確定的検査[★]」がある。「非確定的検査」は通常、確定的検査を受けるかどうかを検討する目的で行われる。

非確定的検査の代表には、NIPT（Non-Invasive Prenatal Testing：非侵襲性出生

---

comment
★ 通常の妊婦健診で、胎児の発育状況の確認のために行われる超音波検査は、「非確定的検査」にあたる。その際に、器官の形態異常が偶発的に見つかることもある。

前遺伝学的検査）がある。この検査では，妊婦の血液中に含まれる胎児のDNAを解析し，21トリソミー（ダウン症候群）★を含む3種類の染色体疾患の有無が陽性か陰性かで示される。この検査は，従来の検査（母体血清マーカー検査）よりも早期（妊娠10週頃）に実施可能であり，21トリソミーについては，結果が陰性である場合の感度は99％以上とかなり高い。一方，結果が陽性である場合の感度（実際に胎児に染色体異常がある確率）は若年妊婦ではやや低い。疾患の有無を確定したい場合には，受検者は，羊水検査（羊水を採取して胎児のDNAを調べる検査）などの確定的検査を受検する必要がある。なお，羊水検査では子宮に針を刺すため，0.3％の確率で流産が起こるリスクがある。

## 出生前遺伝学的検査の広がりとそれに伴う問題

NIPTは従来の非確定的検査に比べ，確度が高く簡便であるため，国内での実施については慎重な議論が重ねられてきた。NIPTが国内で開始された当初は実施施設も限られ，35歳以上の妊婦しか受検できないなど，受検するには多数の要件を満たす必要があった。その後，実施施設の増加や受検要件の緩和などを受けて，NIPT，母体血清マーカー検査ともに，10年前に比して受検数は大幅に増加した。受検数増加の背景には，国内における晩産化の進行もある。現在日本では，母体が35歳以上での出産が全出生数の約3割（厚生労働省，2022）を占めている。女性の妊娠しやすさは20代後半にピークを迎えた後，低下しはじめ，37歳頃を過ぎると急激に低下する。妊娠しやすさにはパートナーの年齢も関わっており（図2.6），男女の加齢はともに，胎児の染色体異常による疾患や，流産の確率（図2.7）を高める（日本産婦人科医会，2017）。

「わが子が健康に生まれてきてほしい」，これはおそらく，どの親も望むことであり，胎児の異常の有無を早期に知ることができるのは，好ましいことであるように思われる。しかし，本当にそう言いきることはできるだろうか。

───────────────────────────── comment
★　21トリソミー（ダウン症候群）とは，21番目の常染色体が3本になっていることによって発症する先天性の疾患である。症状として，知的発達の遅れや特徴的な顔貌，低身長，筋緊張の弱さなどが見られ，先天性心疾患や甲状腺機能の低下，眼科的問題，てんかんなどを伴うこともある。ダウン症の発症率は母親の出産年齢とともに高くなり，母親が30歳の場合には，ダウン症の発症率は840分の1であるが，35歳では356分の1，40歳では94分の1，さらに45歳では24分の1まで高くなる（Hecht & Hook, 1996）。

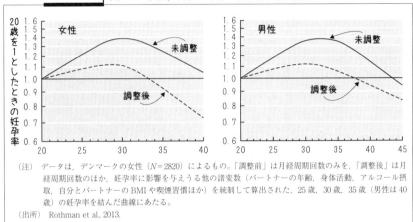

CHART 図2.6 女性,男性の年齢に伴う妊孕性(妊娠しやすさ)の変化

(注) データは,デンマークの女性(N=2820)によるもの。「調整前」は月経周期回数のみを,「調整後」は月経周期回数のほか,妊孕率に影響を与えうる他の諸変数(パートナーの年齢,身体活動,アルコール摂取,自分とパートナーのBMIや喫煙習慣ほか)を統制して算出された,25歳,30歳,35歳(男性は40歳)の妊孕率を結んだ曲線にあたる。
(出所) Rothman et al., 2013.

　出生前遺伝学的検査の本来の目的は,出生前に胎児の疾患や状態を確認しておくことで,生まれた子どもの健康のため,適切な治療や養育を行う環境を考え,用意することにある。しかし,検査で胎児に異常があるとわかった場合,妊娠の継続をあきらめ,出産を断念する人もいる。実際のところ,NIPTで結果が陽性であった妊婦の約8割は妊娠を中断した,という報告がある(出生前検査認証制度等運営委員会HP)。なお,日本では胎児の異常を理由とした人工妊娠中絶は法的に認められておらず,母体保護法(妊娠の継続が母体の健康を著しく害する恐れがある場合には中絶を行うことができる,という条項)のもとに中絶が容認されている。妊娠を継続するか否かは個々の妊婦の判断に任せられており,胎児の異常を知った親は,十分な情報や心の準備がないまま,妊娠の継続や子どもの治療について,短期間に判断することを迫られる。

　こうしたことをふまえ,NIPTの受検にあたっては,遺伝カウンセリングを受けることが推奨されている。遺伝カウンセリングでは,先天異常に関する医学的情報や,検査の方法や特徴,検査を受けること・受けないことのメリットやデメリット,検査結果の意味に関する情報の提供を受けたり,検査を受けた後の意思決定や行動について相談したりすることができる。出生前遺伝学的検査は,胎児の生存権に関わるものであり,優生思想や障害者差別の助長につながる問題であると同時に,「妊婦が知る権利」や「女性のリプロダクティブ・ヘルス／ライツ(妊娠・出産を含む,自分の身体に関する事柄を自分自身で選び,決

められる権利）」に関わる問題でもある。

　日本では，出生前検査について社会全体で考え，妊婦を支えていこうという方向性がこども家庭庁より示され，母子手帳の交付時に出生前検査についての情報提供（チラシ）も行われている。また，一般の人向けに，出生前検査にかかる詳細な情報の提供も行われている（「妊娠中の検査に関する情報サイト」https://prenatal.cfa.go.jp/）。一人ひとりが検査についてさまざまな観点から考えると同時に，社会全体で議論を続けていくことが必要である。

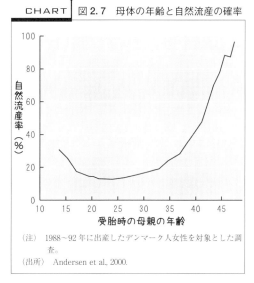

CHART　図2.7　母体の年齢と自然流産の確率

（注）　1988～92年に出産したデンマーク人女性を対象とした調査。
（出所）　Andersen et al., 2000.

### QUESTION 2-4

出生前診断を行うことは，誰（親，胎児，医療関係者，社会など）にとってどのような利益・不利益があるだろうか。話し合ってみよう。

---

### POINT

- □ 1　胎児は胎盤を介して，母親の血中の酸素や栄養素を取り入れているため，母親の生活環境の影響を受ける。
- □ 2　胎児は妊娠3カ月頃から，出生後の環境変化に適応し，外界で生きていくべく，身体の動きや動作の練習をはじめている。
- □ 3　妊娠5カ月頃から，触覚，味覚・嗅覚，聴覚，視覚が順次発達してくる。
- □ 4　胎児期から，胎動などを介して，親子のコミュニケーションははじまっている。
- □ 5　診断技術の向上や晩産化の影響を受けて，出生前遺伝学的検査が急速に普及してきたが，それに伴う新たな問題も生まれている。

# 引用文献

Andersen, A. M. N., Wohlfahrt, J., Christens, P. et al.（2000）Maternal age and fetal loss: population based register linkage study. *BMJ*, **320**（7251），1708-1712.

Einspieler, C., Prayer, D. & Marschik, P. B.（2021）Fetal movements: The origin of human behaviour. *Developmental Medicine & Child Neurology*, **63**, 1142-1148.

秦利之・丸茂元三（2010）「胎児の顔の表情——4次元超音波による観察」『香川産科婦人科雑誌』**12**，1-6.

Hecht, C. A. & Hook, E. B.（1996）Rates of Down syndrome at livebirth by one-year maternal age intervals in studies with apparent close to complete ascertainment in populations of European origin: A proposed revised rate schedule for use in genetic and prenatal screening. *American Journal of Medical Genetics*, **62**, 376-385.

菊地範彦（2023）「母体血を用いた出生前遺伝学的検査」『信州医学雑誌』**71**，445-447.

こども家庭庁（2023）「NIPTを取り巻く最近の海外の現状——検査の対象者と対象疾患について」（第1回NIPT等の出生前検査に関する専門委員会 令和5年5月31日資料3）

こども家庭庁（n. d.）「妊娠中の検査に関する情報サイト」（出生前検査認証制度等啓発事業）

小西行郎（2007）『もっと知りたい，おなかの赤ちゃんのこと』赤ちゃんとママ社

小西行郎編著／加藤正晴・鍋倉淳一（2013）『今なぜ発達行動学なのか——胎児期からの行動メカニズム』診断と治療社

厚生労働省（2022）「令和4年人口動態統計（確定数）の概況」『令和4年統計情報・白書』

丸茂元三・森田豊・上田万莉ほか（2007）「4次元超音波の妊婦および家族に与える心理的影響の検討」『超音波医学』**34**，S483.

Mitsven, S., Messinger, D. S., Moffitt, J. et al.（2020）Infant emotional development. In J. J. Lockman & C. S. Tamis-LeMonda（Eds.）, *The Cambridge handbook of infant development: Brain, behavior, and cultural context*. Cambridge University Press.

村本淳子・東野妙子・石原昌編著（2006）『母性看護学 1 妊娠・分娩』第2版，医歯薬出版

奈良貴史（2012）『ヒトはなぜ難産なのか——お産からみる人類進化』岩波書店

日本産婦人科医会（2017）「研修ノート No.99 流産のすべて」

岡本依子・菅野幸恵・根ヶ山光一（2003）「胎動に対する語りにみられる妊娠期の主観的な母子関係——胎動日記における胎児への意味づけ」『発達心理学研究』**14**，64-76.

太田英伸ほか（2016）「胎児・新生児の眠りの発達」『ベビーサイエンス』**16**，2-10.

Rothman, K. J., Wise, L. A., Sørensen, H. T. et al.（2013）Volitional determinants and age-related decline in fecundability: A general population prospective cohort study in Denmark. *Fertility and sterility*, **99**, 1958-1964.

出生前検査認証制度等運営委員会 HP「NIPTを受けた10万人の妊婦さんの追跡調査」

竹村秀雄（1999）「初期流産」『周産期医学』**29**，1369-1373.

武谷雄二・上妻志郎・藤井知行・大須賀穣監修（2014）『プリンシプル産科婦人科学 2 産科編』第3版，メジカルビュー社

田中美樹・布施芳史・高野政子（2011）「『父親になった』という父性の自覚に関する研究」『母性衛生』**52**，71-77.

# CHAPTER

## 第3章

# 見て・さわって・感じる
## 赤ちゃんがとらえる世界

### KEYWORDS

ピアジェ　シェマ　同化　調節　均衡化　操作　感覚運動期　前操作期　具体的操作期　形式的操作期　選好注視法　馴化―脱馴化法　期待違反法　中心化（自己中心性）　脱中心化　反射　目と手の協応　視覚的断崖　表象　対象の永続性　数の理解　社会性　発達の最近接領域

　かつて赤ちゃんは，まっさらな無垢の状態で生まれてくる「タブラ・ラサ（白紙）」であるという考え方が強い時期があった。しかし，赤ちゃんはいままで考えられていたよりはるかに有能で，原初的な面はあるものの，すでに世の中のさまざまなことを理解していることが明らかになってきている。

### QUESTION 3-1

次の中で，生後半年の赤ちゃんができることは何だろう？
(a) お母さんの顔と他の女性の顔の区別
(b) 小さな数（例えば，「2」と「3」の区別）
(c) 援助的行為と妨害的行為の区別

# 1 ピアジェの発達段階

## ピアジェの発達理論

　生まれてからの子どもの発達を考えていくうえで，**ピアジェの発達理論**は基礎となる。ピアジェは，子どもがどのようにこの世界や物事を知覚したり，記憶したり，学習したり，思考したりするのかという認知機能の発達に着目し，「シェマ」「同化」「調節」「均衡化」といった概念を提唱した。**シェマ**とは，物事を認識するうえでの行動や思考の枠組みのようなものを指す。**同化**とは，すでにあるシェマに基づいて新たな情報を取り入れていくことを指し，**調節**とは，すでにあるシェマでは対応できず，新しいシェマに変えることで情報を取り入れていくことを指す。外界の新たな情報に直面したときに，このような同化と調節を繰り返すことで，物事の認識を能動的に安定化させていく過程を**均衡化**という。

## 4つの発達段階

　ピアジェは，こうした認知がどのように発達していくのかについて，「操作」の水準をもとに，**感覚運動期**（0〜2歳頃），**前操作期**（2〜7歳頃），**具体的操作期**（7〜11歳頃），**形式的操作期**（11〜15歳頃）から構成される発達段階を提唱した。ここでいう操作とは，実際に行為をするのではなく，行為が内化されたもので，頭（心）の中で行うものと考えられる。

　乳児期は，感覚運動期の大部分を占め，視覚，聴覚をはじめとする感覚を通して事物を認識し，それらの事物に運動動作によって直接働きかけていく時期である。この時期での外界の認識は，感覚と運動のシェマに依存しており，目で見たり耳で聞いたりした刺激に対して，手足を使って直接的に反応する。

　前操作期は，幼児期にほぼ相当し，感覚や身体運動を通じてのみ外界を認識する状態から，頭の中のイメージのようなもの（これを「表象」と呼ぶ⇨51頁，第5章）を使って外界を認識する力が発達し，操作ができるようになっていく時期である。ただし，論理的な操作はまだ不十分で，直観的な判断にとどまる。

> **Column②　赤ちゃんの心を調べる方法**
>
> 　赤ちゃんはまだ言葉をほとんど話すことができないが、対象を見つめる「注視」に着目することで、何を理解できるか（区別できるか）を調べることができる。その方法はいくつかあって、**選好注視法**（preference looking method）では、2つの刺激を並べて見せて、どちらを長く注視するかを観察する。例えば、2人の顔写真のどちらかを長く見たとすると、赤ちゃんは顔の区別ができていることがわかる。**馴化－脱馴化法**（habituation-dishabituation method）は、同じ刺激（例：ある人の顔）をずっと呈示して、慣れ（馴化）で赤ちゃんの注意が逸れた後に、別の刺激（別の人の顔）を提示し、注意が回復するか（脱馴化）どうかに着目して、2つの刺激を区別できるかを調べる。**期待違反法**（violation-of-expectation method）は、起こりうる事象と起こりえない事象を見せ、起こりえない方を長く注視するかどうかによって、物事の理解を確認する方法である。

例えば、他者の視点に立ちにくく、対象の一番目立つ特徴にひきずられて判断を誤りやすいという**中心化（自己中心性）**といった特徴が見られ、「3つの山問題」や「保存課題」に間違える傾向がある（⇨第8章）。

　具体的操作期は、児童期の中心を占める。直接見たり触ったりできるような具体的な対象については論理的な操作が行える時期である。例えば、2つの視点から物事を見られるようになり、中心化（自己中心性）から脱却（脱中心化）することで、前操作期では難しかった3つの山問題や保存課題も解決できるようになる。論理的思考が発達し、客観性が生まれることで、学校での学びに適応できるようになる（⇨第8章）。

　形式的操作期は、児童期の終わり頃から青年期にかけての時期であり、具体物に縛られることなく、問題全体の中でさまざまな可能性を考え、仮説的・抽象的な状況においても論理的な思考が可能になる時期である。これにより、組み合わせや比例といった複雑な形式的操作も可能になる。なお、形式的操作期が15歳頃までとされているのは、ピアジェはこの年齢頃に人間の思考が完成すると考えたからである。

## QUESTION 3-2

弟や妹，親戚や近所の子どもなど，身近な子どもの様子を観察してみよう（身近に子どもがいない場合は，アニメのキャラクターなどを想像してみよう）。ピアジェの発達段階のどれに当てはまるだろうか。その段階の特徴が，子どものどのような行動に現れているだろうか。

# 2 赤ちゃんは世界を知っている？

### 感覚運動期の発達

乳児期は，ピアジェのいう感覚や運動動作によって直感的に対象を認識する時期（感覚運動期）であり，外界の認識には，特定の刺激に対して身体の一部が即応する**反射**（reflex）が重要な役割を果たす。特に，吸てつ反射（口に入ったものをリズミカルに吸う），歩行反射（脇の下を支えると，歩くように足を交互に踏み出す），把握反射（手のひらに触れたものを握ろうとする）などが見られる。発達とともに，徐々に動く人や物の追視が明確になり，**目と手の協応**（視覚的にとらえた対象へ手を伸ばすこと）が成立する。さらに目の前の対象に手を伸ばすリーチングが発達することで，意図的な把握行動が可能になる（⇒第5章）。

実は，生まれてすぐの赤ちゃんは視力が弱い。視覚能力の発達はゆっくりであり，3〜5歳で成人並みの視力に達するといわれている。しかし，生後間もない時期の視力は不十分にもかかわらず，赤ちゃんは情報量の多いものや新しい刺激に関心を向ける。静止したものよりは動きのあるものに，色のないものよりは色があるものに，平面よりは立体に関心が向くことが，選好注視法などによる実験から明らかになっている。また，床が落ち込んでいるものの透明のガラスが張られている装置を使った**視覚的断崖**（図3.1）の研究から，幼い頃からすでに奥行きも認識できていることがわかっている。母親からの呼びかけが浅い方側からであれば喜んでそちらの方に移動するにもかかわらず，深い側

---
comment
★ 生後2カ月頃まではさまざまな色の違いを，白，黒の濃淡（コントラスト）として認識しており，その後，色の区別ができるようになっていく。

からの呼びかけに対しては断崖の所で躊躇したり，泣き出したりする様子が6カ月頃から見られるのである（Gibson & Walk, 1960）。

### 表象の発達と物理的世界の把握

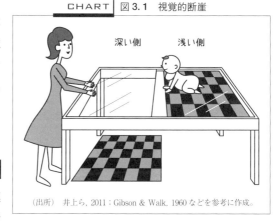

CHART 図3.1 視覚的断崖

（出所）井上ら，2011；Gibson & Walk, 1960 などを参考に作成。

感覚運動期は，感覚や運動動作によって直感的に対象を認識する時期であるが，しだいに表象が成立していき，物理的世界の理解が深まっていく時期でもある。**表象**とは，頭の中のイメージのようなものと考えるとわかりやすい。表象の発達によって，対象が目の前に存在しなくても，心の中で思い浮かべられるようになる。つまり，「いま」「ここ」の現在かつ実在の世界だけでなく，未来や過去，現実ではありえない空想も可能になるという点で，表象の発達は重要である（⇨第5章）。

この表象の発達は，**対象の永続性**を子どもがどれだけ理解しているかによって判断できる。対象の永続性とは，対象が視界から消えても存在し続け，同一の特性を保持することを指す。これは，大人にとっては当たり前のことで，この認識があるからこそ，自分が何を紛失したかなどにも気づくことができる。このように，対象の永続性は日常的で強固なものである（手品で，手品師の手から物が消えると驚くことからも，私たちが対象の永続性をもっていることがわかる）が，感覚運動期の初期では，おもちゃに布をかけて見えなくすると，出しかけた手を引っ込めて，おもちゃがなくなったかのような反応をする。しかし，発達が進むにつれて，布を取り払っておもちゃを手にするようになる。心の中に（おもちゃの）表象をもつようになるため，対象が見えなくてもそこに存在し続けることがわかるのである。

ピアジェは，対象の永続性の認識が感覚運動期を通じて発達し，1歳頃から表象ができるようになっていくことを紹介した。しかし，その後の研究では，

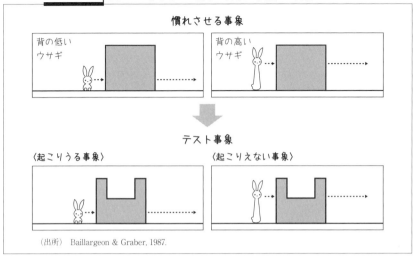

CHART 図3.2 赤ちゃんに対する対象の永続性の実験

(出所) Baillargeon & Graber, 1987.

　馴化の手続きと期待違反法（⇨Column ②）を用いることで，さらに年少でも対象の永続性の認識が可能であることが明らかになっている。図3.2の研究（Baillargeon & Graber, 1987）では，背の低いウサギと背の高いウサギが一端から動き，中央の遮蔽物に遮られ，反対の端から出てくる場面を赤ちゃんに繰り返し見せることで慣れさせた。その後，背の高いウサギが通ると上の方が見える高さになるように遮蔽物の中央の上半分を除いて，両方のウサギを動かした。ここで装置に仕掛けを施し，背の高いウサギが通っても中央の凹みの部分で（本当は見えるはずなのに）姿が見えないようにすると，4〜5カ月児でもこの起こりえない状況の方が見る時間が長くなった。これは，この年齢で対象の永続性を理解しているから，驚いて注視したと解釈できる。このように，対象の永続性はピアジェが述べた年齢よりも年少から認識できると考えられている。

　他にも，「物体Aの下に物体Bがあって支えていて，物体Aが動かない」という起こりうる事象と，「物体Aの下の物体Bが離れた位置にあって支えていないのに，物体Aが動かない（落下しない）」という起こりえない事象を見せると（図3.3），4〜5カ月の赤ちゃんは後者を長く注視することから，支えるものがなければ物は落下することも早期から理解できている（Needham & Baillargeon, 1993）。

CHART 図3.3 支えがないと落下することの理解の実験

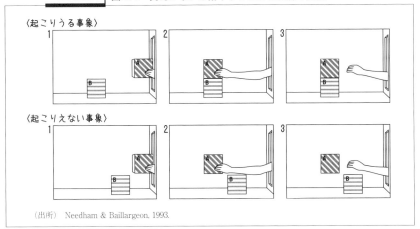

〈起こりうる事象〉

〈起こりえない事象〉

(出所) Needham & Baillargeon, 1993.

　物体に関する理解の中でも，接触（物は接触しなければ作用しない），凝集性（物はかたまりのまま動く），連続性（物は飛び越えずにつながった経路で動く）といった法則は，生得的な要素が強く，生きていくうえでもっとも基礎的で核となる知識（コアノレッジ：core knowledge）であるとも考えられている（Spelke & Kinzler, 2007）。このように，赤ちゃんは，発達のかなり初期から物理的な世界を把握できているのである。

## 数の理解

　数の理解も早期から発達する。一瞬で個数を把握すること（一目で集合の中にいくつの要素があるかを把握すること）をサビタイジングと呼ぶが，生後22週の乳児でも，「2」と「3」の区別ができる（Starkey & Cooper, 1980）。また，5カ月児が簡単な足し算と引き算を理解できることも明らかになっている（Wynn, 1992）。具体的な手続きは以下である。端から手が現れてぬいぐるみの人形を1つ置いた後，衝立が起き上がり人形が見えなくなる。その後，人形を1つ持った手が現れて，衝立の後ろに人形を置く。その後，衝立が下がり，人形が2つある場合（起こりうる場合）と（図3.4），人形が1つしかない場合（起こりえない場合）を赤ちゃんに見せたところ，後者を長く注視した。これは，1+1が2になるということを理解しているため，そうでなかった場合に驚きを示したと解釈できる。引き算においても同様の結果が生じたことから，数という抽象的

CHART | 図 3.4　足し算と引き算の理解の実験

### 1＋1＝1 あるいは 2 の条件の流れ

1. 対象物がケースの中に置かれる
2. 衝立が上がる
3. 2 番目の対象物が加えられる
4. 空っぽの手がひっこむ

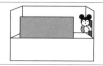

〈起こりうる結果〉　　　　　　　　　　〈起こりえない結果〉
　5. 衝立が下がると 2 つの対象物が現れる　　5. 衝立が下がると 1 つの対象物が現れる

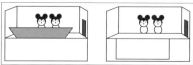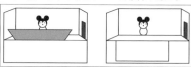

### 2－1＝1 あるいは 2 の条件の流れ

1. 対象物がケースの中に置かれる
2. 衝立が上がる
3. 空っぽの手がはいる
4. 1 つの対象物が取り去られる

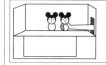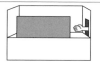

〈起こりうる結果〉　　　　　　　　　　〈起こりえない結果〉
　5. 衝立が下がると 1 つの対象物が現れる　　5. 衝立が下がると 2 つの対象物が現れる

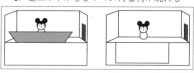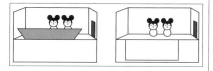

（出所）Wynn, 1992 より。

なことについても，（小さな数であれば）かなり年少から認識できることが明らかになっている。

## QUESTION 3-3

表象が十分に発達していない世界を考えてみよう。もし，表象能力がなければ，どうやって世の中を理解できるだろうか。

# 3 社会性の萌芽

## 顔の認知

　早期の認識は物理的世界だけにとどまらない。赤ちゃんの頃からすでに社会的な刺激に敏感であり，周りの人が積極的に関わることが子どもの発達にとって重要であることが明らかになっている。

　赤ちゃんは，発達のかなり初期から人の顔を好んで長く注視する。ファンツ (Fantz, 1961) は，図 3.5 のような「人の顔」「新聞紙」「標的」「赤色」「白色」「黄色」の 6 つの丸い視覚刺激からランダムに 2 つを組み合わせた選好注視法（⇨ Column ②）によって，生後の早い時期から人間の顔に最も視線を向けることを明らかにした。

　また，目・鼻・口などの配置にも敏感である。同じ要素の組み合わせ（情報量）であっても，明らかに顔に近い配置に対して強い関心を示す（Johnson et al., 1991）。赤ちゃんの視力は低いことから，顔の認識にとって，配置に敏感であることは重要な意味をもつのである。

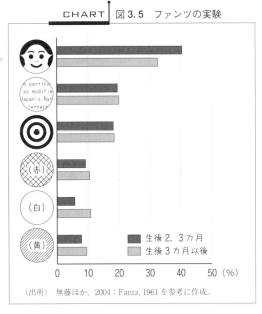

CHART 図3.5 ファンツの実験

生後 2，3 カ月
生後 3 カ月以後

（出所）無藤ほか，2004；Fantz, 1961 を参考に作成。

## 社会性の発達

　乳児の社会性に関する萌芽は，他にもさまざまな形で見られる。例えば，生後 6 カ月頃にはすでに，ポジティブな行動とネガティブな行動を区別し，社会的評価ができることも明らかになっている (Hamlin et al., 2007)。具体的には，山に登ろうとする動き

| CHART | 図3.6 赤ちゃんの社会的評価を調べる実験

山に登ろうとしている者●を　　　山に登ろうとしている者●を
援助者▲が押して助ける　　　　妨害者■が押し戻す

（出所）　Hamlin et al., 2007 を改変。

の●を▲が押し上げる場合（援助）と丘に登ろうとする動きの●を■が押し戻す場合（妨害）であれば，■より▲の方を好むのである（図3.6）。

　意図といった目に見えない心的状態の理解の萌芽も早期から見られる。例えば，メルツォフ（Meltzoff, 1995）は，18 カ月児に，模倣という指標を使って，巧妙な実験を行った。この研究では，①大人が小道具をいじり，目的を達成する（例：ダンベルのような小道具の端の輪を取り外すこと）ところを見せた「ターゲット操作呈示群」，②大人が目的を達成しようと試みているが，何度も失敗するところを見せた「意図呈示群」，③小道具でできる操作とは無関係なことを見せた「無関連操作例示群」，④小道具を手渡すだけの「ベースライン群」の 4 つの条件が設定された。その後，子どもに小道具を渡したところ，ターゲット操作呈示群だけでなく，意図呈示群の子どもでも大人がしようとしていた目標を推測し，目的となる操作を行うことができた。さらに，意図呈示群と同じ操作を機械がやった場合は，子どもは目的となる操作をあまり行わなかった。このことは，対人的な関わりの重要性を示唆するものともいえよう。

　このように，社会的な関わりこそが，子どもの能力を豊かに発達させるうえで重要なことは多くの研究で示唆されている。例えば，日本語や英語などある言語環境で育ちつつある乳児でも，聞いたことのない発話音声を学習できることがわかっている。ただし，それは人が対面状況で直接的に教えたときだけである。ビデオを通して，同一人物が同じ音声を同じ時間だけ聞かせても学習はあまり促進されなかったのである（Kuhl et al., 2003）。子どもにとって重要なことは，コミュニケーションを含んだ他者との社会的な相互作用である。実際に人と人が接することこそが，人にとって大事といえよう（⇨第 4 章）。そこでは，

> **Column③ ピアジェとヴィゴツキー**
>
> 　ピアジェは，外界からの情報に対して同化と調節により認知的に均衡化することを繰り返しながら発達していくと考えたように，子どもは能動的であり，外界と相互作用しながら自ら構成していく存在ととらえた。これに対して，その時点の社会だけでなく，それまで受け継がれてきた社会文化的な影響を重視し，言語を介して行われる教示のように「他者からの働きかけ」が発達において重要であると考えたのがヴィゴツキー（⇨第5章）である。ヴィゴツキーは，自力で問題解決を達成できる水準と，他者からの援助や共同によって達成が可能になる水準に分け，2つの水準のズレの範囲を**発達の最近接領域**とした。この発達の最近接領域に着目することで，子どもの潜在能力をふまえた適切な学習や教育も見えてくることになる。
>
> 　ピアジェとヴィゴツキーの理論は，しばしば対立するものとして紹介されるが，両者は必ずしも相反しているわけではない。ピアジェの発達理論は均衡化の考え方からもわかるように，生得的な影響と環境による影響の両方が大切になる。一方，ヴィゴツキーの理論も，社会文化的な環境による影響に重点がおかれているように見えるが，生物学的な視点も持ち合わせていたことが知られている。両者の理論は，どこに重きをおいて説明しようとしていたかに違いがあると考えられる（上原，2021）。

共同注意（⇨第5章）のように，対面状況でリアルタイムに変化する手がかりが重要になっているのかもしれない。

　この章を通じて，乳児期にすでにさまざまな能力が見られることを示したが，「自動的に反応できる」ことと，「意識的にコントロールできること」とはまた別であることにも注意しておきたい。例えば，乳児は相手の行為の目標に注目することができるが，相手の行為の目標を違う方向にコントロールするのは困難と思われる（他者を欺くには，相手の行為の目標を意識的にコントロールして，誤った方向に誘導する必要がある。⇨第7章）。ここに，乳児と幼児期以降の認知能力の発達的な違いがあるといえよう。

**QUESTION 3-4**

　乳児期に社会性の萌芽が見られる意義を考えてみよう。

## POINT

- [ ] **1** 私たちは，シェマ（認識の枠組み）をもち，新たな情報をシェマに同化させたり，シェマを新しくつくり変えたり（調節）することで外界を認識する。
- [ ] **2** 認知機能は，直感的・反射的な段階（感覚運動期）から，イメージ（表象）を使えるが自己中心的な段階（前操作期）を経て，論理的操作ができる具体的操作期，仮説的・抽象的な思考ができる形式的操作期へと発達していく。
- [ ] **3** 発達には人との関わりが重要であり，赤ちゃんは社会的な刺激に敏感である。
- [ ] **4** 乳児期は外界や他者に「自動的に反応する」しくみは備わっているが，「他者を意識的にコントロールする」ことはまだできない。

## 引用文献　　　　　　　　　　　　　　　　　　　　　　Reference

Baillargeon, R. & Graber, M. (1987) Where's the rabbit? 5.5-month-old infants' representation of the height of a hidden object. *Cognitive Development*, 2, 375-392.

Fantz, R. L. (1961) The origin of form perception. *Scientific American*, 204, 66-72.

Gibson, E. J. & Walk, R. D. (1960) The "visual cliff." *Scientific American*, 202, 67-71.

Hamlin, J. K., Wynn, K. & Bloom, P. (2007) Social evaluation by preverbal infants. *Nature*, 450, 557-559.

井上智義・山名裕子・林創（2011）『発達と教育――心理学をいかした指導・援助のポイント』樹村房

Johnson, M. H., Dziurawiec, S., Ellis, H. & Morton, J. (1991) Newborns' preferential tracking of face-like stimuli and its subsequent decline. *Cognition*, 40, 1-19.

Kuhl, P. K., Tsao, F.-M. & Liu, H.-M. (2003) Foreign-language experience in infancy: Effects of short-term exposure and social interaction on phonetic learning. *Proceedings of the National Academy of Sciences of the United States of America*, 100, 9096-9101.

Meltzoff, A. N. (1995) Understanding the intentions of others: Re-enactment of intended acts by 18-month-old children. *Developmental Psychology*, 31, 838-850.

無藤隆・岡本祐子・大坪治彦編（2004）『よくわかる発達心理学』ミネルヴァ書房

Needham, A. & Baillargeon, R. (1993) Intuitions about support in 4.5-month-old infants. *Cognition*, 47, 121-148.

Spelke, E. S. & Kinzler, K. D. (2007) Core knowledge. *Developmental Science*, 10, 89-96.

Starkey, P. & Cooper, R. G., Jr. (1980) Perception of numbers by human infants. *Science*, 210, 1033-1035.

上原泉（2021）「発達の二大理論と次にくる理論」繁桝算男編『心理学理論バトル――心の疑問に挑戦する理論の楽しみ』新曜社

Wynn, K. (1992) Addition and subtraction by human infants. *Nature*, 358, 749-750.

# CHAPTER 第4章

# 他者との関係性を築く
## コミュニケーションと人間関係の発達

### KEYWORDS

ベビースキーマ　共鳴動作　直感的育児　泣き　生理的微笑　社会的微笑　メンタライジング　アタッチメント　ボウルビィ　アタッチメント行動　養育行動　分離不安　人見知り　目的修正的な協調性　探索行動　安全な避難所　安全基地　ストレンジ・シチュエーション　安定型　安定したアタッチメント　回避型　抵抗型　気質　アタッチメントの連続性　内的作業モデル　不安定なアタッチメント　トランザクショナル（相互規定的作用）モデル　レジリエンス　リスク因子　防御因子

## 1　他者との関係形成のための生物学的基盤

### QUESTION 4-1

まるまるとしていて，目が大きな赤ちゃん。赤ちゃんを見たとき，あなたはどう感じるだろうか。赤ちゃんに泣かれたら，どう感じ，何をしようとするだろうか。赤ちゃんに微笑みかけられたら，どう感じ，何をするだろうか。

ヒトは他の動物に比して生育期間が長く，他者からの世話なしには生き延び

ることができない。そのためヒトの乳児には，他者から養育や保護を引き出し，他者と関係をつくっていくためのさまざまな生物学的基盤が備わっている。

その1つが，見た目のかわいらしさである。動物行動学者のローレンツ (2005) は，ヒトやトリ，イヌなどの動物の赤ちゃんが有する身体的特徴（頭や目が大きい，頬が出っ張って丸い，身体が丸く手足が短いなど）を**ベビースキーマ**と呼んだ。そして，これらの特徴から感じられるかわいらしさが，他個体から養護反応を引き出し，攻撃行動を抑制する役目を果たしていると考えた。

また，ヒトの乳児はかなり早期から人刺激に対してよく反応し，人の顔を模した刺激 (Fantz, 1961) や人の話し声 (Vouloumanos & Werker, 2007) に特に関心を向けたり（⇨第3章），他者の顔の動きを無意識に模倣したりする（これを**共鳴動作**という）(Meltzoff & Moore, 1977)。さらにヒトの乳児には，さまざまな表出行動（顔の表情や泣きなど）が生まれつき備わっている。これらの表出行動は，乳児の心身の状態を他者に伝え，他者から関わりを引き出すためのシグナルとして大切な役目を果たしている。

一方，養育者の側にも，特別な学習経験や意識的な関与がなくても，状況や乳児の状態から，乳児に対して適切に応答する構えが備わっている。このような構えは，**直感的育児** (Papoušek & Papoušek, 2002) と呼ばれている。

以上のように，乳児と大人の両方に備わった生物学的な基盤に支えられて，乳児は他者からの関わりを引き出し，他者との関係性を築いていく。

 乳児－養育者間の初期コミュニケーション

### 泣きと微笑み

生後すぐから見られる表出行動には，泣きと微笑みがある。泣きは，空腹，喉の渇き，眠気，暑さ，痛さ，便意などが原因で引き起こされる。哺乳や睡眠，排泄などの生理的リズムが安定する3カ月頃までは，特に泣きが多い時期にあたる。また，微笑みは，生後1カ月頃までは眠っているときやまどろんでいるときに見られる（**生理的微笑**）（図 4.1 b）。養育者は乳児の泣き方を手がかりに不快の原因を探り，試行錯誤で世話（抱っこや授乳，おむつ替えなど）を行う。

PHOTO 図 4.1 生後間もない乳児の表出行動

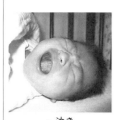
a. 泣き
（生後 2 週目）

b. 生理的微笑
（生後 2 週目）

c. 見つめあいと社会的微笑（生後 2 カ月目）

　生後間もない乳児の泣きや微笑みは身体の状態を反映したものにすぎないが，これらの表出行動は，養育者が乳児と心の交流を図るきっかけになる。養育者は，乳児の泣きや微笑みの背後にさまざまな心の状態を読みとって声をかけたり（「一人でさびしかった？」「相手をしてもらえて嬉しいの」など），無意識に乳児の顔の動きを真似したり，誇張して見せたりする（Malatesta et al., 1989）。

　生後間もない乳児の表出行動にはコミュニケーションの意図はまだ備わっていない。しかし，養育者は乳児のシグナルを積極的に読みとり，応答することで，乳児をやりとりに巻き込み，やりとりの枠組みをつくっているのである。

## コミュニケーションの担い手になる

　生後 2 カ月頃になると，中枢神経系の成熟とともに，乳児の行動には大きな変化が現れる。具体的には，養育者が話しかける声のリズムやトーンの変化に合わせて手足を活発に動かしたり，養育者の顔を見つめて微笑んだり（社会的微笑，図 4.1c），喉の奥をクーとならす声（クーイング⇒第 5 章）を発するなど，自らやりとりに参加する様子が見られる。乳児の微笑みは養育者にとって報酬として働き，乳児に関わろうという気持ちを活性化させる。その結果，両者の間では，活発にやりとりが交わされるようになる。

　また，この頃から乳児は，養育者がやりとりの最中に急に応じなくなる（無表情になるなど）と，反応を引き出そうと声を出したり身体を動かしたりする。それでも反応がないと，乳児は視線を逸らしたり不快を顕わにしたりする（Tronick et al., 1978）。これは乳児が，「自分が働きかければ，養育者は応えてくれる」という期待を築き，やりとりの枠組みを養育者と共有するようになった

ことを示している。

### 心の理解を支える養育者の関わり

　養育者は，乳児が生まれて間もない時期から，乳児の表情や発声，身体の動きを無意識に真似し（ミラリング），乳児の表出行動に欲求や願望，感情，信念などさまざまな心の状態を読み取りながら関わる。しかし，明確に区別できる喜怒哀楽の表情や意図的行動を乳児が示すようになるのは，実際には生まれてから半年近く経ってからである（⇨第5章）。このことをふまえると，発達初期の養育者と乳児のやりとりは，乳児の心に対する養育者の思い込み，あるいは過剰な読み取りのうえに成り立っている，といっても過言ではない。

　自分や他者の行動を，心の状態と結びついたものとして，想像力を働かせてとらえること，あるいは解釈することを，**メンタライジング**という（⇨第7章）。子どもは生後数年間をかけて自他の心に関する理解を築き，メンタライジングの能力を発達させていく（⇨第5,7章）。それが可能になるのは，生まれたときからわが子を心をもつ存在として扱い，子どもの心の状態を表情や言葉などさまざまな形で映し出す，養育者の存在があるからにほかならない。

 コミュニケーションを通して育まれるもの
　▶アタッチメントの発達

### アタッチメントとは

　乳児と養育者の間では，乳児が泣く→養育者がなだめる，という不快感情の調整を目的としたやりとりが繰り返される。それを通じて乳児は，誰が自分に保護と安心を与えてくれる人であるのかを認識し，その人を自分にとって特別な存在として認識するようになる。このようにして子どもは，**アタッチメント**（愛着）と呼ばれる唯一無二の感情的な結びつきを養育者に対して築いていく。

　動物行動学の考えによれば，非力な子どもが生き延びるには，誰かに守ってもらう必要がある。そのため種々の動物の子どもは，自分よりも強い者の近くにいようとする性質を備えて生まれる。イギリスの児童精神科医**ボウルビィ**

(Bowlby, 1969) はこの考えをヒトにも適用し，ヒトの乳児が示す一連の行動，すなわち，定位行動（顔を見る，声を聞く），信号行動（微笑み，泣き，喃語など⇨第5章），接近行動（しがみつく，這う，歩くなど）は，養育者を自分のもとに引き寄せる，あるいは自分が養育者の近くにとどまるために備わった生得的行動である，と唱えた。乳児に心身の安全を脅かすような事態が生じると，これらの**アタッチメント行動**が自動的に引き起こされる。これを受けて養育者は，乳児に対して**養育行動**（世話や保護，慰め）をとり，それによって安全と安心が取り戻されると，乳児のアタッチメント行動は終結する。

このようにアタッチメントは，乳児の保護と安全・安心の回復・維持を目的とした行動制御のシステムでもあり，養育者の養育行動システムとともに機能することで，乳児の安全・安心が保障されることになる。

## アタッチメントの発達

乳児が養育者に対して築くアタッチメントの様相は，子どもの認知面や運動面の発達に応じて変化する。以下に，ボウルビィが想定した，乳幼児期におけるアタッチメントの4つの発達段階を示す。

**第1段階「人物の識別を伴わない定位と発信」**　生後8～12週まで：近くにいる人全般に，定位行動や信号行動を示す。

**第2段階「1人あるいは数人の，特定の対象に対する定位と信号」**　生後6,7カ月まで：日常よく関わってくれる人とそうではない人を識別し，日常関わりの多い特定の人物（養育者）に対してアタッチメント行動を向ける。

**第3段階「発信と移動による特定の対象への接近の維持」**　2,3歳まで：日常関わりの多い人の中から特定の人物を主要なアタッチメント対象に選び，その人物に対して特に，慰めや安心を求めるようになる。そして，その人物の姿が見えなくなると不安から泣き出したり（**分離不安**），見知らぬ人には警戒を顕わにし，関わりを避けたり（**人見知り**）するようになる。これらの行動は，特定の養育者に対して選択的にアタッチメントが形成されたことを表す。また，1歳近くなり，はいはいや歩行がはじまると，養育者の後をついて回る（**後追い**）など，より能動的なアタッチメント行動を示すようになる。

**第4段階「目的修正的な協調性の形成」**　2,3歳以降：感情や意図といった内

的状態の理解が進むことと相まって（⇨第7章），養育者がどのような意図で，何をしようとしているのかを察し，養育者の行動の予測を立てうるようになる。そして，自分が何かをしようとするときには，養育者の目的や計画に応じて自分の計画や行動を修正したり（母親とすぐに遊んでほしいときでも，母親の家事が終わるまで待つなど），養育者に計画の変更を求めたりするようになる。言語能力の向上によって，双方が互いの計画や願望を伝え，交渉することで，互いに受け入れられる計画を立てることが可能になる。ボウルビィはこのような協力関係を，**目的修正的な協調性**（パートナーシップ）と呼んだ。

また，この頃には表象能力の発達（⇨第5章）によって，養育者のイメージを心の拠り所として利用できるようになる。そのため，養育者がどこにいて，いつ戻ってくるかがわかっていれば，あるいは，本当に望むときには養育者は自分を守ってくれる，という確信をもてていれば，養育者がそばにいなくても，比較的長い時間，安定した状態で過ごせるようになる。つまり，アタッチメント対象に物理的に近接しなくても，アタッチメント対象のイメージ（表象）にアクセスすることで，安心感を得られるようになるのである。

児童期を過ぎると，表立ったアタッチメント行動は潜在化するが，それ以降も表象（イメージ）レベルでのアタッチメントは持続する。また，青年期，成人期には，養育者へのアタッチメントに加え，新たな人物（恋人や配偶者など）との間にもアタッチメントが形成されうる。ただし青年期以降のアタッチメント関係は，一方が他方を守る，という非対称的なものではなく，互いが相手の安全基地になるという，対称的で相互補完的なものになる（Ainsworth, 1989）。

### QUESTION 4-2

多くの国で，子どもが幼稚園に通い始める年齢は3歳とされている。アタッチメントの発達から，その理由を考えてみよう。

### 安全な避難所と安全の基地としての養育者

乳児が養育者のそばにいようとするのは，保護や世話を受けるためである。しかし，生き延びていくためには，養育者に守ってもらうだけでは不十分であり，自ら周りの環境を探索し，環境について学んでいく必要がある。

生後8,9カ月を過ぎ，はいはいなどで移動ができるようになると，乳児は周りのいろいろな物に近づき，それらを触ったり，叩いたり，投げたりするなど，自ら養育者のもとを少し離れて環境の探索を行う。これを**探索行動**と呼ぶ。その際，心身の安全を脅かすような出来事（落下や転倒，予期せぬ事態の発生など）にも遭遇するが，そこで養育者のもとへといったん戻り，安全と安心を取り戻すと，乳児は再び探索をはじめる。このように，移動能力を獲得した乳児は，**養育者**を**安全な避難所**（safe haven：不安なときに安心を求めて戻る場所）と**安全基地**（secure base：探索に出かけるための拠点）として利用しながら積極的に環境を探索し，養育者が見守る中で少しずつ行動範囲を広げていく。

　3歳頃になると，子どもは外の世界への関心をいっそう広げ，養育者がそばにいなくても，一定の時間，過ごせるようになる。これは，養育者のイメージ（表象）を安全な避難所と安全基地として利用できるようになるためである。「不安なことや辛いことがあっても，その人を思い浮かべれば気持ちが落ち着き，安心する」——このようなアタッチメント対象との感情的な結びつきに支えられて，子どもは自身の行動や感情を調整しうるようになっていく。

## アタッチメントの個人差

**QUESTION 4-3**

1,2歳前後の子どもと親のやりとりを，何組か観察してみよう。親子によって，やりとりの仕方にはどのような違いが見られるだろうか。

　子どもが親に対して築くアタッチメントには，個々の親子のやりとりの歴史（乳児が不安や不快を感じたときに親子がどのようなやりとりを交わしてきたのか）を反映した個人差が存在する。特に，アタッチメントの発達の第3段階になり，乳児が移動能力を獲得すると，養育者を安全な避難所と安全基地としてどのように利用しているかに，大きな個人差が見られるようになる。この点に着目したエインズワース（Ainsworth et al., 1978）は，1歳～1歳半の乳児のアタッチメントの個人差を測定する手続きとして，**ストレンジ・シチュエーション法**（Strange Situation Procedure：SSP）を開発した。

　SSPでは，乳児と養育者を新奇な場所（玩具が複数置かれた実験室）に誘導し

CHART 図 4.2 SSP でのアタッチメントの分類

| 行動が組織化されている | | 行動が組織化されていない |
|---|---|---|
| 安定型 | 不安定型 | 不安定型 |
| B 型（安定型） | A 型（回避型）<br>C 型（抵抗型） | D 型（未組織型） |

た後，アタッチメント行動を活性化するため，乳児に累積的にストレスを与える。ストレスがもっとも高くなるのは養育者が実験室を出ていき，乳児が 1 人で取り残される分離場面である。養育者との分離時とその後の再会時における乳児の行動をもとに分類されたアタッチメントの型を図 4.2 に示す。

養育者との分離時に苦痛を示し，再会時には養育者に積極的にアタッチメント行動を向け，養育者がなだめると短時間で落ち着いて探索を再開する乳児は，**安定型**（secure：B 型）に分類される。アタッチメント行動と探索行動のバランスがとれており，養育者を安全な避難所と安全基地として利用できていることから，**安定したアタッチメント**を形成しているとみなしうる。

一方，養育者との分離時に苦痛を示さず，再会時にも養育者を求めず玩具で遊び続け，養育者との関わりを避ける乳児は，**回避型**（avoidant：A 型）に分類される。この型の乳児は，分離時に苦痛の表出はないが，生理レベルではストレス反応（コルチゾールの増加）を示していることから，アタッチメント行動を抑え込むことでストレスに対処していると考えられる。対照的に，養育者との分離時に強い苦痛を示し，再会時には積極的に養育者を求めるものの，養育者が抱っこをしてもなかなか落ち着かず，養育者を叩く，蹴るなどして怒りを顕わにする乳児は，**抵抗型**（resistant：C 型）に分類される。アタッチメント行動が過剰に活性化され，探索行動があまり見られないのがこの型の特徴である。回避型と抵抗型は，表に現れる行動においては対照的であるが，いずれも養育者を安全な避難所と安全基地として十分に利用できていないことから，不安定なアタッチメントを形成している（不安定型）とみなされる。

さらにその後の研究で，SSP で説明困難な行動（突然すくむなど）や両立しえない矛盾した行動（養育者に顔を背けながら近づくなど）を示し，上記 3 つのいず

---
comment
★ 乳幼児のアタッチメントの測定法には，親子の日常のやりとりの観察をもとに，アタッチメントに関連する行動を記した 90 枚のカードを分類し，アタッチメントの安定性の高さを算出する Q 分類法という方法もある（詳細は近藤，1993）。

れの型にも分類できない未組織型（disorganized：D型）が見出されている（Main & Solomon, 1986）。この型も，アタッチメントが不安定な型であるが，アタッチメント行動を含む行動の示し方がちぐはぐであり，ストレスへの一貫した対処方略が見られないという点で，対処行動に一貫性があり行動が組織化されている，回避型や抵抗型とは区別される。社会情動面の発達への深刻な影響が懸念される型である[★]。

SSPはさまざまな国で実施されており，いずれの国でも，2類型（安定型か不安定型か）では6～7割の乳児が安定型，3～4割の乳児が不安定型に分類されている。ただし，不安定型の内訳（回避型，抵抗型の比率）には文化差があり（Mesman et al., 2016），これには親子の心理的距離や物理的距離のもち方の文化的な違いが関係していると推察されている。

## アタッチメントの個人差の要因

アタッチメントの個人差は，養育者の要因，子どもの要因，環境的要因など，複数の要因が絡まって形成される。このうち主要なものを，以下に記す。

(1) **養育者のセンシティビティ**　エインズワースらは，SSPの実施に先立って乳児と養育者の日常の様子を観察し，1歳時点で各タイプに分類された乳児の養育者の日常の関わりに，共通する特徴を見出した（表4.1）。そして，アタッチメントの個人差は，養育者のセンシティビティ（乳児の視点から物事をとらえることや，乳児の信号を正確に解釈し，適切かつ迅速に応答すること）の違いによって生み出されている，と結論づけた。

養育者のセンシティビティが高い場合，乳児は自分の不安や苦痛を躊躇なく表し，養育者に頼ることができる（安定型の特徴）。一方，養育者が拒絶的である場合，乳児は苦痛が生じたときにも養育者を頼らずに自身で対処しようとするようになる（回避型の特徴）。また，養育者のセンシティビティが低く，確実に応じてもらえない場合，乳児は養育者に気づいてもらえるように苦痛を最大

---------- comment

★ アタッチメントの4類型は，特定の人物に対して形成されたアタッチメントの質的な違いを表したものである。これに対して，乳幼児期のきわめて不適切な養育によってアタッチメント関係の形成そのものが阻害され，感情面や対人面で深刻な問題を抱えている状態を，アタッチメント障害と呼ぶ。幼少期に，養育者が頻繁に変わる，深刻な虐待を受けているなどの理由で基本的な情動的・身体的欲求が満たされない状態が持続すると，アタッチメント障害が生じる可能性がある（⇨第13章）。

**CHART 表4.1　ストレンジ・シチュエーション法における各アタッチメントタイプの特徴**

| アタッチメントのタイプ | 分類の基準と分離・再会エピソードにおける特徴 | | 家庭において観察された母親の関わりの特徴 |
|---|---|---|---|
| | 分離エピソード | 再会エピソード | |
| 安定　安定型（B型）N＝70（66％） | 苦痛を示す場合（母親の不在に対して）もあれば，示さない場合もある。 | 親に近接や接触を求め，それを維持しようとする。通常より明確な歓迎行動を示す。回避や抵抗を示すことはない。親との接触により，すぐになだめられる。 | 子どもの泣きに対して応答的であり，感情豊かにかつ受容的に子どもに関わる。 |
| 不安定　回避型（A型）N＝23（22％） | ストレンジャーがいれば苦痛を示さない。1人で残されたときに苦痛を示すこともある。 | 親を回避したり無視したりする（目を逸らす，傍を通り過ぎる，顔を背けるなど）。接近や接触をほとんど求めない。 | 子どもに対して拒絶的で，身体接触への嫌悪がある。感情の表出に乏しい。 |
| 不安定　抵抗型（C型）N＝13（12％） | 苦痛を示す。非常に激しい苦痛を示す場合もある。 | 親との接触に抵抗する行動を示す一方で，近接や接触を強く求める。親との接触によってなかなかなだめられない。 | 子どもの泣きへの応答が遅く，習慣として子どもを抱っこしている時間が長い。 |
| 不安定　未組織型（D型） | 親がいるときに，次のうち1つまたは複数の特徴を示す：矛盾した行動パターン（親に接触を求めながら回避するなど）／方向性を欠く中途半端な動きや表情（親に接近する途中で止まるなど）／非対称的な表情や姿勢／動きや表情の硬直／混乱や不安の直接のサイン（茫然自失の表情，手で顔や口を覆うなど） | | 外傷体験などの心理的に未解決の問題を抱えており，突如，子どもを脅えさせる行動を示す。抑うつなどの感情障害をもっていたり，子どもを虐待していたりする場合もある。 |

（出所）・安定型，回避型，抵抗型の記述は Ainsworth et al., 1978，未組織型の記述は Main & Solomon, 1986 による。
　　　・表中の数値は，Ainsworth et al., 1978 の研究（N＝106）における，各型の人数と比率。
　　　・A型，B型，C型の母親の関わりの特徴は，Ainsworth et al., 1978 による。D型の母親の特徴については，Lyons-Ruth et al., 2008 より。

限に表出する（抵抗型の特徴）。このように各型の乳児が示す行動は，養育者を自分の近くにとどめ，最大限の心の安寧を得られるように，養育者の特徴に応じて発達させてきた方略であると解釈できる。

　なお，未組織型のアタッチメントについては，養育者の抑うつや虐待との関連が指摘されている。乳児からすると，安心を脅かされたときに頼りになるはずの養育者が不可解な行動を示し，自分に脅威を与えることがあるため，苦痛が生じたときにどう対処すればよいのかがわからず，混乱をきたすことになる。

**(2) 子どもの気質**　気質とは，生物学的基盤をもつ，発達早期から見られる行動の個人差を指す（⇨Column ④）。どのような行動特徴を気質の要素とみな

すかは研究者によって見解が異なるが、多くの理論では、否定的感情（恐れやすさや苛立ちやすさ）と肯定的感情の経験しやすさを、気質の要素に含めている。

　子どもが否定的感情を経験しやすい気質（不機嫌なことが多い、少しの刺激ですぐに泣く、新奇なものが極端に苦手など）をもつ場合、養育者は育児を大変なものと感じやすく、適切な応答をしづらくなる。このように、乳児の気質はアタッチメントの質に間接的に影響すると考えられており、乳児の否定的感情の表出しやすさと抵抗型のアタッチメントの間には、弱い関連があることが確認されている（Groh et al., 2017）。

(3) **環境的要因**　育児は母親と父親の両方が担うものであるが、母親と父親の関係が良好で、母親が育児をするうえで多くのサポートを受けている場合には、母親から子どもへの関わりの質が良好になり、子どもは母親に対して安定したアタッチメントを形成しやすくなる（数井ほか, 1996）。

## アタッチメントの連続性と後の発達への影響

　アタッチメントに関して、ボウルビィは、いくつもの仮説を提示したが、そのうちの主要なものとして、アタッチメントの時間的**連続性**に関する仮説（乳児期に築かれたアタッチメントの質はその後も持続する）と、アタッチメントの影響に関する仮説（発達早期に築かれたアタッチメントの質が、後の心理社会的発達に影響する）がある。その後の約50年間の実証研究の結果から、現在ではこれらの仮説に関して、以下のことが明らかにされている。

(1) **アタッチメントの連続性**

　ボウルビィ（Bowlby, 1969）によれば、子どもは養育者とのやりとりを通して、養育者の行動に関する期待や予測、また、自分のふるまいに関する期待や予測（行動の見通し）を立てる。それと同時に、養育者や自己に関するより抽象的なイメージ、すなわち、養育者は自分が保護や支援を必要とするときに応じてくれるか、というアタッチメント対象についての主観的な考えと、自分がアタッチメント対象から保護や支援を受けるに値する存在であるか、という自己についての主観的な考えをもつようになる。このような自己ならびにアタッチメント対象の具体的行動に関する期待・予測や、抽象的なイメージの総体を、ボウルビィは**内的作業モデル**（internal working model：IWM）と呼んだ。

ボウルビィ（Bowlby, 1973）はまた，IWM は環境に応じて書き換えられるものの，一度組織化されると意識の外で働くため，加齢とともに可塑性（変化の可能性）を減じると考えた。つまり，一度形成されたアタッチメントは変化しづらく，アタッチメントには時間的な安定性がある，と考えたのである。

　乳児期から青年期・成人期にかけてのアタッチメントの質の連続性を検討★したその後の縦断研究の結果からは，社会経済的に安定していて環境の変化が小さい人では，アタッチメントの質に変化がなかった人の割合が高い一方で，環境に変化が生じやすいハイリスクの人においては，アタッチメントの質に変化があった人の割合が相対的に高いことが示されている（遠藤, 2022）。これは，親が子どもへの関わりを改善するための介入を受けたり，ソーシャルサポートを受けて親の心理的健康が高くなったりすることで，一度形成されたアタッチメントの質に変容が生じる余地が残されていることを示唆する。また，幼少期にいずれの親からも愛情のある関わりを受けていなかった人の中で，青年期・成人期に安定したアタッチメントを形成していた人には，自分が苦悩しているときに高い精神的なサポートを提供してくれる親以外の人物が身近にいた，という共通点があったことが報告されている（Saunders et al., 2011）。

### (2) 後の社会情動的発達に対する影響

　ボウルビィは，養育者とのやりとりを通して構築されたIWMは，自己が新たな状況や新たな人物に出会ったときに適用され，他者の行動の予測や，自分の行動の計画を立てるのに用いられる，と考えた。つまり，乳児が養育者に対して築いたアタッチメントの質は，子どもが後に出会うさまざまな状況や人間関係でのふるまいに影響を与えると推測したのである。

　乳児期の養育者へのアタッチメントと，幼児期や児童期，青年期における社会情動面の発達の関連を検討した諸研究の結果からは，両者の間には，強くはないものの明確な関連があることが示されている。すなわち，母親への安定したアタッチメントは，子どもの社会的コンピテンス（社会的スキルや仲間とのや

---

comment

★ 青年や成人のアタッチメントの測定には，メインらによって開発された成人愛着面接：Adult Attachment Interview；AAI という方法が用いられている。AAI は 1 時間程度を要する半構造化面接であり，養育者（親）と自分の関わりに関する幼少期の経験や現在の親との関係，その経験が自身に与えた影響などについて語ってもらう。分析では，語りの（内容ではなく）一貫性に着目して，アタッチメントに関する心の状態を，乳児のアタッチメントの型に相当する 3 つ，あるいは 4 つの類型に分類する。

りとりの質，仲間内での人気）の高さや外在化行動（攻撃性や反抗的行動など）や内在化行動（抑うつ，不安など）の少なさと関連し，**不安定なアタッチメントは社会的コンピテンスの低さや外在化行動の多さと関連している**ことが確認されている（Groh et al., 2021）。

## 4 多様な関係が支える子どもの発達

**QUESTION 4-4**

幼い頃，あなたはどのような人と，どのような関わりをもっていただろうか。また，その人はあなたにとって，どのような存在（遊び相手，何かを教えてくれる相手，甘えられる相手など）だっただろうか。

### さまざまな人間関係の中で育つ子ども

幼い頃からの養育者との関係が子どもの発達にとって重要であることは，疑いようのないことである。しかし，子どもの世話を中心的に担う1人の人物（母親の場合が多い）との関係のみで，子どもの発達が決まるわけではない。子どもは，日常生活の中で親身になって自分の心身の世話を継続的にしてくれる人物（父親，保育者，祖父母など）に対して個別にアタッチメントを形成し，アタッチメントのネットワークを築いていく。現在では，子どもの養育に携わる複数の人物へのアタッチメントが複合して，子どもの発達に影響を与えていると考えられている（Dagan & Sagi-Schwartz, 2021）。

また，子どもが築く人間関係の中には，アタッチメントのように保護を中心とした関係もあれば，遊びを中心とした関係，教えることを中心とした関係など，さまざまな機能をもつ関係がある。子どもが社会の中で生きていくには，そのいずれもが不可欠である。さらに，どの機能がどの程度，どの人物との関係に割り振られるかは，子どもがもつ総体的な人間関係の中で決まり，それは子どもの年齢によっても変わっていく（高橋，2010）。

子どもの発達は，さまざまな機能が付された，多様な人間関係に支えられており，子どもは多様な成員から構成される複数の社会集団（親，きょうだい，祖

父母などからなる家族，先生や仲間，先輩，後輩などからなる学校，地域のコミュニティ，国など）の中で育っていくことを忘れてはならない。

## 発達の可塑性——レジリエンスと防御因子

ここまで見てきたように，子どもの発達は，1つの要因によって規定されるものではなく，子どもと子どもを取り巻く環境とが相互に継続的に影響を与え合いながら，時間の経過とともに展開されていく。このような考えを，**トランザクショナル（相互規定的作用）モデル**（transactional model；Sameroff, 2009）という。トランザクショナルモデルに従えば，同じ出来事を経験したとしても，その後に辿る経過や帰結は，子どもや子どもがおかれた環境によって異なるものになる。子どもの中には，発達のある時点で逆境的な状況に直面しても良好な適応を示す子どもや，逆境的な状況下で一度は不適応な状態に陥っても，そこから回復を遂げる子どももいる。このような発達の柔軟性や回復力を表す現象（もしくはそれに関わるプロセス）を，**レジリエンス**という（Luthar et al., 2015）。

レジリエンスは，子ども個人の特性（気質や認知能力など⇨Column ④⑥）と周囲の環境との相互作用によって生み出される。子どもを取り巻く環境である家族やコミュニティの中には，逆境による悪影響を増幅させる**リスク因子**もあれば，悪影響を緩和したり，リスクの連鎖を断ち切ったりする**防御因子**もある。

リスク因子には，不適切な養育や威圧的で厳しすぎるしつけ，社会経済的地位の低さ，敵対的な家族間の関係，親の精神疾患，地域社会の貧困や暴力（犯罪や戦争），仲間からの拒絶やいじめ，逸脱集団への所属などがある。また，養育者への不安定なアタッチメントも，リスク因子の1つである。

一方で，少なくとも1人以上の養育者への安定したアタッチメントは，子どもにとって大きな防御因子となる。**図4.3**は，子どもを取り巻く多層な生態学的システム（⇨第1章）の中に存在している，子どものレジリエンスを育む主要な防御因子を記したものである。子どもの発達に最も大きな影響を及ぼすのは養育者との関係であるが，子どもと養育者の関係は，周囲の環境のさまざまな要因に支えられており，防御因子が多くあれば，リスクによる悪影響は緩和される。

子どものレジリエンスは，発達の区切りにおいて生み出される可能性がある

CHART | 図4.3 子ども期のレジリエンスを育む主要なリスク防御因子

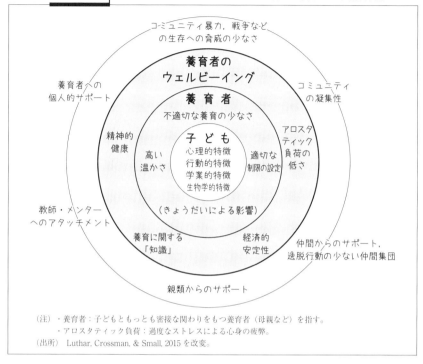

(注) ・養育者：子どもともっとも密接な関わりをもつ養育者（母親など）を指す。
　　・アロスタティック負荷：過度なストレスによる心身の疲弊。
(出所) Luthar, Crossman, & Small, 2015 を改変。

（氏家, 2006）。発達の区切りとなる時期に，新たな認知能力や社会的能力が獲得されると，子どもの行動や他者との関係は変化し，それによって問題が引き起こされる可能性は低められる。例えば青年期には，形式的操作の発達によって過去の経験をそれまでとは異なる視点からとらえ直すことや，胸のうちを話せる親友を得ることが可能になる（⇨第9章）。これらは，子どもが柔軟性や回復力を得るきっかけになりうる。発達の可塑性，すなわち，発達における変容の可能性は，発達の節目ごとに存在するのである。

## POINT

- ☐ 1　ヒトの乳児は，他者から保護や世話を引き出し，他者との関係をつくっていくためのさまざまな特徴を備えて生まれる。
- ☐ 2　生後6カ月頃になると，乳児は特定の人物（養育者）に対して選択的にアタ

ッチメントを形成する。アタッチメントは，安全や安心の確保のために子どもに生まれつき備わった行動制御のシステムである。

☐ 3　養育者は子どもにとって安全な避難所と安全基地としての役割を果たす。

☐ 4　養育者へのアタッチメントには個人差があり，その個人差は，子どもの要因，養育者の要因，環境的要因が相互規定的に影響しあってつくられる。

☐ 5　アタッチメントは乳幼児期のみでなく，それ以降も持続する。アタッチメントには時間的な安定性があるが，ある程度の変容可能性もある。また，アタッチメントの質は，子どもの社会情動面の発達に影響を与える。

☐ 6　子どもは，養育者との関係を含む多層な社会的文脈の中で育つ。社会的文脈の中には，子どもの発達に関わる複数のリスク因子，防御因子があり，防御因子が多くあれば，リスク因子による悪影響は緩和される。

## 引用文献　Reference

Ainsworth, M. S. (1989) Attachments beyond infancy. *American Psychologist*, 44, 709-716.

Ainsworth, M. D. S., Blehar, M. C., Waters, E. & Walls, S. (1978) *Patterns of Attachment*. Lawrence Erlbaum Associates.

Allen, J. G., Fonagy, P. & Bateman, A. W. (2008) *Mentalizing in clinical practice*. American Psychiatric Pub.

Bowlby, J. (1969) *Attachment and Loss. Vol. 1. Attachment*. Basic Books.

Bowlby, J. (1973) *Attachment and loss*. Vol. 2. *Separation: Anxiety and anger*. Basic Books

チェス，S.・トーマス，A.／林雅次監訳（1981）『子供の気質と心理的発達』星和書店

Dagan, O. & Sagi-Schwartz, A. (2021) Early attachment networks to multiple caregivers: History, assessment models, and future research recommendations. *New Directions for Child and Adolescent Development*, 180, 9-19.

遠藤利彦（2022）「発達の連続性と変化を問うということ——アタッチメント縦断研究に見るアポリア」『発達心理学研究』33, 193-204.

Fantz, R. L. (1961) The origin of form perception. *Scientific American*, 204, 66-72.

Groh, A. M., Fearon, R. P., van IJzendoorn, M. H., et al. (2021) Attachment in the early life course: Meta-analytic evidence for its role in socioemotional development. In T. Forslund & R. Duschinsky (Eds.), *Attachment Theory and Research: A reader*. wiley Blackwell.

Groh, A. M., Narayan, A. J., Bakermans-Kranenburg, M. J., et al. (2017) Attachment and temperament in the early life course: A meta-analytic review. *Child Development*, 88, 770-795.

数井みゆき・無藤隆・園田菜摘（1996）「子どもの発達と母子関係・夫婦関係——幼児を

持つ家族について」『発達心理学研究』**7**, 31-40.
近藤清美（1993）「乳幼児におけるアタッチメント研究の動向とQ分類法によるアタッチメントの測定」『発達心理学研究』**4**, 108-116.
ローレンツ，K.／日高敏隆・丘直通訳（2005）『動物行動学』II，再装版，新思索社
Luthar, S. S., Crossman, E. J. & Small, P. J. (2015). Resilience and adversity. In M. E. Lamb & R. M. Lerner (Eds.), *Handbook of Child Psychology and Developmental Science, vol. 3: Socioemotional Processes*. John Wiley & Sons.
Lyons-Ruth, K., Jacobvitz, D., Cassidy, J. & Shaver, P. R. (Eds.) (2008) Attachment disorganization: Genetic factors, parenting contexts, and developmental transformation from infancy to adulthood. In J. Cassidy & P. R. Shaver (Eds.), *Handbook of Attachment, Second Edition: Theory, Research, and Clinical Applications*. Guilford Press.
Main, M. & Solomon, J. (1986) Discovery of an insecure-disorganized/disoriented attachment pattern. In T. B. Brazelton & M. W. Yogman (Eds.), *Affective Development in Infancy*. Ablex.
Malatesta, C., Culver, C., Tesman, J. & Shepard, B. (1989). The development of emotion expression during the first two years of life. *Monographs of the Society for Research in Child Development*, **54** (1/2 Serial No. 219).
Meltzoff, A. N. & Moore, M. K. (1977) Imitation of facial and manual gestures by human neonates. *Science*, **198**, 75-78.
Mesman, J., Van Ijzendoorn, M. H. & Sagi-Schwartz, A. (2016). Cross-cultural patterns of attachment: Universal and contextual dimentions. In J. Cassidy & P. R. Shaver (Eds.), *Handbook of Attachment: Theory, research, and clinical applications*, 3rd ed. Guilford.
Papoušek, H. & Papoušek, M. (2002) Intuitive parenting. In M. H. Bornstein (Ed.), *Handbook of Parenting*. 2nd ed. Vol. 2. *Biology and ecology of parenting*. Lawrence Erlbaum Associates.
Sameroff, A. (2009) The transactional model. In A. Sameroff (Ed.), *The Transactional Model of Development: How children and contexts shape each other*. American Psychological Association.
Saunders, R., Jacobvitz, D., Zaccagnino, M., et al. (2011) Pathways to earned-security: The role of alternative support figures. *Attachment & Human development*, **13**, 403-420.
高橋惠子（2010）『人間関係の心理学——愛情のネットワークの生涯発達』東京大学出版会
Tronick, E., Als, H., Adamson, L. Wise, S. & Brazelton, T. B. (1978) The infant's response to entrapment between contradictory messages in face-to-face interaction. *Journal of the American Academy of Child Psychiatry*, **17**, 1-13.
氏家達夫（2006）「発達の病理と可塑性」氏家達夫・陳省仁編『基礎発達心理学』放送大学教育振興会
Vouloumanos, A. & Werker, J. F. (2007) Listening to language at birth: Evidence for a bias for speech in neonates. *Developmental Science*, **10**, 159-164.

# CHAPTER

## 第5章

## 「いま」「ここ」をこえて
### 言語と遊びの発達

**KEYWORDS**

表象　延滞模倣　象徴機能　シンボル（象徴）　ふり　ごっこ　クーイング　規準喃語　共同注意　共同注視　9カ月の奇跡　注意　意図　模倣学習　社会的参照　叙述（共感）の指さし　IDS　初語　語彙爆発　談話　会話　語り（ナラティブ）　足場かけ　外言　内言　機能遊び　象徴遊び　並行遊び　連合遊び　協同遊び

　ヒトが他の動物と大きく異なる点は，「いま」「ここ」だけでなく，時空をこえて，他者と物事を共有できることである。過去の出来事やまだ見ぬ未来について語り合うこと，目の前にはない事物について考えること——これらは，私たちに想像する力が備わっているからこそ，可能になることである。では，子どもはいかにして，現実と想像の二重の世界を生きはじめ，両者の往来を楽しむようになるのだろうか。言語と遊びの発達から，その様相を見てみよう。

### QUESTION 5-1
私たちが想像の世界を表現したり人に伝えたりする手段には，どのようなものがあるだろうか。できるだけたくさんあげてみよう。

# 1 内的世界を支える表象と象徴機能

## 表象と象徴機能の出現

　生後10～12カ月頃，子どもは自分が体験したり見聞きしたりしたことをイメージ（表象）として思い描くようになる。このことは，対象の永続性（⇨第3章）や**延滞模倣**の出現から知ることができる。生後10カ月頃になると，子どもは積極的に模倣（真似）をするようになるが，模倣の中でも，過去に体験したことを一定時間を経てから再現すること（朝，父親がひげを剃るのを見た子どもが，昼に鏡の前で頬に手を当て動かす動作をするなど）を，延滞模倣という。

　また，1歳頃に象徴機能が出現すると，子どもは心の中にあるイメージをさまざまな手段で表しはじめる。**象徴機能**とは，ある対象をそれとは別のもので表す働きをいう。その際，ある対象を表す手段，すなわち，意味の媒体となるものは**シンボル**（象徴）と呼ばれる。子どもが「ブーブー」と言いながら，長い積木を前後に動かしていたとしよう。この場合には，車という指示対象（意味されるもの）が，頭の中にある車のイメージ（思考）を媒介として，音声（ブーブー）や積木というシンボル（意味するもの）と結びつけられている。

## シンボルの使用と内的世界の広がり

　私たちが日常用いるシンボルにはさまざまなものがある。言語，すなわち，対象のイメージを特定の音の並びで表した話し言葉や，特定の線（文字）の組み合わせで表した書き言葉は，その代表といえる。また，対象のイメージを動作や物を用いて表したふり遊びやごっこ遊び，対象のイメージを線や形，色で表した描画活動の中で，子どもは自由に想像を膨らませ，現実と架空の世界との往来を楽しむ。象徴機能の出現は，他者と共有しうる意味の世界の扉を開き，子どもたちの内的世界を豊かに広げていく（図5.1）。

## シンボルとしての言語の特徴

　さまざまなシンボルの中でも，とりわけ言語は他のシンボルによる表現活動

CHART 図5.1 さまざまな象徴遊び

a. ふり遊び（積木を電話に見立て、話すふりをする）（1歳5カ月）

c. 共同画（みんなでザリガニの絵を描く）（5歳）

b. ごっこ遊び（運転手さんとお客さんになって箱電車に乗る）（3歳）

とは異なる特徴をもつ。すなわち，形式（音韻〔音の組み合わせ〕，統語〔語順などの文法〕など）や意味内容（どの言葉が何を表すのか）が決まっており，使い方にも暗黙のルールがある。さらにそれらは文化によっても異なっている。生物の中でヒトのみが，このように複雑な記号システムを生後数年間という短期間で習得できるのは，それを可能にする生物学的基盤と言語学習を支える環境があるからにほかならない。では，言語の習得を支える生物学的基盤と環境とはどのようなものだろうか。また，子どもはどのようにして，コミュニケーションや思考，行動調整の道具として，言語を用いうるようになっていくのだろうか。その過程を見てみよう。

## QUESTION 5-2

言葉を話せるようになるためには，どのような機能や能力が必要だろうか。思いつくだけあげてみよう。

言葉が芽生えるまで

### 音声知覚と構音の発達

(1) **音声の知覚**　生まれたときから乳児は，あらゆる音韻（単語を構成する個々の音）を聞き分ける能力を有することがわかっている。しかし，単語に含まれる母音・子音の数や種類は言語によって異なるため，乳児は周りの人が発する言葉を聞いて，母語に含まれる音韻を聞き分ける能力を鋭敏化させていく。

クール（Kuhl et al., 2006）の実験によれば，生後6～8カ月の乳児はあらゆる音韻を聞き分けることができる。しかし，生後9カ月を境に，母語で区別されない音の違い（日本語でいえばlとrの違いなど）を聞き分ける能力は低下し，母語で区別される音を聞き分ける能力は向上する。よく耳にする音韻を選択的に聞き分けることが，母語の効率的な習得につながると考えられている。

また，言葉を話せるようになるためには，連続的な発話の中のどの部分が単語であるかを同定すること（例えば，「いぬが」から，「いぬ（犬）」と「が」を分けて取り出すなど）が必要である。このような単語の切り出しは，生後8カ月頃に可能になるようである。これは，母語を聞く中で，音のつながりの規則性（「ぬが」よりも「いぬ」という音のつながりを聞くことの方が多い）に気づくことによって可能になると考えられている（梶川，2008）。

(2) **構音の発達**　言葉を話すためには，構音（唇や舌を使って発したい音声を発すること）の発達も重要である。生後1カ月頃までの乳児は，泣きとともに反射的に叫ぶような声（叫喚発声）を発するのみだが，生後2, 3カ月頃になると，喉を鳴らすような母音（**クーイング**）を発し，発声器官の成熟とともに，笑い声を立てる，舌を震わせて音を出す，うなり声や金切り声をあげるなど，発しうる音声のレパートリーが増えてくる。さらに喉や口の形ができてくると，子音を発するようになり，生後7カ月頃には**規準喃語**と呼ばれる発声が認められる（アダムソン，1999）。規準喃語とは，子音と母音から構成され（/ba/, /ma/など），複数の音節がリズムをもって繰り返される発声（/mamama/など）をいう。規準喃語には，音声言語の基本的特徴（子音と母音の組み合わせの反復からな

2　言葉が芽生えるまで　● 79

る）が含まれており，規準喃語の出現は，構音面で言葉を発する準備が整いつつあることを意味する。

　ただし，クーイングも喃語も，音ややりとりそのものを楽しむべく発せられたものであり，特定の物事を伝えようという意図を伴うものではない。音声を言葉として発するには，注意や意図の理解の発達を待たなければならない。

### 注意や意図の理解の発達

**QUESTION 5-3**　写真の男児はポスターの車の絵を指さして，母親を見ています。
　男児が何を伝えようとしているか，男児の台詞を自由に考えてください。

　大人が何かに注意を向けさせ，何かを伝えようという意図で音声を発していることに気づいたそのとき，乳児にとってははじめて，大人の発した音声が言葉としての意味をもつことになる。このように，コミュニケーションの道具として言葉を用いるには，相手の意図に気づき，相手と同じ対象に注意を向ける**共同注意**が成立していなければならない。この共同注意は，人との関わりや物との関わりを積み重ね，両者が結びつく生後9カ月頃に可能になる。共同注意が成立するまでのプロセスを以下に述べる。

　(1)　**人との関わり**　生誕直後から乳児は，泣きや微笑みを介した非言語的やりとりを養育者との間で交わす。乳児が泣くと養育者は，表情や身体の動きから乳児の心の状態を読み取り，それを表情や言葉で映し返して応じる（⇒第4章）。また，生後2カ月になると，乳児は養育者との見つめ合いを楽しみ，生後5,6カ月頃にはくすぐり遊びや高い高いなどの身体を使った遊びの中で快の感情を養育者と共有する。これらのやりとりを通して，乳児は働きかければ応じてもらえるという期待と，この人と気持ちを分かち合いたい，と思える関係性を養育者との間に形成する。こうした関係性が，コミュニケーションの道具としての言葉を発する土台になる。

CHART 図5.2 運動機能の発達とさまざまな探索行動

a. 握った物を見る（生後5カ月）　b. うつぶせで歯固めをなめる（生後6カ月）　c. 座位で絵本をめくる（生後7カ月）　d. はいはいでリモコンに近づき，ボタンを押す（生後8カ月）

粗大運動の発達（うつぶせで頭を上げる→座位の保持→はいはい）や手指の分化（掌全体で物をつかむ→親指と向き合う2本の指で物をつかむ）とともに，物への関わりが変化する。

(2) **物との関わり**　乳児が物にどう関わるかには，運動面の発達が大きく関係する。首が座る生後3カ月頃になると，乳児は自分で頭を動かして周りの物を見るようになる。そして，目と手の協応（⇨第3章）がはじまる生後5カ月頃になると，見た物に手を伸ばし，つかんだ物を振ったりなめたりしてその対象を確かめる。さらに，安定した姿勢を保持し（お座りの完成），自力での移動（はいはいの開始）が可能になると（生後7～8カ月頃），手指の分化も相まって，自らさまざまな物に近づき，より能動的に物を扱うようになる（図5.2）。

このように物との関わりを積み重ねてきた乳児は，生後8,9カ月頃になると，目的とそのための手段とを区別しはじめ，ある目的のために何かをする（例えば，おもちゃをとるために障害物をどける）ようになる。これを機に乳児は，自分が意図をもって行動していることに気づくようになる（トマセロ，2006）。

### 共同注視から共同注意へ

乳児が物にどう関わるかは，養育者の行動によっても支えられている。養育者は乳児の首が座る前から，仰向けに寝た乳児に物を見せ，その対象を一緒に見ている状態（共同注視）をつくりだす。また，首が座り，乳児が自由に物を見るようになると，乳児が見ているおもちゃを鳴らして「持ってごらん」と誘うなど，物に働きかけるよう促す。さらに，乳児がより能動的に物に働きかけるようになると，物に働きかけた後に養育者の方を見るよう声をかけたり，乳

CHART 表5.1 共同注意行動の例

| 視線の追従 | 他者の視線の先にある対象に視線を向ける（10 カ月） |
|---|---|
| 指さしの理解 | 視野内の指さし理解（8 カ月），後方の指さし理解（11 カ月） |
| 社会的参照 | 不確かな状況で，大人の表情や反応を見て，次の行動を選択する（12 カ月） |
| ショウイング | 自分が手にした物を他者に差し出して見せる（12 カ月） |
| ギビング | 他者に物を差し出して渡す（12 カ月） |
| 要求の指さし | 自分が欲する物を手に入れるために指さしで知らせる（12 カ月） |
| 叙述（共感）の指さし | 関心を共有するためにその対象を指さしで知らせる（13 カ月） |
| 応答の指さし | 「〜はどれ？」と聞かれ，指さしで応える（15 カ月） |

a. 指さしの理解（ボールを指さしている）　b. ショウイング（花を差し出して見せている）　c. ギビング（食べ物を差し出している）

(注)（　）内は，大神，2002 によるおおよその出現時期。

児が養育者を見たときにさまざまな感情を表出しやすいよう，遊びの流れをつくったりする。このような養育者の行動は，子どもがやりとりの流れに沿って物と人の両方に注意を振り分けることを促し，他者と同じ物に注意を向ける共同注意の状態をつくりだす役割を果たすと考えられる（常田，2007）。

人や物との関わりを重ねてきた乳児はやがて，**9 カ月の奇跡**（Tomasello, 1995）と呼ばれる変化を示す。すなわち，他者と同じ対象に注意を向け，その対象に関連して心の交流を行う，共同注意行動（**表 5.1**）を示すようになる。

共同注意の成立は，乳児が他者を，**注意**や**意図**という心の状態をもつ存在としてとらえはじめたことを意味する。共同注意の成立後，乳児は，大人が何に注意を向け，どのような意図で物を扱うのかをよく観察する。そして，大人の動作を能動的に真似することで物の扱い方を覚え（**模倣学習**），物を道具として扱うようになる。代表的な共同注意行動には，指さしやショウイング，ギビン

グのほかに，**社会的参照**（social reference）行動がある。目の前に，おもちゃのロボットが歩いてきたとしよう。このようなとき，1歳前後の乳児は養育者の方を見る。そして，養育者が微笑んでいればロボットに手を伸ばすが，養育者が怖い表情をしていればロボットには近づかない。乳児は養育者がその状況をどう意味づけているのかを知るべく，養育者の表情を参照し，それによって自分がとるべき行動を判断するのである。

## 共同注意から話し言葉へ

大人の指さしを観察し，指さしが要求や関心を伝える機能をもつことに気づいた乳児は，自ら指さしを始める。そして1歳過ぎには，相手と関心を共有することを目的とした**叙述（共感）の指さし**（QUESTION 5-3 の写真）が出現する。他者との関心共有を目的とした叙述行動はヒトにしか見られないものであり（秦野，2001），叙述の指さしに音声が伴うと，いよいよ話し言葉が出現する。

## 言語の習得を促す養育者の関わり

乳児に語りかけるときには，大人も子どもも，ピッチが高く変化しやすい，発話が短い，文末が上がる，話す速度が遅い，といった特徴をもつ話し方をすることが知られている。これは，**IDS**（infant-directed speech：対乳児発話）と呼ばれている。IDS には，乳児の言語への注意を促し，乳児と養育者のやりとりを促進し，大人に対する発話との違いを通して母語のさまざまな特徴を乳児に気づかせる機能があるとされる。また，養育者が乳児の関心に沿って，乳児の発声や指さしに随伴した（タイミングがあった）応答を返すことが，音韻の弁別や正確な発音の習得を促進することが明らかにされている。

乳児期に聞いた発話の総量と，後の言語発達（たとえば語彙数など）との間には高い相関があるが，上記の知見は，単に子どもに言葉を聞かせればよいのではなく，子どもの興味に応じた会話に子どもが参加すること（⇨第3章）が，言語を学習するうえでは重要であることを示している（Golinkoff et al., 2015）。

## 3 幼児期の言語発達

　話し言葉は幼児期をかけて大きな発達を遂げるが，話し言葉の習得には，語彙の学習に加え，文法の理解と運用，会話のルールの理解も必要である。その過程を簡潔に見ていく（詳細は，小林・佐々木，2008；秦野，2001を参照）。

### 初語の出現

　1歳の誕生日を迎える頃，子どもははじめての言葉（初語）を発する。ただし日常よく聞く簡単な言葉については，その言葉を発する前から理解しており，語彙の理解がはじまる時期と産出がはじまる時期との間には数カ月～半年ほどの開きがあるとされる。子どもが初期に発する語の多くは，子どもにとって関心のある，生活に密着した事物（人物〔ママ，パパ〕，動物〔ニャーニャー〕，食べ物〔マンマ〕，乗り物〔ブーブー〕，挨拶語〔バイバイ〕，動作語〔ネンネ，ダッコ〕，〔　〕内は例）が多い（小椋，2007）。また初期の語には，1つの語がいろいろな物事を指す（食べ物はすべて「マンマ」など），過大汎用という特徴が見られる。

### 語彙の発達

　自発的な発語が50語を超える1歳半頃から，子どもの語彙は急激に増加する（この現象を**語彙爆発**という）。この頃の子どもは，目の前の物を1つひとつ指さし，「コレハ？」と尋ねる。物に名前があることに気づくことが，語彙の急増の理由の1つとされている。新しい語彙の獲得とともに子どもは，過大汎用していた語の使用範囲を狭め，ある対象を指すのに的確な語を用いるようになっていく。就学前に獲得される語彙数には大きな個人差があるものの，一般的には3歳で1000語，6歳で3000語程度と推計されている。

### 統語の発達

　1歳半頃になると，子どもは二語文を話し，名詞や動詞だけでなく，形容詞，副詞を用い始める。また，2歳前後には基本的な助動詞（「れる・よう・たい・な

CHART 表 5.2　日本語の構文の発達

| 大体の初出年齢 | 構文の型とその他の特徴 | 例 |
| --- | --- | --- |
| 1歳前後 | 一語文 | 「ワンワン」 |
| 1歳半前後 | 一語＋助詞，終助詞の使用 | 「ワンワンね」 |
| 1歳半頃～1歳10カ月前後 | 二語文 | 「ワンワンいたね」 |
| 2歳前後 | 三語文・多語文，さまざまな助詞の使用 | 「パパと公園に行く」 |
| 2歳半前後 | 複文，さまざまな助動詞の使用<br>引用句をもつ構文<br>従属句をもつ構文<br>修飾語＋被修飾語をもつ構文 | 「バスに乗って公園行こう」<br>「パパすぐ帰るって言った」<br>「おうち帰ったら車で遊ぶ」<br>「パパが作った車で遊ぼう」 |
| 2歳半前後～3歳 | 文＋文＋文＝段落＋段落＝文章 | |

(出所)　綿巻, 2001 より作成。

い」など）や助詞（「は・も・か」，「の・が・で・に・と」など）を用いるようになり，次いで，三語文や多語文，複文が出現する（表5.2）。ただし，子どもは初めから助詞や助動詞等を正確に使えるわけでなく，誤用を繰り返し，大人からのフィードバックを受けながら，正しい統語（文法）を獲得していく。

QUESTION 5-4

保育園や幼稚園に通うくらいの子どもと親との会話や，子ども同士の会話を聞いて，メモしてみよう。どのような特徴があるだろうか。

## 談話の発達

談話（ディスコース）とは，一貫性を備えた，複数の文からなる発話を指す。談話には，他者との共同作業としての会話や，出来事を時間の流れや順序に沿って並べて表現した語り（ナラティブ）がある。

会話は，他者からの質問への応答や他者への問いによって構成される。会話が成り立つためには，やりとりの基本的ルール（話し手と聞き手を順次交替をする，脈絡なく話題を変えないなど）が共有されている必要がある。子どもは，身近な人と言葉を交わす中でこれらのルールを獲得し，自らも能動的な会話の担い手になっていく。会話の能力は2歳頃から急速に発達するものの，2, 3歳の時期には筋道の通った会話を展開することは難しく，大人による足場かけ（scaffolding），すなわち大人が会話の成立を手助けすることが必要である。

また，2歳頃から子どもは，過去の出来事について語りはじめる。初期の語りの多くは，養育者からの問い（いつ，どこで，誰と，何をしたか）に応える形で共同構成される。語りの発達には，出来事の因果関係や時間的関係を理解する能力が関係しており，幼児期の間に，より多くの出来事をつなげて語ることや，未来や想像上のことを組み込んで語ることが可能になっていく（⇨第6章）。

### 読み書きへの関心

　4, 5歳頃になると，多くの子どもは自然と文字に関心をもちはじめる。自分の名前や好きなものの名前への関心から平仮名を読みはじめる子は少なくない。文字の学習においてはまず，単語を構成する個々の音の違いや順序に気づくことが必要である（表5.3）。しりとりや回文などの言葉遊びは，文字学習の基礎となる音韻認識を高める，恰好の遊びといえる。
　また，文字を書くには，パターンの正確な認識や手指の巧緻性が必要だが，幼児期にはそれらの能力が発達途中にあるため，鏡映文字（図5.3）や逆さ文字を書くことが多い。しかし，この時期に大切なのは，文字を正確に書くことではない。文字は何かを伝えている，文字で何かを伝えることができる，という文字の機能に気がつき，読み書きそれ自体が楽しいと思えることが，読み書きの習得を促すことになる。

### 行動調整，思考の道具としての言葉へ——外言と内言

　コミュニケーションの道具として言葉を用いはじめた子どもはしだいに，行動調整や思考の道具としても言葉を用いるようになる（表5.3）。幼いうちは大人からの言語指示に従って行動を起こしたり抑制したりするが，しだいにその言葉を自ら自分自身に向けるようになり，自己の行動を方向づけるようになる。
　ヴィゴツキー（1962）（⇨Column ③）は，音声を伴うコミュニケーションの手段として用いられる言語を**外言**，また，音声を伴わない，自分自身に対する言語（行動調整や思考のための言語）を**内言**と呼び，幼児期を，外言から内言が分化する移行期と位置づけた。幼児はよく，自分がしていることやこれからしようとすることを言葉にしたり，考えていることを言葉にしたりする。ヴィゴツキーは，こうした幼児の独り言は，外言が内言に分化する過程で過渡的に生じ

CHART 表5.3 保育者と年長組の子どもたちとの会話

保育者「今日のみそ汁の中に入ってるこのお野菜，なんだか知ってる？」
としひこ「わかめ」
ともこ「ほうれんそう」
れいこ「にわとりさんに切ってあげる葉っぱでしょ」
保育者「としちゃん，わかめは野菜の仲間じゃないよ」
ともこ「わかめは　海藻の仲間でしょ，これはお野菜！」
しんご「かいそうとたいそうは，似ているね。それにすいそうもちがうけど似てる」
保育者「この野菜，小松**菜**，っていうの，おぼえておいて，栄養があるんだから」
　　　（保育者が，菜，を強調して言ったため）
としひこ「こまつ**な**って，なんだかいばった名前だね」

(注)・この会話でしんごは，「海藻」から始まり，「そう」という音韻を含む言葉を探している。音韻認識が高まってきたこの年齢の幼児ならではの会話である。
　　・会話の中で子どもたちは，「野菜」「海藻」というカテゴリー（概念）や，単語（小松菜）に置かれたアクセントから受ける印象など，みそ汁に入った具材をめぐってさまざまなことに思考をめぐらせている。

(出所) 今井，1996。

るものであり，機能としては内言と同様に思考の機能を果たしていると考えた。

児童期には思考の道具としての内言の使用が本格的にはじまり，これに読み書きの獲得が加わって，言葉による思考様式が獲得される。このような能力を土台として児童期には，言語による学習が進められていく（⇨第8章）。

CHART 図5.3　5歳児が書いた鏡映文字

紙の上部に書かれた見本を見ながら書いた数字が左右反転して，鏡映文字になっている。

 遊びが広げる子どもの世界

QUESTION 5-5

乳幼児の頃，あなたはどんなことをして遊んでいただろうか。幼い頃の写真を見たり，親に尋ねたり，記憶をたどったりしながら思い出してみよう。

## 遊びとは

　子どもにとって遊びは，生活の中心となる重要な活動である。さまざまな研究者が遊びの定義を示してきたが，その多くに共通しているのは，①遊びは自発的なものである，②それ自体が目的である（何かのための手段ではない），③楽しみやおもしろさを追求する行為である，ということである。子どもがどのようなことに楽しみやおもしろさを見出すかは，発達とともに変わっていく。

## 遊びの発達

　ピアジェ（⇨第3章）は，子どもの遊びを認知発達の観点から，機能（感覚運動）遊び，象徴遊び，ルールのある遊びの3つに分類している。

　まず，**機能遊び**とは，身体の感覚機能や運動機能を働かせることを楽しむ遊びである。「いないいないばあ」や，はいはいで動き回る，物を振ったり叩いたりして音を出すなどは，0歳児が好む遊びである。また，砂や水，粘土など，物の感触を楽しむ，積む，投げる，引っぱるなどして物を操作することや，歩く，走る，段差の昇り降りをするなどの運動遊びは1，2歳児が好む遊びである。これらの機能遊びは，象徴遊びの出現とともに減少していく。

　**象徴遊び**は，イメージを楽しむ遊び全般を指す。ふり遊びやごっこ遊びは，その代表といえる。1歳を過ぎる頃から子どもは，身近な人のふるまいに憧れ，それを模倣して遊ぶ。エプロンをつけて料理をするふりをしたり人形の世話をしたりする，段ボールやブロックの電車に乗って電車ごっこをするなどは，2，3歳児によく見られる姿である（図5.1）。4歳頃には，特定の役割を自覚的に演じ，役割交替をしながら遊ぶ，役割遊びも見られるようになる（表5.4）。

　最後に，ルールのある遊びとは，少なくとも2人以上が参加し，ルールを理解し守ることによって成り立つ，競争の要素を含む遊びである。鬼ごっこやハンカチ落としなどのルールが単純な遊びであれば，5歳頃から可能である。

## 遊びにおける仲間との関わり

　乳幼児にとって遊びは，自分の身体や物の性質・仕組みを知る活動であり，他者について知る活動でもある。乳児でも，他児に関心をもち，関わろうとす

CHART | 表5.4　幼児のごっこ遊びの例

① 年中児のごっこ遊び

　Nが道具を選んで砂場をまわりながら，「お母さんごっこしよっか。」と言うと，MsとMk「いいよ。」と応じる。N「誰が何になるん？」と言うと，MkとN「お母さん。」「Nちゃん，お母さん。」と言い，N「じゃあ2人ともお母さんな。」と言って，続いてKに「Kちゃんは何になる？」と聞く。K「お父さん。」と答える。(中略) Ms「わたし，いまお山作ってるからー。ご飯できたらよんで。」と言うと，N「いいよ。」と答える。Mkがコップに砂を詰めながら「プリン作り。」と言うと，N「プリンはご飯じゃないでしょ。」と言う。Mk「おやつ用に。」とコップをひっくり返して掌にプリンを作り，皆に見せる。

② 年長児のごっこ遊び

　Nが皿とザルを持ってきて，「かき氷やさんしましょう。」と言うと，R「かき氷やさん，はい，かき氷やさんでーす，いらっしゃいませー。」と応じる。Nがコップをsに差し出しながら，「はい，かき氷入れてー。」と言うと，S「はい，かき氷ね。」とコップを受け取る。N「はい，かき氷もういっちょう。」とコップに砂を詰めたものを並べると，R「え，カレーがいっちょう？」と問う。N「カレーがいっちょう。カレーやさんもな，あのな，隣にやで。カレーや。」とメンバーの顔を見ながら言う。メンバー間で「のみやさん」「カレーやさん」「ジュースやさん」等，他のお店の名前が挙がるが，最終的にSがカレーやになる。(中略) Sがドアの方を指さして「あ，客来た。透明の客や，透明の客」と言うと，Nは同じ方向を見て「あ。」と言う。しばらくして，S「あ，誰か入来た。」と言うと，R「来てないやん，うそやん。」と応じる。S「透明の客って言ってるやろ。」と答えると，R「あ，そうか，ごめんなさーい。」と謝る。

(出所) 渋谷ほか，2008 より (下線は筆者による。──はイメージの命名や明確化に関する発言，〜〜はイメージの否定や修正に関する発言)。

るが，子ども同士の遊びが本格的にはじまるのは，幼児期に入ってからである。

　2歳頃は，同じ場所で互いの動きや言葉を真似する，あるいは，やりとりはないが近くで同じように道具や玩具を使って遊ぶ，**並行遊び** (Parten, 1932) がよく見られる。個々の子どもが遊びの中でもつイメージは必ずしも同じではないため，一緒に遊ぶには，互いのイメージを伝え，共有することが必要である。しかし，この年代ではイメージを言葉で伝え合うことが難しいため，遊びがすぐに途切れたり，イメージのずれからいざこざが起きたりする。

　3歳頃からは，少人数のグループで会話をしたり玩具の貸し借りをしたりしながら同じ遊びをする，**連合遊び**が見られる。さらに4歳にもなると，単に言葉や物を交わすだけではなく，グループで協力したり役割を分担したりして遊ぶ，**協同遊び**が見られるようになる。協同遊びの楽しさは，仲間と協力して新しいことをつくりだすことにあるが，これは，子ども同士の間で遊びのイメー

ジや計画・目標（例えば，役割遊びでいえば場面設定や役割の分担と個々の役割の理解など）を共有できてはじめて可能になることである。そのため子どもは，遊びの流れに応じて，イメージや計画・目標を仲間同士で伝え合い，確認したり（表5.4，下線部），柔軟に修正したり（表5.4，波線部）することになる。

遊びの中で仲間とイメージを共有する経験を通して，子どもは自分の思いを他者に伝えることや他者の思いを推し量ることを学ぶ。これらの経験は，自分の感情や行動を制御する自己制御の発達（⇨第6章）や，他者の心の理解（⇨第7章）の発達へとつながる。また，心に関して洗練された理解が構築されることでさらに，子どもは仲間との関わりを豊かに楽しめるようになるのである。

### 言葉と遊びを育てるために

本章では，イメージを表現する手段となる言葉と遊びの発達を見てきたが，イメージの土台にあるのは，現実世界の体験である。本物のゾウを見て，「大きいね」「お鼻が長いね」「鳴き声にびっくりしたね」と体験を共有してくれる人がいることで，子どもは「ゾウ」という言葉が意味するものを理解し，ゾウのイメージを膨らませていく。五感を通した豊かな実体験と，それを共有できる他者の存在があってはじめて，豊かな言葉や遊びが育まれていくのである。

---

**POINT**

☐ 1 生後10～12カ月頃からイメージが獲得され，1歳頃からイメージを表現する象徴機能が獲得されると，子どもが他者と共有しうる世界が大きく広がる。

☐ 2 注意や意図といった心の状態が他者と共有可能なものであることに気づくことが，コミュニケーションの道具として言葉を用いるための土台となる。

☐ 3 幼児期前半には他者との体験の共有や会話への参加を通して，話し言葉が発達する。

☐ 4 幼児期後半には，言葉は行動調整や思考の道具としても用いられるようになる。

☐ 5 遊びは子どもの生活の中心的活動であり，物や他者を知る活動でもある。仲間との遊びが盛んになる幼児期には，イメージを共有する経験を通して，自分の思いを伝える力や他者の思いを理解する力が育っていく。

# 引用文献

アダムソン，ローレン・B.／大藪泰・田中みどり訳（1999）『乳児のコミュニケーション発達——ことばが獲得されるまで』川島書店

Golinkoff, R. M., Can, D. D., Soderstrom, M. et al. (2015) (Baby) talk to me: The social context of infant-directed speech and its effects on early language acquisition. *Current Directions in Psychological Science*, **24** (5), 339-344.

秦野悦子編（2001）『ことばの発達入門』大修館書店

今井和子（1996）『子どもとことばの世界——実践から捉えた乳幼児のことばと自我の育ち』ミネルヴァ書房

梶川祥世（2008）「音声の獲得」小林春美・佐々木正人編（2008）『新・子どもたちの言語獲得』大修館書店

小林春美・佐々木正人編（2008）『新・子どもたちの言語獲得』大修館書店

Kuhl, P. K., Stevens, E., Hayashi, A., et al. (2006) Infants show a facilitation effect for native language phonetic perception between 6 and 12 months. *Developmental Science*, **9**, F13-F21.

大神英裕（2002）「共同注意行動の発達的起源」『九州大学心理学研究』**3**, 29-39.

小椋たみ子（2007）「日本の子どもの初期の語彙発達」『言語研究』**132**, 29-53.

Parten, M. B. (1932) Social participation among pre-school children. *Journal of Abnormal and Social Psychology*, **27**, 243-269.

渋谷郁子・安松あず紗・小森伸子・高田薫ほか（2008）「大人のいない場面で子どもはどう遊ぶか——室内での砂場遊びの分析から」『立命館人間科学研究』**16**, 45-56.

Tomasello, M. (1995) Understanding the self as social agent. In P. Rochat (Ed.), *The Self in Infancy: Theory and Research*. Elsevier Science B. V.

トマセロ，M.／大堀壽夫・中澤恒子・西村義樹ほか訳（2006）『心とことばの起源を探る——文化と認知』勁草書房

常田美穂（2007）「乳児期の共同注意の発達における母親の支持的行動の役割」『発達心理学研究』**18**, 97-108.

ヴィゴツキー，L. S.／柴田義松訳（1962）『思考と言語』（上・下）明治図書出版

綿巻徹（2001）「発話構造の発達」秦野悦子編（2001）『ことばの発達入門』大修館書店

# CHAPTER 第 6 章

# 自分を知り，自分らしさを築く

## 関わりの中で育まれる自己

**KEYWORDS**

主体としての自己　客体としての自己　ダブルタッチ　生態学的自己　対人的自己
意図　自己意識　第一次反抗期　自己主張期　原初的感情　自己意識的感情
自己意識的評価的感情　概念的自己　自己概念　時間的拡張自己　自己制御
エフォートフル・コントロール　気質　自己主張　自己抑制

## 1 自己のさまざまな側面

**QUESTION 6-1**　私たちは，何を手がかりに，自分と他者が異なることや，自分が自分であることがわかるのだろうか。

　自分らしく，主体的に生きていくためには，自分について知ることが不可欠である。では，私たちはどのようにして自分に関する知識を得ているのだろうか。ナイサー（Neisser, 1988）によれば，私たちは，直接的に感じる，見る・聞

CHART 表6.1　ナイサーによる自己に関する5種類の知識

| | | |
|---|---|---|
| 生態学的自己 | 視覚，聴覚，自己受容感覚などを通して物理的環境の中で直接的に知覚される自己。 | 主体としての自己 |
| 対人的自己 | 他者とのやりとりの中で，直接的に知覚される自己。感情の響きあい（ラポール）や相互的なコミュニケーション（発声，アイコンタクト，身体接触）により特定される。 | |
| 概念的自己（自己概念） | 自分に関する信念や，自己に関するイメージが概念化されたもの。自分について考えたときに，心に浮かぶもの。 | 客体としての自己 |
| 時間的拡張自己 | 個人的な記憶に基づいて，想起あるいは予期される自己。現在の自己経験を超えて，過去や未来へ時間的に拡張された自己。 | |
| 私的自己 | 他の人とは共有できない，自分だけの意識経験に基づく自己。 | |

(出所)　Neisser, 1988 より作成。

く，思い浮かべる，思い出すなどして，さまざまな情報源から自分に関する知識を得る。その際，どのような情報源を用いうるかは発達とともに変わるため，とらえられる自己の側面も，発達とともに多様になっていく（表6.1）。

　自己には，大きく分けて2つの側面がある。1つは，何かを感じたり行動を起こしたりする「**主体としての自己**」である。生後間もないうちから身体の感覚を通して感じることができ，生態学的自己と対人的自己がこれにあたる。もう1つは，認識（思考や想起）の対象となる，「**客体としての自己**」であり，これは，表象能力や記憶能力，言語能力の発達に伴いアクセスしうるようになる側面である。概念的自己と時間的拡張自己，私的自己がこれにあたる。

## 2　主体としての自己を知る

### 自己感覚の芽生え

　私たちが「自分」を知るうえでまず頼りにするのは，身体の感覚，すなわち，触覚，視覚，聴覚などの知覚や，自己受容感覚（筋肉や関節の動きによって生じる感覚）である。自分が身体を動かしたときには，身体の感覚に変化が生じるが，他者が身体を動かしたときには，自分の身体の感覚に変化は起こらない。また，自分の身体は自分の意志で動かせるが，他者の身体は動かせない。第2章で見た通り，胎児は自分の顔や足，腕に触れたり，母親の腹壁に触れたりし

CHART 図6.1　乳児の自己探索行動

自分の拳を眺める（生後2カ月）　　自分の手足をなめる（生後5カ月）

ている。自分で自分の顔に触れると、顔には触られた感じが生じるが、母親の腹壁に触れたときにはそのような感じは生じない。自分で自分の身体に触れる**ダブルタッチ**（触れることと触れられることが同時に生じるため、こう呼ばれる）は、自分と自分以外のものを識別する行為にあたる。また、生後半年頃までの乳児には、自分の拳を動かして目で追う姿や、自分の手足を口に運んでなめる姿がよく見られる（図6.1）。これらの行為によって生じる視覚や触覚、自己受容感覚の変化を通じて、乳児は自分の身体各部の位置ならびに輪部や、自分の身体を動かしているのは自分であることを確かめているのだと考えられている。

## 生態学的自己と対人的自己

乳児は、自分が身体を動かしたり物や他者に働きかけたりすると、何らかの変化が起こることに気づく。そして、自分がそのような変化を起こした行為の主体であることを覚知する。

例えば、自分が身体を動かすことで、身体の位置や姿勢が変わると、物の見え方や聞こえ方は変化する。このように、物理的環境との関わりの中で直接的に覚知される主体としての自己を、**生態学的自己**という。あるいは、目の前の人を見つめて声を出したときに、相手も同じように自分を見つめ、微笑み返して、同じように声を発したとしよう。自分の表出行動（視線や発声、表情、動作など）に対して、他者からそれに応じる行動が返ってきたとき、両者の間には、やりとりやそれに伴う感情を共有している感覚（これを第一次間主観性という）が生じる。このとき、乳児は、自分がそのような状態をつくりだした行為の主

CHART 表 6.2　意図をめぐる 1 歳児と母親のやりとり

> 以下は，筆者の息子Ａが 1 歳前後の頃に観察されたＡと母親のやりとりである。
> **0 歳 12 ヵ月**　母が年賀状を書いていると，Ａがそばに来て，母が使っている万年筆を奪い取る。万年筆は危険なので，母が万年筆を取り上げ，代わりに先が平らな蛍光マーカーをＡに差し出す。すると，Ａは床にひっくり返って大きな声で泣き，寝転がりながら自分の手に触れた玩具を手当たり次第に投げた。
> **1 歳 1 ヵ月**　母が台所で夕食をつくっていると，Ａがお気に入りのミニカーを手に母のそばにやってくる。そして，「ン，ン」と手に持っているミニカーを母に差し出す。母は手が離せないので，「素敵なブーブーね」と言葉だけで応じると，Ａは再度「ン，ン」と母にミニカーを差し出す。母が手を止め，「ありがと」とミニカーを受け取り，それからすぐに「はい，どうぞ」とＡにミニカーを差し戻そうとすると，Ａは少し怒った表情で母を指さし，「ン，ン」という。「ママが持ってるの？」と尋ねるが，Ａの応答がないので，母はミニカーを床の上に置く。すると，Ａは先ほどと違うミニカーを持ってきて，「ン，ン」と母に差し出す。母は「ありがと」と受け取り，すぐにまたそのミニカーを「Ａ，どうぞ」と差し戻すと，Ａはミニカーを受け取ろうとせず，怒った表情で母を指さした。
>
> （出所）坂上，2010 より作成。

体であることに気づく。このように，他者とのやりとりの中で直接的に感じ取られる主体としての自己の側面を，**対人的自己**という。

### 自他の意図への気づき

　生後しばらくの間，乳児と養育者の間のやりとりは，養育者が乳児の内的状態を積極的に読み取り，解釈することによって成り立っている（⇨第 4 章）。その後，人との関わりや，物との関わりを積み重ねていった乳児は，生後 9 ヵ月頃になると，共同注意行動を示すようになる（⇨第 5 章）。共同注意の成立は，乳児が自分や他者を，注意や意図といった心の状態をもつ存在として認識し，自分と他者が心的状態を共有しうることに気づきはじめたことを意味する。

　**意図**とは，行動を導く，具体的な目的や目標のことを指す。運動スキルの発達とともに行動レパートリーが広がり，かつ，手段─目的関係の理解が進む 1 歳頃になると，乳児はより明確な意図をもって周りの人や物に働きかけるようになる（⇨第 5 章）。さらに，他者が自分に向ける行動にも，何らかの意図がこめられていることに気づくようになり，他者の行動を模倣したり，他者から褒められたことを繰り返したりするようになる。表 6.2 のエピソードには，この時期の子どもが，自分の意図を妨げられてかんしゃくを起こす様子や，自分の意図が実現しないときに繰り返し自分の意図を訴える様子が示されている。

# 3 客体として自己をとらえる

### 自己意識の発達

　共同注意の成立は，子どもが他者と共有しうる世界を広げ，他者の視点から物事を見ることへと子どもを導く。他者が自分に向けている注意を他者と共有したとき，子どもは自分自身に注意を向けている，つまり，自己を注意の対象としていることになる。そのようなことが可能になったところに，表象能力（⇨第3章）が獲得されると，子どもは自分が外側からどのように見えているのかを思い描けるようになる（トマセロ，2006）。

　子どもが自己を客体としてとらえはじめたことを確かめる方法の1つに，マークテストという課題がある。この課題では，子どもの鼻の上に気づかれないように口紅等でマークをつけておき，その後，子どもを鏡の前に連れていく。鏡に映った自分の像を見て，子どもが鼻のマークに触れれば，その子は鏡に映った像を自分の像と認識しており，外側から見た自分の姿を視覚的にイメージできているとみなすことができる。早い子どもでは1歳3カ月頃に，ほとんどの子どもが2歳頃までにこの課題をパスすることが確認されている（Bertenthal & Fischer, 1978；百合本，1981）。**自己意識**の発達は，自分の身体の部位を同定する（「目はどこ？」と聞かれ正しく指さすなど），自分の名前を呼ばれると自分を指さす，自分の名前を言うなどの，自己言及的な行動の発現からもとらえることができる。

　自己意識の発達は，他者との関わり方や自己のとらえ方に大きな変化をもたらす。

### 第一次反抗期

**QUESTION 6-2**　スーパーなどで，自分の要求が通らなくて床にひっくり返って泣いている2歳くらいの子どもを見たことがあるだろう。この年代の子どもはなぜ，そのような行動をとるのだろうか。

1歳後半になり，自己意識を獲得した子どもは，「他者とは異なる自分」を強く意識するようになる。その結果，自分が選んだことや，自分がやると決めたことには，自ら進んで取り組む一方で，他者からの一方的な指示に対しては「イヤ！」と強い拒否を示すようになる。また，この時期には「自分を認めてほしい」という思いが

図6.2　第一次反抗期の幼児

「もっとアイスが欲しい」と母親に対してだだをこねている。

膨らむため，自分がやろうとしたことが妨げられたときやうまくできなかったときには，「ジブンデ！」「○○チャンガ！」と主張したり，「○○チャンノ！」と物に強いこだわりを示したりする姿もよく見られる。

こうした子どもの行動を受けて，大人の側は，社会的なルールやマナーを含め，子どもにしてほしいことやしてほしくないことを伝える必要性を感じ，子ども自身や他者に危険や害が及ぶことには制止を加えるなど，本格的なしつけをはじめるようになる。その結果，この時期には，大人と子どもの間で衝突や葛藤が生じやすくなる（図6.2）。とりわけ2歳代は，子どもの自己主張や反抗が強くなり，子どもへの対応に大人が手間取る（⇒第11章）ことから，日本では**第一次反抗期**やイヤイヤ期，欧米では"terrible twos"と俗に呼ばれている。

ただし，「反抗期」は大人の側から見た呼称であり，子どもの側から見れば，自分で自分のやりたいことを選び，自分の思いを他者に伝え，実現するための練習をする「**自己主張期**」と呼ぶのが適切であろう（坂上，2004）。自分の思いを受けとめてもらう経験や他者と衝突する経験，自分の思いが叶わない経験を通して，子どもは自分の思いと他者の思い，そのどちらも大切であることを知り，適切な自己主張の仕方や他者との協調の仕方を学んでいく。この時期の子どもに対しては，子どもの思いは否定せずに受けとめると同時に，行動として認められないことや他者の思いは言葉にして伝えること，また，子どもが気持ちを切り替えたり，次の行動を選択したりするうえで助けとなる言葉かけをすることで，後述する自己制御の力が育まれていく。

### 自己意識的感情の発達

　自己意識の発達によって他者の目を意識するようになると，子どもには，それまでになかった新たな感情が見られるようになる。

　ここで，生後3年ほどの間の感情の発達について見ておこう。ルイス（Lewis, 2016）によれば，生後6カ月頃までの間に，子どもには**原初的感情**と呼ばれる6種類の感情（喜び，怒り，興味，恐れ，嫌悪，悲しみ）が認められるようになる。その後，自己意識が獲得される1歳後半になると，**自己意識的感情**が見られるようになる。その中でも最初に現れるのは，他者の目にさらされることに伴って生じる，照れや共感，羨望である。先述のマークテストでは，自分の鏡映像を見て，頬を赤らめたり微笑んだりする子どもがいる。こうした反応は，照れに伴う反応であると考えられている。

　さらに，2歳後半から3歳にかけて，基準や規範に照らして自分の行動を評価する能力が発達してくると，**自己意識的評価的感情**が見られるようになる。基準や規範は，大人からの褒めや叱責などによって外的に課されたもの（例えば，社会的なルールやマナー）であることもあれば，子どもが自分に課した内的なものであることもある。自分の行動が基準や規範から外れていると評価したとき，子どもには罪悪感や恥が生じる。また，自分の行動が基準や規範に適っていると評価したときには，誇りが生じる。物を壊してしまった後の修復行動（謝る，壊れたものを元に戻そうとするなど）や，失敗したときに隠れる行動，何かに成功したときの万歳のポーズやガッツポーズは，それぞれ罪悪感，恥，誇りに伴う行動であると考えられている。

### QUESTION 6-3

自分が危ないことやよくないことをしようとしているときに，それを止めたり叱ったりしてくれる人が誰もいなかったとしよう。どのような気持ちになり，何をしようとするだろうか。

CHART 表6.3　A児の自己に関する語り

| 1歳11カ月 | 保育園からの帰路で「朝，ここで，みんなと先生と，おさんぽしたの。『迷子のあなた　わからない』（注：犬のおまわりさん）歌って，お散歩したの」 |
| --- | --- |
| 2歳2カ月 | 母と駅のホームで電車を待っているときに「A，ピンクの電車（注：ピンク色の線が入った電車），乗りたいの。A，ピンク，好きなの。Mちゃんと，おんなじ，おんなじ」 |
| 3歳5カ月 | はさみで紙を切っているところを，上手だと母に褒められて「A，もう，おにいちゃんになったから，できるんだよ。赤ちゃんの時は，ビリ，って切っちゃって，できなかったの」 |
| 4歳4カ月 | 母に，いい子にしかお食後はあげない，と言われて「（怒った口調で）ふつうでも，あげるの！」母に（ふつう，ってどういうこと？）と尋ねられると，「いい子の時も，悪い子の時もある，ってこと」 |

（出所）坂上，2014より。

# 4 幼児は自己をどうとらえているのか

## 自己について語る

　自己を客体として見ることができるようになり，かつ，話し言葉（⇨第5章）が発達してくると，子どもは自分のことや自分が経験した出来事について語るようになる（表6.3）。ただし，その際には，子どもの語りを援助し，会話をともに構成する大人の存在が不可欠である（⇨第5章）。大人は子どもとの会話の中で，子どもの行動や内的状態に言及したり，子どもの属性や子どもに対する評価を述べたりする。こうした会話を通して子どもは，自分はどのような人であるのか，という自分についての考え（自己概念）を形成していく。

## 概念的自己（自己概念）の発達

　知識や経験から構成される自己の側面を，**概念的自己**もしくは**自己概念**という。幼児がもつ自己概念は，他者からも見える具体的な特徴を中心に構成されている。具体的には，名前，年齢，性別といった外的属性や，「大きい」「かわいい」などの身体的属性のほか，「……できる」（能力），「……が得意」（活動），「……が好き」（好み）などの行動面から，幼児は自分のことを記述する。また，

4,5歳頃になると，いい子，悪い子，優しいなどの特性語を用いて，自己を記述することがでてくる（佐久間ほか，2000）。

なお，幼児のうちは自分を肯定的に見る傾向が強く，自己を正確にとらえているとは言い難い。しかし，学業や運動の面で教師による公的な評価が行われ，子ども同士がさまざまなスキルや能力を比較する機会が多くなる児童期には，認知面の発達とも相まって，自己の肯定的な面に加え，否定的な面にも気づくようになっていく（⇨第7章）。自己概念は年齢とともに分化するが，自己の諸側面をある程度客観的にとらえ，それらを統合して自己をとらえられるようになるには，青年期まで待たなければならない（Harter, 1999）（⇨第9章）。

## 時間的拡張自己の発達

多くの人は，自分には過去や未来があり，それらは現在の自分とつながっている，ということに疑いをもっていないであろう。しかし，過去や未来を思い描くことはイメージの力があってはじめて可能になることであり，自分が過去，現在，未来と時間的に連続している存在であることを子どもが理解するようになるまでには，数年間を要する。

ポヴィネリら（Povinelli et al., 1996）は，子どもがいつ頃から過去の自己と現在の自己が時間的に連続していることを理解するようになるのかを，遅延ビデオ映像を用いたマークテストによって検討した。この課題では，実験者が子どもの頭にこっそりシールを貼っている場面を撮影しておき，約3分経過したところでその映像を子どもに見せる。このとき，過去に自分の身に起きた出来事（シールを貼られた）と現在の自分の状態（頭にシールがついている）の時間的因果関係を理解している子どもは，頭のシールに手を伸ばすはずである。結果は，2歳児でそうした行動をとった子どもは皆無であったのに対して，3歳児では25％，4歳児では75％がシールに気づき，頭に手を伸ばす行動をとった。

また，子どもがエピソード記憶，すなわち，自身の身に起こったものとして自ら想起できる，特定の出来事に関する記憶（⇨第8章）を報告しはじめるのも，4歳頃である（上原，1998）。このように，**時間的拡張自己は4歳頃に形成される**。ただし，経験したことのない未来について考えることは過去を想起することよりも難しく（Hudson, 2006），未来の自己との時間的連続性の認識はこ

CHART 表 6.4　自己の過去や未来に関する，A 児と母親との会話

| 3 歳 6 カ月 | 夜，布団の上で遊んでいて突然，「ママ，あの時，A が赤ちゃんで，ママとふたりぼっちだった？」と尋ねる。(あの時，っていつのこと？)と尋ねるが，返事がない。そこで，(あの時って，A がママのお腹の中にいた時のこと？)と返すと，「そう」。それから，「ママ，A くん，何してた？」と言うので，(A ね，ママのお腹の中で，くるって宙返りしたり，腕伸ばしたり，足伸ばしたり，毎日お腹の中で運動会していたんだよ)と答えると「えーっ！」と驚いた表情を見せ，笑顔になる。【自分の記憶にない過去の存在の認識】 |
|---|---|
| 4 歳 0 カ月 | 数回しか見たことがないアニメ番組の主題歌を歌っていたので，母が(すごいね，どこで覚えたの？)と尋ねると，「3 歳の時から知ってるよ。じゃなくて，もっともっと前，小さい時に見たでしょ？」と答える。【過去の自己と現在の自己の連続性の認識】 |
| 4 歳 1 カ月 | A が「おばあさんはお仕事しないの？」と母に尋ねる。(そうだね)と母が答えると，「なんで？」(年取ると，疲れちゃうからかな)「A，どんな先におじいさんになる？」(あと 60 年くらいしたら？)「A，どんな先に大人になる？」(あと 15 年くらいかな)と矢継ぎ早に尋ねる。【自分に未来があることの認識】 |
| 4 歳 3 カ月 | 母が，A が 3 歳の誕生日に保育園からもらった身長計を見付け，(こんなところにあった)と見せると，「A，3 歳のお誕生日，覚えてる。背がぐんぐん伸びて，テープみたいの（注：身長計）もらったの。C 君が I 君の髪の毛，引っ張って，トイレの前で N 先生に怒られたの」。【エピソード記憶の語り】 |
| 5 歳 0 カ月 | 母とバドミントンをして，自転車に乗り，400 m トラックを 2 周走り，鉄棒をした後，「A，こんなに運動したから，マラソン選手になれるかなあ」。【現在の自己と未来の自己の連続性の認識】 |

(出所)　坂上，2014 を一部改変。

れよりやや遅れるとされる（坂上，2014）（表 6.4）。

# 5　自己制御の発達

## 自己制御とは

　自己制御とは，状況に応じて自分の行動や思考，感情，注意を調整することを指す。自己制御は，目標を実現するうえで，また，社会に適応していくうえで必要となる能力である。運動選手をめざす子どもが，起きるのがつらい日があっても毎朝走る，クラスの話し合いの場で，適切なタイミングで適切な言い方で自分の考えを言う，というときにも，自己制御の機能が発揮されている。

自己制御には，予期せぬことが起こったときに自動的かつ迅速に生じる，反応的な制御のプロセスと，意図的，能動的に行動や思考，感情，注意を調整する，意識的な制御のプロセスがある（Cole et al., 2019；Wesarg-Menzel et al., 2023）。反応的な制御は，状況によっては適応的に働く（例えば大きな犬に吠えられて，足がすくんで立ち止まる）が，適応的ではない反応が起こる（ブランコに乗るのを並んで待っているときに，横入りしようとした子どもを突き飛ばすなど）場合もある。後者の場合には，意識的に反応を調整することが必要になる。

　乳児期にはまだ，子ども自身による意識的な調整は難しいため，自己制御の大部分は周りの大人に委ねられている。2歳頃になり，**エフォートフル・コントロール**（effortful control；EC：優勢な反応を抑えて，優勢ではない反応を行う能力を指し，意識的に注意を切り替えたり，注意を特定の物事に向け続けたり，行動を抑制したりする能力を含む）や言語能力が発達してくるとともに，子ども自身による自己制御が可能になっていく。

### 自己制御の個人差

　自己制御には，発達の早期から個人差があり，これには子どもの内的要因と外的要因の両方が関わっている。内的要因としては，子どもの気質的要因（⇨第4章）である，否定的感情の生じやすさ（怖がりやすさや苛立ちやすさ）やエフォートフル・コントロール（EC）が挙げられる。怖がりやすさとECは自己抑制の高さに関係しており，気質的に怖がりやすい子どもやECが高い子どもは，長じて自己抑制的行動につながる道徳的判断（ここでは，親の禁止に従う，ゲームでルールを守るなどの行動を指す）を示しやすいことがわかっている（Kochanska, 1995）。

　また，親子関係の良好さやしつけを含む親の関わりも，子どもの自己制御に影響を与える。親への安定したアタッチメントや，親の応答的な関わり，親の温かさは，子どものECや親への従順さを高める一方で，親による強圧的なしつけは，子どものECや親への従順さを低める方向に働く（Wesarg-Menzel et al., 2023）。ただし，子どもの自己制御の発達に対する親のしつけの影響は，子どもの気質によっても異なり，強圧的なしつけによる悪影響は，怖がりやすい子どもに対して顕著に現れやすい（Kochanska et al., 2007）。

## Column④ 気　質

　複数の乳児を観察すると，機嫌のよしあしや初めての人や物への反応の仕方に違いがあることに気づくだろう。トーマスら（Thomas et al., 1963）は，乳児の活動水準，生理的リズム，接近と回避，順応性，反応の閾値，反応強度，気分の質，気の散りやすさ，注意の幅と持続性の9側面に，明確な個人差があることを見出し，発達早期から見られるこのような反応や行動の個人差を，気質と呼んだ。以降，数々の気質理論が提出され，その多くで同定されている気質の側面として，ポジティブな情動性（高い喚起水準の快情動や外向性など），ネガティブな情動性（恐れやすさや苛立ちやすさなど），対象への接近・回避が挙げられる（⇨第4章）。

　これまで，個人の気質は時間的に安定しており，ほぼ変化しないとされてきたが，近年では，気質には発達する側面もあると考えられている。気質は生物学的基盤をもつが，時間とともに遺伝子や成熟，経験の影響を受ける。ロスバートら（Rothbart & Bates, 2006）は，気質を，発達早期から見られる情動や活動，注意における体質に基づく反応性（刺激の変化に対する個人の敏感さの特性；恐れや怒りなどのネガティブな情動や，ポジティブな情動を経験・表現する傾向や生理学的反応を含む）と自己制御（反応性を調整するプロセス；行動の接近や回避，抑制，注意のコントロールを含む）の個人差と定義し，自己制御には1歳頃に新たに現われる気質的側面があると主張する。

　0歳から見られる自己制御には，注意を向けたり逸らしたりすることや，恐れにともなう回避や行動の抑制がある。これらは，刺激を前にした時に自動的に生じる，不随意的な反応である。これに対し，1歳頃に芽生えるエフォートフル・コントロール（EC）は，注意や行動，感情を意図的に制御する能力を指し，幼児期をかけて急速に発達する。ECによって子どもは，より効率よく柔軟に，衝動性や攻撃性を制御できるようになる。

　気質は，養育態度と相互規定的に作用し，子どもの適応に影響を及ぼす（⇨第4章）。怖がりやすい子どもには穏やかで優しいしつけを行うなど，子どもの気質的特徴に合った関わり方をすることが大切である。

## 社会的場面での自己制御の発達と文化差

　日本ではほとんどの幼児が3, 4歳までに保育園・幼稚園などの社会集団に属

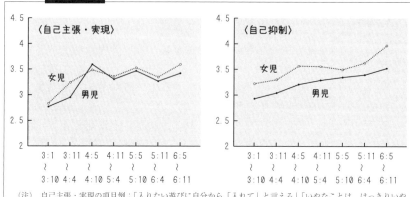

図6.3 自己主張・自己抑制の発達（男女別）

(注) 自己主張・実現の項目例：「入りたい遊びに自分から『入れて』と言える」「いやなことは、はっきりいやと言える」「他の子に自分のアイディアを話す」。
自己抑制の項目例：「遊びの中で自分の順番を待てる」「『してはいけない』と言われたことはしない」「仲間と意見の違う時、相手の意見を入れられる」。
(出所) 柏木，1988をもとに作成。

し，家庭だけでなく，園での生活や遊びの中で，自己制御の力を育んでいく。

社会的場面での自己制御には，**自己主張**（自分の欲求や意志，目標を明確にもち，他人や集団の前でそれを表現し，実現すること）と**自己抑制**（自分の欲求や行動を抑制しなければならないときに抑制すること）の2側面があり，子どもの社会性を育むうえでは，両方の面を育てることが大切である（柏木，1988）。

図6.3は，日本の3〜6歳児の自己主張，自己抑制の得点（保育者による評定）を図示したものである。いずれの得点も幼児期をかけて上昇しているが，自己主張の得点は幼児後半で停滞し，伸長の幅も小さいこと，また，女児の方が男児よりも自己抑制に長けていることが読み取れる。

自己制御の発達には文化差があり，日本の子どもは，アメリカやイギリスなどの子どもに比べ自己抑制的傾向が高い（柏木，1988；佐藤，2001）。日本の幼児では就学前に，自己抑制面の発達が自己主張・実現面の発達よりも優勢になることを見てきたが，その背景には，周囲の大人や社会がどのような発達や対人関係を子どもに期待するか，という，発達期待の違いがある。

日本，米国，中国の保育者や親の発達期待の違いを調べたトービンら（Tobin et al., 1989）によれば，日本では，共感や思いやりをもつこと，他者に配慮することを子どもに求める親や保育者の割合が他の2国よりも突出して高く，

独立心をもつことや自信をもつことを子どもに期待する親や保育者の割合は相対的に低かった。一方，中国や米国では，自分の意見を言葉で表すことを期待する親や保育者の割合が日本よりも高かったという。

現代の日本では，グローバル化の急速な進行に伴い，園や学校，地域社会で，他文化の人たちと生活をともにする機会が増えている。他文化の人たちと有効に意思疎通を行い，共生していくためには，集団や他者の調和を保つべく，日本社会で大切にされてきた自己抑制面とともに，自己表現や自己実現といった自己主張面を伸ばしていくことが，いっそう求められている。

---

**POINT**

- □ 1 赤ちゃんは自分の感覚を頼りに，周りの環境との関わりや他者との感情のやりとりを通して，自分が自分の行動の主体であることを覚知していく。
- □ 2 客体的な自己意識が獲得される1歳後半になると，第一次反抗期（自己主張期）の到来や自己意識的感情の発現などの変化がもたらされる。
- □ 3 大人との会話の中で得た自己に関する知識や自身の経験をもとに，子どもは自己概念や時間的拡張自己を形成していく。
- □ 4 幼児期をかけて自己制御が発達していくが，自己制御の個人差には，子どもの気質といった内的要因と，周りの大人からの関わりといった外的要因の両方が関わっている。
- □ 5 社会的場面での自己制御には，自己主張と自己抑制の2つの側面があり，その両方を育てていくことが大切である。

---

引用文献　　　　　　　　　　　　　　　　　　　　　　　　Reference●

Bertenthal, B. I. & Fischer, K. W. (1978) Development of self-recognition in the infant. *Developmental Psychology*, 14, 44-50.

Cole, P. M., Ram, N., & English, M. S. (2019) Toward a unifying model of self-regulation: A developmental approach. *Child Development Perspectives*, 13, 91-96.

Harter, S. (1999) *The Construction of the Self: A Developmental Perspective*. Guilford Press.

Hudson, J. A. (2006) The development of future time concepts through mother-child conversation. *Merrill-Palmer Quarterly*, **52**, 70-95.

柏木惠子（1988）『幼児期における「自己」の発達——行動の自己制御機能を中心に』東京大学出版会

Kochanska, G.（1995）Children's temperament, mothers' discipline, and security of attachment: Multiple pathways to emerging internalization. *Child Development*, **66**, 597-615.

Kochanska, G., Aksan, N. & Joy, M. E.（2007）Children's fearfulness as a moderator of parenting in early socialization: Two longitudinal studies. *Developmental Psychology*, **43**, 222-237.

Lewis, M.（2016）The emergence of human emotion. In L. F. Barrett, M. Lewis, & J. M. Haviland-Jones（Eds.）*Handbook of Emotions*. Guilford Publications.

Neisser, U.（1988）Five kinds of self-knowledge. *Philosophical Psychology*, **1**, 35-59.

Povinelli, D. J., Landau, K. R. & Perilloux, H. K.（1996）Self-recognition in young children using delayed versus live feedback: Evidence of a developmental asynchrony. *Child Development*, **67**, 1540-1554.

Rothbart, M. K. & Bates, J. E.（2006）Temperament in children's development. In W. Damon, R. Lerner（Book Eds.）& N. Eisenberg（Vol. Ed.）, *Handbook of child psychology: Vol. 3, Social, emotional, and personality development*（6th ed.）. Wiley.

坂上裕子（2004）『子どもの反抗期における母親の発達——歩行開始期の母子の共変化過程』風間書房

坂上裕子（2010）「乳児期におけるフラストレーション／怒りの発達過程の検討———児の縦断的自然観察から」『青山学院大学教育人間科学部紀要』**1**, 219-241.

坂上裕子（2014）「幼児は自他に関する理解をどのように構築するのか———児の1歳8ヵ月から5歳3ヵ月までの発話記録の分析から」『乳幼児教育学研究』**21**, 29-45.

佐久間（保崎）路子・遠藤利彦・無藤隆（2000）「幼児期・児童期における自己理解の発達——内容的側面と評価的側面に着目して」『発達心理学研究』**11**, 176-187.

佐藤淑子（2001）『イギリスのいい子日本のいい子——自己主張とがまんの教育学』中央公論新社

Tobin, J. J., Wu, D. Y. H. & Davidson, D. H（1989）*Preschool in Three Cultures: Japan, China, and the United States*. Yale University Press.

Thomas, A., Chess, S., Birch, H. G. et al.（1963）*Behaviroral individuality in early childhood*. New York University Press.

トマセロ，M．／大堀壽夫・中澤恒子・西村義樹・本多啓訳（2006）『心とことばの起源を探る——文化と認知』勁草書房

上原泉（1998）「再認が可能になる時期とエピソード報告開始時期の関係——縦断的調査による事例報告」『教育心理学研究』**46**, 271-279.

Wesarg-Menzel, C., Ebbes, R., Hensums, M. et al.（2023）Development and socialization of self-regulation from infancy to adolescence: A meta-review differentiating between self-regulatory abilities, goals, and motivation. *Developmental Review*, **69**, 101090.

百合本仁子（1981）「1歳児における鏡像の自己認知の発達」『教育心理学研究』**29**, 261-266.

# CHAPTER 第7章

# 関わりあって育つ
## 仲間の中での育ち

### KEYWORDS
心の理論　素朴理論　誤信念課題　うそ　表示規則（表出ルール）　悪意のないうそ　道徳性　共感性　向社会的行動　実行機能　ギャング・グループ　社会的比較　妬み　シャーデンフロイデ　関係性攻撃

### QUESTION 7-1
自分自身の子どもの頃のことを思い出してみよう。何歳頃から，他者の感情や考えていることがわかるようになったのだろう。また，何歳頃からうそをつけるようになったのだろう。

## 1 心の状態の理解

### 感情の理解

これまでの章で明らかになったように，社会性は年少の時期からさまざまな形で芽生えている。乳児期から，意図の理解（⇨第3, 5章）や共同注意（⇨第5章）といった形で，他者の心の理解がはじまる。さらに，アタッチメント対象

(⇨第4章)を主とする周りの人たちとのやりとりを通じて，人間らしい豊かな心が育まれ，自己意識(⇨第6章)も芽生えるのである。

人との関わりでは，感情(情動)の発達も重要である。喜びや悲しみ，怒りといった原初的感情は，生後6,7カ月頃までに出揃う(⇨第6章)。これに対して，こうした感情の理解は，2〜3歳頃までに発達が進み，それらを表す感情語も扱えるようになる。例えば，感情語に対応した表情の絵や写真を選択させる実験では，個人差はあるものの，3歳頃までに偶然以上の確率で適切なものを選ぶようになる(久保，2008)。また，感情が生じる理由についての理解も進む。3歳児でも，喜びの理由は望ましい状態を達成できたからで，悲しみや怒りの理由は望ましくない状態を回避できなかったからと考えることが報告されている(Stein & Levine, 1989)。その後，児童期にかけて，恥や罪悪感などさまざまな感情の理解へと分化するとともに，複数の感情が混じった複雑な状態の理解も進み，急速に発達が進んでいく。

このように，幼児期から児童期にかけて，自分や他者の感情を理解する能力は高まっていく。それとともに，子どもは自分の感情の表出や感情の喚起をコントロールすることに長けていく(情動知能〔感情知性〕⇨第1章 **Column** ①)。感情のコントロールは，感情コンピテンス★(感情を伴う社会的相互作用における自己効力感の現れ)としてもとらえられ(サーニ，2005)，他者との円滑な社会的関係を築くうえでも重要である。

## 欲求や信念の理解

2〜3歳頃には，感情だけでなく，自他の意図や欲求に関わる心的な言葉も語りうるようになる(⇨第6章)。さらに，4歳頃までに「知っている」「思っている」といった知識や信念★についても語りうるようになり，他者の行動をこうした心の状態(内的状態)を表す言葉を用いて把握するようになっていく。

---
**comment**
★ 感情コンピテンスの構成要素として8つのスキル(自己の感情の気づき，他者の感情を識別し理解する能力，感情とその表出に関する語彙を使用する能力，共感的な関わりのための能力，内的主観的感情と外的感情表出を区別する能力，嫌な感情や苦痛な状況に適応的に対処する能力，人間関係の中での感情コミュニケーションへの気づき，感情自己効力感の能力)がある。
★ 「信念」とはかたい言葉であるが，何かを価値づけて信じ込んでいるといったニュアンスはなく，「……と思っている」「……と考えている」という心の状態を表す言葉である。

このように，人の行動を心の状態を付与して理解するような体系のことを**心の理論**（theory of mind）と呼ぶ（Premack & Woodruff, 1978）。心の理論は，**素朴理論**★（体系的な教えがなくとも日常経験を通して獲得される知識のまとまり）の1つである素朴心理学やメンタライジング★と類似した意味をもつ。

　ただし，心の状態の理解は一律に発達するわけではない。子どもは2歳頃から，人は「～をしたい」という欲求をもっており，それに基づいて行動することを理解しはじめる。このような欲求や感情の理解がまずあって，しだいに「～と思っている」「～と信じている」という信念の理解が発達していく（Wellman, 1990）。さらに，立場によって信念に違いがある（物が移動したのを見ていた人と見ていなかった人では，物があると思っている場所に違いが生まれる）ことも理解するようになる。人の行動は，その人がどのような欲求と信念をもっているかに基づいて予測や説明をすることができるが，これら3つの関連を理解できているかどうかを調べる課題が，次に述べる誤信念課題である。

## 誤信念課題

　一般に，心の理論の発達は，誤信念課題によって調べられる（図 7.1）。例えば，女の子が人形をカゴに入れて出かけている間に，男の子が別の箱に入れ替えたとする。戻ってきた女の子は，人形で遊びたいと思っている。「この女の子はどこを探すかな？」という質問に対して，3歳頃までの子どもは，人形がいま存在している「箱」と答えることが多いが，4～5歳頃から女の子の立場で考え，「誤って思っている」（＝誤信念）場所の「カゴ」と答えるようになる（Wellman et al., 2001）★。このように，4～5歳頃になると，人は自分が思っていること（信念）が現実とは異なっていても，その信念に従って行動することを理解するようになり，誤信念課題に正答できるようになる。これをもって心の

---
comment

★　素朴理論は，領域固有性（⇒第8章）とも関係し，首尾一貫性（領域ごとに知識がまとまり，関連づけられている），存在論的区別（その理論が扱う事柄を特定できる），因果的説明の枠組み（領域内の現象を説明／予測できる）の3つがもとになる。幼児期には，物，心，生き物について知識のまとまりが生まれ，それぞれ素朴物理学，素朴心理学，素朴生物学として獲得される。

★　メンタライジングに似た語として，メンタライゼーションという語もある。前者は，自分と他者の行動をその背後にある精神状態と関連させて理解する心的行為を指し（⇒第4章），後者は，メンタライジングが達成されるプロセスや達成された状態，その結果としてのメンタライジング能力などを指す（上地，2015）。

**CHART 図7.1 誤信念課題**

女の子が人形をカゴに入れて、出かけました。

女の子がいない間に、男の子がやってきて、カゴから人形を取り出しました。

男の子は、人形を箱にしまって、出て行きました。

女の子がもう一度、人形で遊ぼうと思って、戻ってきました。

（質問）女の子はどこを探しますか？

(出所) 子安ほか，1998 を改変。

理論が獲得されたと考えるのが一般的である。

　心の理論の発達により、立場によって信念が異なれば、感情も異なることも理解できるようになる。例えば、キャンディの箱の中身が小石にすり替えられているとしよう。キャンディが好きではない人は、実際の中身が小石だと知ってもがっかりしないであろう。しかし、キャンディが好きな人は、キャンディの箱の中身が小石にすり替えられていることを知ればがっかりするであろうが、すり替えを知らなければ、キャンディの箱を見て喜ぶであろう。こうしたことが、4～6歳頃にかけて理解できるようになると考えられる (Harris et al., 1989；久保，2008)。このように幼児期の終わり頃には、欲求から信念、感情に至るまでの心の状態の基本的なつながりを理解できるようになっていく。

　この段階に至ってはじめて、子どもは同じ事物に対して、自分と他者とでは異なる思いや考えをもつことがあり、それらの事物への感じ方も異なることを理解するようになる。さらに、同じ事物に対する自分の思いや考え、感じ方も、時間とともに変わることを理解するようになる（⇨第6章：時間的拡張自己）。

---
comment
★ 近年、期待違反法（⇨第3章）や予期的注視（目的地を予測して視線を動かす様子を計測する方法）による研究から、1歳半頃でも誤信念を理解している可能性が高いことが示唆されている (Onishi & Baillargeon, 2005; Senju et al., 2011)。これは、1つの可能性として、言語的反応を求めるのではなく、注視に着目するだけであるので、抑制など実行機能（⇨本章第2節）を働かせる必要性が弱まるからとも考えられる。図7.1でいえば、自分が知っている人形の現在の場所のことを抑制できないと、つい「箱」と答えて、誤答になる。

### QUESTION 7-2

「心の理論」がない世界を想像してみよう。私たちがお互いに，人の行動を，欲求や信念といった心の状態と関連づけて考える能力をもっていないとしたら，私たちがふだんしていることで，できなくなることは何だろうか。

 **心の理論に基づく社会性の発達**

### うそと欺き

　心の理論の発達によって，子どもはさまざまな社会性を身につける。例えば，相手が「知らない」あるいは「誤って思っている」ことを理解することで，うそをつけるようになっていく。このように，うそをついて人を欺けるようになるうえで，心の理論の発達は鍵を握る。そこで，心の理論が発達する4～5歳頃から意図的なうそをつくことが可能になる。例えば，ソディアン（Sodian, 1991）は，王様と泥棒の人形を使って，「王様が箱の中の金貨を見つければそれを子どもがもらえるが，泥棒が見つけると金貨をもって行ってしまって子どももらえない」ということを子どもに理解させた。その後，王様と泥棒がそれぞれやってきて，金貨のありかを聞いたところ，3歳児は王様にも泥棒にも金貨の入っている箱を教えてしまうが，4歳を過ぎると泥棒にだけ金貨の入っていない箱を示し，選択的にうそをついたのである。

### 洗練されたうそ

　心の理論の発達によって，幼児期に「Aさんは……と思っている」といった心の状態を理解できるようになる（これを「一次（first order）の心の理論」とも呼ぶ）が，児童期に入ると，しだいに「Aさんは『Bさんが……を知っている』と思っている」といった入れ子の心の状態を理解する「二次（second-order）の心の理論」が発達する（Perner & Wimmer, 1985）。こうした心の理論の深まりは，うそが洗練されたものになっていくうえで不可欠である。タルワーとリー（Talwar & Lee, 2008）は，うそをついた子どもに，いくつかの質問をし，子どもがうそをつき通せるかを検討した。うそをつき通す（つじつまを合わせ

る）には自分が答える内容から相手が何を推測するかを考えたうえで，うそだとばれない回答をしなければならない。6～7歳の子どもは，それ以下の子どもよりも，自分のうそをつき通すことができ，二次の心の理論の成績もよいことが明らかになった。つまり，心の理論の発達は，うそをつくだけでなく，「うまくうそをつく」ためにも意味をもつのである。

また，日常生活では，例えば嬉しくないプレゼントをもらったときでも，がっかりした感情を出さずに笑顔で応対すべき場合がある。このように相手の感情を傷つけないように社会的慣習に従って表情を示すことを**表示規則**（**表出ルール**）（display rule）と呼び，二次の心の理論との関連が報告されている（Naito & Seki, 2009）。同様に，がっかりしているのに，「ありがとう。嬉しいよ」などと言うことを**悪意のないうそ**（white lie）と呼ぶが，これも二次の心の理論と関係することが知られている（Broomfield et al., 2002）。

### QUESTION 7-3
私たちは幼い頃から「うそをつくな」と親や教師から指導を受けるものである。それでは，本当に「うそをつくことが許されない」とすれば，私たちの日常生活にどんな不都合が生じるだろうか。

### 道徳的判断

道徳的判断の発達はどのような道筋をたどるのであろうか。ピアジェは，次のような2つのお話を子どもたちに聞かせた（Piaget, 1932）。

> ① 男の子が，ドアの後ろにコップがあるのを知らないままドアを開けてコップを15個割ってしまった
> ② 男の子が，戸棚のお菓子を盗み食いしようと，戸棚によじ登った際に，コップを1個割ってしまった

ピアジェは，7歳頃までは①の方が悪いという判断が多く，その後の年齢では②の方が悪いと判断し，結果論的判断（被害の大きさ）から動機論的判断（盗み食いをしようとした）へと判断基準が変わることを紹介した。

また，コールバーグは，「ハインツのジレンマ」という葛藤状況を含むお話に対して，どのような理由づけをするか（病気の妻を救うために，やむなく薬を盗

CHART 表 7.1 コールバーグの道徳性の発達段階

| Ⅰ　前慣習的水準 | |
|---|---|
| 段階 1：罰と服従への志向 | 罰を避け，力をもつものに服従することに価値が置かれる |
| 段階 2：報酬と取引への志向性 | 自分の欲求や他者の欲求を満足させることに価値が置かれる |
| Ⅱ　慣習的水準 | |
| 段階 3：対人的同調への志向性 | 他者から肯定されることに価値が置かれる |
| 段階 4：法と秩序への志向性 | 社会の構成員の 1 人として社会の秩序や法律を守ることに価値が置かれる |
| Ⅲ　脱慣習的水準 | |
| 段階 5：社会的契約への志向性 | 道徳的な価値基準が内面化されている。個人の権利や社会的公平さに価値が置かれる |
| 段階 6：普遍的倫理への志向性 | 人間の尊厳の尊重に価値が置かれる |

（出所）外山・外山，2010 より。

んだハインツの行動をどのように判断するか）を考慮し，3 水準（6 段階）からなる**道徳性**の発達段階（表 7.1）を提唱した（Kohlberg, 1969）。そこでは，はじめは罰を避けるような「前慣習的水準」から，社会的ルールを意識した「慣習的水準」，そして自らが定義した道徳的価値によって判断する「脱慣習的水準」へと発達するとされる。

　このように，コールバーグの道徳性の発達段階から，理性を働かせた道徳性の発達の様子が知られている。しかし，ギリガンは，コールバーグの考え方が正義や権利に偏っていることから，道徳的判断において，配慮や責任という視点も大切であること，を説いた（ギリガン，2022）。また，直観的な道徳性の萌芽は赤ちゃんの頃から見られ，単純な物体の動きの中にも社会的な意味を読み取ることができることも近年明らかになっている（⇨第 3 章）。さらに幼児期以降には，心の理論の発達とともに，より複雑な道徳的判断が発達するといわれている。例えば，私たちは「わざと（意図的に）行った悪事を（わざとでない場合）より悪い」と判断するし（Yuill, 1984），悪い結果につながることを「『知っている』のに行った悪事を（『知らない』場合）より悪い」と判断する（Hayashi, 2010）。前者については幼児期に，後者についても児童期には理解できるようになる。

　また，公正さと心の理論との関連も示唆されている。幼児がペアになって報酬（キャンディ）を分け合う実験で，自分が相手から受け取る側である場合は，

心の理論の成績に関係なく，子どもは不公平な提案を拒否した。しかし，自分が相手にあげる側の場合は，誤信念課題に正答した子どもは公平な配分を提案したのに対して，誤答の子どもは自分が多くなるような配分を提案したという (Takagishi et al., 2010)。

### 共感性と向社会的行動

道徳性との関連で共感性についてもさまざまなことがわかってきている。**共感性**とは，相手の感情の「理解」と「共有」という感情認知の側面（認知的共感）と感情共有の側面（情動的共感）の2つが考えられるが，現在では，両者を合わせたものが妥当な定義とされている。感情認知の側面は，他人の気持ちを理解し，相手の立場に立ってものを見る能力であり，心の理論により可能になる。感情共有の側面は，他者の感情が動くのを見て，「適切な反応」を催す働きをいう。バロン=コーエン（バロン=コーエン，2005）によれば，例えばホームレスの人の悲しみを見て，社会に対する怒りを覚えたり，相手の力になれないことに対して罪悪感を抱いたりするのも共感する力があるといえる。しかし，ホームレスの人の悲しみを見て，喜びを感じたり，優越感を感じたりするのは，相手の感情に対して，適切な感情を抱いたとは言えないので，共感の働きではないとされる。この感情共有の一部分に「同情」があるが，同情とは，誰かが悲しんでいるのを見て，自分も感情を動かし，同じように悲しいと感じ，悲しみをやわらげたいという気持ちになることである。これが，感情共有の代表的なものであり，他人や集団を助けようとしたり，人びとのためになることをしようとしたりする自発的な行為である**向社会的行動**にもつながる。

このように，幼児期から児童期にかけて，心の理論は大きく発達し，さまざまな社会性が身についていく。うそがつけるようになるだけでなく，道徳性や共感の発達とともに，表示規則や悪意のないうそなど他者を気遣った欺きも発達し，コミュニケーションも洗練され，大人に近づいていくのである。

### QUESTION 7-4

共感性には，感情認知（認知的共感）と感情共有（情動的共感）の2つの側面がある。ここで，もし，どちらか一方がうまく働かないとしたら，どのようなことが生じるだろうか。具体例をあげて考えてみよう。

### 実行機能の発達

前節まで，心の理論とそれに基づく社会性の発達を紹介したが，これを支える認知メカニズムは何であろうか。その1つとして，**実行機能**（executive function）が重要な役割を果たす。実行機能とは，目標に向けて注意や行動を制御する能力（森口，2008）で，いくつかに細分される（齊藤・三宅，2014）。

1つ目は抑制で，これはその状況で優勢な行動や思考を抑える能力とされる。例えば，子どもの目の前にマシュマロを1つ置いて，実験者が「少し出かけるから，それまで待っていてね。待てたらマシュマロを2つあげるね」と言って，その場を離れると，3歳ぐらいまでの幼児は待つことが困難である。後でより多くの利益（倍のマシュマロ）が得られるのに，目の前のマシュマロに手を出してしまう。この実験方法は「マシュマロ・テスト」として広く知られるようになっている（ミシェル，2015）。2つ目は認知的柔軟性（シフティング）で，ある次元から別の次元へ思考や反応を柔軟に切り替える能力とされる。例えば，色と形がさまざまな組み合わせで存在しているときに，色で分類するルールから，形で分類するルールに変えたときに，柔軟に対応できるかどうかを調べると，3歳ぐらいまでの幼児は最初のルール（この場合，色で分類するルール）に固執しがちである。3つ目は，ワーキングメモリ（⇨第8章）に保持される情報を監視し，更新する能力である。幼児にとって，次々と入ってくる情報を取捨選択し，更新するのは難しい。★

これらは，どれも日常で不可欠なものであるが，実行機能の課題の成績が心の理論の発達と同様に，4～5歳頃に向上することから，両者の関連が深いことが明らかになってきている（Carlson & Moses, 2001）。情報を更新しつつ，優勢な反応を抑制して他の適切な反応をするということは，誤信念課題にも共通する（図7.1でいえば，登場人物や物の場所が入れ替わるお話を聞きながら，「箱」でなく「カゴ」と答える必要がある）からである。

--- comment

★ 実行機能が，抑制，認知的柔軟性（シフティング），更新の3要素からとらえられることは，大人の研究によって明らかになった（Miyake et al., 2000）。児童期以降の子どももほぼ同様であるが，幼児では複数の要素（因子）でとらえるより，1つの因子でとらえる方が妥当で，年齢とともに各要素が明確になっていくという考え方もある（森口，2015）。

実行機能は,「ホット (hot)」と「クール (cool)」に分けて考えることもある。ホットとクールは,課題に報酬の価値などを含むかどうかで区別される。マシュマロ・テストのように,報酬に対する衝動的な反応や情動的反応の制御を求められるのは,ホットな実行機能であるとされる(森口,2015)。これに対して,習慣のように自動化される行動の制御など,情動的に中立な状況で求められるものが,クールな実行機能とされる(森口,2019)。第 6 章で学んだエフォートフル・コントロールは,ホットな実行機能と類似しており,これがうまく働かない場合は感情を抑えられなくなり,人間関係に問題をきたすこともある。

# 3 仲間の中での育ち

## 仲間関係

　子どもが成長し,児童期になると対人関係に占める仲間(友だち)の比重が増加し,対人関係の枠組みが多様化する。自己を多面的に把握したり,他者の有能さを客観的に把握したりするようになる。その過程で,特に小学校中学年から高学年にかけて,**ギャング・グループ**と呼ばれる同年代,同性の仲間集団を結成するといわれる。これは,特殊な仲良しグループのことで,リーダーとフォロワーの役割分担が明確であり,メンバー間の結合性が強く,秘密性に満ち,外部に対しては対立的,閉鎖的にふるまうことが知られている。ただし,近年はギャング・グループが消失してきているという指摘もある。都市化の進行で遊び空間が消えたり,塾や習い事に通うことが増えて,仲間をつくる機会や仲間と遊ぶ時間が奪われたりしていることが,原因とも考えられる。

　仲間関係が成立すれば,そこには微妙な競争意識が生まれる。「なんで,あいつはあんなに賢いんだ?」「私の方が,ずっとよくできるのに」といった意識も芽生えてくる。これは**社会的比較**と呼ばれるものである。外山・外山(2010)によると,幼児期から児童期前期の子どもは,行動の主人公として自分が中心であるため,自分を肯定的に見る傾向が強く,自己評価や自尊感情が高いという。ところが,10 歳頃から,「他者から自分がどのように見えるのか」という他者のまなざしの意識が発達し,他者との社会的比較を通して自己

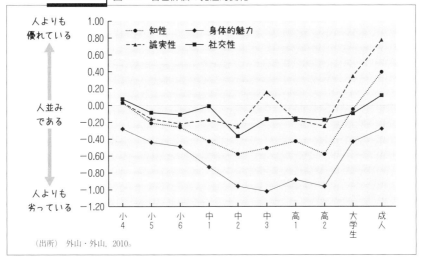

CHART 図7.2 自己評価の発達的変化

(出所) 外山・外山, 2010。

評価や自尊感情が低くなっていく。特に，青年期になると，理想と現実のギャップが広がり，現実の自己に満足できず，否定的な側面に目が向きやすくなる。図7.2からは，知性・誠実性・身体的魅力・社交性の領域を問わず，学年が上がるにつれて，自己評価が高校生の頃まで低下している様子がわかる。

### 妬みと関係性攻撃

このような社会的比較によって生じる感情として，**妬み**というネガティブなものもある。妬みは，他者が自分よりも優れている（自分がもっていないものを所有している）との判断による認知的側面と，それに基づいたネガティブな感情である感情的側面により構成される（澤田，2006）。類似の概念としては，嫉妬（価値のある関係を脅かす怖れに対する防衛的反応），羨望（よいものを見て心がひかれる），憧憬（自他の大きな差の認知に基づくポジティブな感情。これに対して，妬みは自他の小さな差に苦しむネガティブな感情），**シャーデンフロイデ**（他者の不幸を喜ぶ感情：独語の「傷つける（schaden）」＋「喜び（freude）」）といったものがある。これらも，社会的比較によって生じる感情である。

妬みはネガティブな感情であるが，社会的不適応の問題を考えるとき，思いやりや道徳心といった善意ばかりを尊び，妬みのような悪意に目を背けるのは，

「心の教育」にとって不十分という指摘もある（澤田，2006）。他者と関わるうえでは，さまざまな感情が生じるので，子どもの発達をポジティブな感情のみならず，ネガティブな感情を含めて考えていくことが重要である。具体的には，ネガティブな感情は，気に入らない子を無視する，仲間はずれにする，悪いうわさ話を流すなどといった行為の出現につながりかねない。これらの行為は，**関係性攻撃**（relational aggression）と呼ばれ，仲間関係を操作することによって相手を傷つける攻撃のことを指す（磯部，2011）。関係性攻撃は，小学校高学年の特に女子の間で見られる行為として取り上げられてきた。しかし，幼児期から始まっているという指摘もある。こうした問題行動を，社会的スキルのプログラムにより，少しずつ向社会的行動に変えていくことも試みられている（磯部，2011）。このように，子どもの感情や行動をさまざまな観点からとらえることで，幼児期から児童期の仲間関係が見えてくるのである（⇨第9章）。

---

### POINT

☐ **1** 2〜3歳頃までには原初的感情についての理解が進み，それらを表す感情語も扱うようになる。

☐ **2** 「心」の理解は，意図や欲求の理解の段階から，知識や信念の理解，そして誤信念（他者と自分では思っていることが異なる場合がある）の理解へと発達していく。

☐ **3** 道徳性，共感の発達とともに，表示規則（表出ルール）や悪意のないうそなど，コミュニケーションも洗練されていく。

☐ **4** 社会性の発達は実行機能（抑制など）によって支えられている。

☐ **5** 実行機能には，クールな側面とホットな側面がある。

☐ **6** 児童期は，仲間と自分を比べる社会的比較ができるようになるが，自己評価の低下や妬み，攻撃性など対人関係でネガティブな感情が芽生える時期でもある。

---

**引用文献** | Reference ●

バロン=コーエン，S./三宅真砂子訳（2005）『共感する女脳，システム化する男脳』日本放送出版協会

Broomfield, K. A., Robinson, E. J. & Robinson, W. P. (2002) Children's understanding about white lies. *British Journal of Developmental Psychology*, **20**, 47-65.

Carlson, S. M. & Moses, L. J. (2001) Individual differences in inhibitory control and children's theory of mind. *Child Development*, **72**, 1032-1053.

ギリガン，C．／川本隆史・山辺恵理子・米典子訳（2022）『もうひとつの声で――心理学の理論とケアの倫理』風行社

Harris, P. L., Johnson, C. Hutton, D., et al. (1989) Young children's theory of mind and emotion. *Cognition and Emotion*, **3**, 379-400.

Hayashi, H. (2010) Young children's moral judgments of commission and omission related to the understanding of *knowledge* or *ignorance*. *Infant and Child Development*, **19**, 187-203.

磯部美良（2011）「子どもたちの『関係性攻撃』を向社会的行動に変えていく」『発達』**32**, 26-33.

上地雄一郎（2015）『メンタライジング・アプローチ入門――愛着理論を生かす心理療法』北大路書房

Kohlberg, L. (1969) Stage and sequence: The cognitive-developmental approach to socialization. In Goslin, D. A. (Ed.) *Handbook of Socialization Theory and Research*. Rand McNally.

子安増生・西垣順子・服部敬子（1998）「絵本形式による児童期の〈心の理解〉の調査」『京都大学教育学部紀要』**44**, 1-23.

久保ゆかり（2008）「幼児期の感情」上淵寿編『感情と動機づけの発達心理学』ナカニシヤ出版

ミシェル，W．／柴田裕之訳（2015）『マシュマロ・テスト――成功する子・しない子』早川書房

Miyake, A., Friedman, N. P., Emerson, M. J. et al. (2000) The unity and diversity of executive functions and their contributions to complex "frontal lobe" tasks: A latent variable analysis. *Cognitive Psychology*, **41**, 49-100.

森口佑介（2008）「就学前期における実行機能の発達」『心理学評論』**51**, 447-459.

森口佑介（2015）「実行機能の初期発達，脳内機構およびその支援」『心理学評論』**58**, 77-88.

森口佑介（2019）「実行機能の発達の脳内機構」『発達心理学研究』**30**, 202-207.

Naito, M. & Seki, Y. (2009) The relationship between second-order false belief and display rules reasoning: The integration of cognitive and affective social understanding. *Developmental Science*, **12**, 150-164.

Onishi, K. H. & Baillargeon, R. (2005) Do 15-month-old infants understand false beliefs?. *Science*, **308**, 255-258.

Perner, J. & Wimmer, H. (1985) "John thinks that Mary thinks that…": Attribution of second-order beliefs by 5- to 10-year-old children. *Journal of Experimental Child Psychology*, **39**, 437-471.

Piaget, J. (1932) *The Moral Judgment of the Child*. (translated by M. Gabain, 1965, Free Press.)

Premack, D. & Woodruff, G. (1978) Does the chimpanzee have a theory of mind? *Behavioral and Brain Sciences*, **1**, 515-526.

サーニ, C./佐藤香監訳 (2005)『感情コンピテンスの発達』ナカニシヤ出版

齊藤智・三宅晶 (2014)「実行機能の概念と最近の研究動向」湯澤正通・湯澤美紀編『ワーキングメモリと教育』北大路書房

澤田匡人 (2006)『子どもの妬み感情とその対処——感情心理学からのアプローチ』新曜社

Senju, A., Southgate, V., Snape, C. et al. (2011) Do 18-months-olds really attribute mental states to others?: A critical test. *Psychological Science*, **22**, 878-880.

Sodian, B. (1991) The development of deception in young children. *British Journal of Developmental Psychology*, **9**, 173-188.

Stein, N. L. & Levine, L. J. (1989) The causal organization of emotional knowledge: A developmental study. *Cognition and Emotion*, **3**, 343-378.

Takagishi, H., Kameshima, S., Schug, J. et al. (2010) Theory of mind enhances preference for fairness. *Journal of Experimental Child Psychology*, **105**, 130-137.

Talwar, V. & Lee, K. (2008) Social and cognitive correlates of children's lying behavior. *Child Development*, **79**, 866-881.

外山紀子・外山美樹 (2010)『やさしい発達と学習』有斐閣

Wellman, H. M. (1990) *The child's theory of mind*. MIT Press.

Wellman, H. M., Cross, D. & Watson, J. (2001) Meta-analysis of theory-of-mind development: The truth about false belief. *Child Development*, **72**, 655-684.

Yuill, N. (1984) Young children's coordination of motive and outcome in judgements of satisfaction and morality. *British Journal of Developmental Psychology*, **2**, 73-81.

# CHAPTER 8

## 思考の深まり
### 学校での学び

**KEYWORDS**

前操作期　具体的操作期　形式的操作期　自己中心性（中心化）　3つの山問題　保存課題　脱中心化　短期記憶　長期記憶　手続き記憶（手続き的知識）　宣言記憶（宣言的知識）　エピソード記憶　意味記憶　ワーキングメモリ　処理水準効果　既有知識　分散効果　外発的動機づけ　内発的動機づけ　アンダーマイニング現象　自己決定理論　メタ認知　メタ認知的活動　メタ認知的知識

**QUESTION 8-1**

みなさんが小学生だった頃を思い出してみよう。例えば算数の時間には，算数セットやおはじきを使って，数のしくみを学んだのではないだろうか。なぜ算数セットで学ぶとわかりやすいのだろうか。大人と子どもの思考の違いを考えてみよう。

## 1　子どもと学校

ピアジェの発達段階（⇨第3章）に当てはめると児童期（6〜12歳頃）は，前

CHART 図8.1 3つの山問題

操作期（2〜7歳頃），具体的操作期（7〜11歳頃），形式的操作期（11〜15歳頃）の3つの段階にまたがる。

## 前操作期の思考の特徴

　低学年では，まだ前操作期に相当する子どもも比較的多いため，**自己中心性（中心化）**★により，自他の視点の区別がつきにくい。ピアジェは「3つの山問題」によって，この傾向を紹介している。この問題では，形と大きさが違う3つの山の模型と人形が用意され，子どもが見ている位置とは別の場所に置いた「人形から見える眺め」の絵を，何枚かの候補から選択させるものである（図8.1）。すると，前操作期では，自分自身の見えと他者の見えを区別できず，自分の位置から見える眺めの絵を選ぶ傾向が強いことが知られている（Piaget & Inhelder, 1956）。

　また，対象の一番目立つ特徴にひきずられて判断を誤りやすいのも中心化の現れである。ピアジェは**保存課題**によって，前操作期のこの傾向を紹介している。「保存」とは，対象の見かけが変わっても対象の性質は変化しないという概念のことである。同じ形と大きさの2つの容器に同じ量の液体を入れて，同じ量であることを確認させた後，子どもが見ている前で，一方の液体を細長い容器に移す。ここで，「どちらの方が多いかな，それとも同じかな？」と聞くと，前操作期の子どもは，液面が高くなったことにのみ注意が向き，細長い容器の方が多いと答えてしまう。

## 具体的操作期の思考の特徴

　具体的操作期になると，**脱中心化**によって，複数の視点で物事をとらえることができるようになり，3つの山問題にも正答できるようになる。また，複数

---

**comment**

★ 「自己中心性」という言葉には，利己的といった意味はない。しかし，絶えず誤解を受けたため，ピアジェは「中心化」という言葉を使うようになった。

の視点で物事をとらえるということは，思考が客観的で論理的になるということを意味する。したがって，保存課題でも，「元に戻せば最初の状態に戻る（可逆性の論理）」「途中で液体を足しても捨ててもいない（同一性の論理）」「液面は上がったが幅は狭くなった（相補性の論理）」などの論理規則によって，正しい回答を導き出せるようになる。さらに，長さの順に並べ直すといった「系列化」や，全体と部分の関係を理解する「分類（クラス包含）」といった操作も可能になる時期である。

### 形式的操作期の思考の特徴

具体的操作期の論理的思考は具体物に限るとされる。続く形式的操作期になると，具体物や時間の方向性に縛られることなく，問題全体の中で可能性のある組み合わせを考え，仮説的・抽象的な状況においても論理的な思考が可能になるとされる。具体的には，ピアジェは，「組み合わせ的思考」や「比例概念」といった形式的操作を紹介している。前者の思考では，いずれも無色である4種類の液体の何種類かを混ぜて色が変化することを見せた後，どういう組み合わせで色の変化が生じるかを特定するように求めると，液体の組み合わせを系統的に変えることで色の変化を再現することに成功する。後者では，天秤のつりあいをとるような課題があり，支点からの距離を変えて，さまざまな重さの重りをつるすと，支点からの距離と重さが反比例することを見出す。

### 移行期のつまずきやすさと質的飛躍

「9歳の壁」「10歳の壁」といった言葉が知られているように，この前後の年齢はつまずきがある年齢といわれる。例えば，学校教育でいえば小学校3～4年生頃に相当する年齢である。割り算や小数，分数などの学習がはじまり，頭の中で具体的に考えにくいケースも増えてくることから，学習に苦労する場合も目立つようになる。しかし，ピアジェの発達段階でいえば，この時期は具体的操作期の終わり頃に相当し，まさに形式的操作期への移行を控えた時期である。具体的操作期から形式的操作期への移行は，仮説的・抽象的な状況においても論理的思考を展開できるようになるとされることから，つまずくといった必ずしもネガティブな意味合いのみを含みもつのではなく，質的に飛躍する素

晴らしさも見える興味深い時期と考えられる（秋葉，1989；渡辺，2011）。

## 学習行動と学習支援

　小学校に通う児童期になると，日本では学習指導要領に沿った本格的な学校教育がはじまる。具体的操作期の「系列化」や「分類」，形式的操作期の「組み合わせ的思考」や「比例概念」は，まさに学校での算数や理科の学びに直結するものである。それゆえ，ピアジェの理論をふまえることで，学習に対する支援の方向性も見えてくる。

　例えば，小学校低学年は前操作期に相当する時期でもある。「操作」（頭の中での行為のこと⇨第3章）に柔軟性がないため，教科書や板書の情報を表象して認識できたとしても，それを頭の中で動かしたり，論理的に変形させたりすることが容易ではない時期といえよう。具体的には，教科書の蝶とサナギの写真を見ながら，徐々に脱皮する様子を想像することは，この時期の子どもにとって難しいかもしれない。そこで，脱皮の過程の写真を順に見せたり，映像教材を用いたりすると理解がスムーズになる（藤田，2006）。また，算数セットのように，実際に自分の手で触れて動かせるような教材を用いたり，教壇で教師が実演できたりするような教材を用意するのも理論的に有効である。

　小学校中学年から高学年は，具体的操作期から形式的操作期にあたるため，論理的な操作もしだいに柔軟になる時期である。算数や理科などの授業では，一般法則や公式の説明も必要になるが，ピアジェの発達段階から考えれば，少しずつ対応できる時期になるといえる。ただし，この時期の子どものみならず大人であっても，一般に抽象度が高いものは理解しにくいため，具体的な情報を当てはめた例を合わせて示していくことが望ましい。

　学習支援については，ピアジェ以後の考え方も重要である。第1は，認知の発達が情報処理量や処理効率の変化により生じるという理論である（中道，2019）。これは，人間の認知過程を情報処理と考える認知心理学の進展とともに生まれてきた考え方である。たとえば，ケイス（Case, 1978）は，ピアジェの発達段階をふまえつつ，ワーキングメモリ（⇨第2節）による情報処理的観点から認知の発達を説明している。保存課題を例にすると，「2つの容器の液体の量が同じという事実を保持する」「一方の液体を細長い容器に移したことを

思い出す」「両者に基づいて液体の量を判断する」の3つの情報処理が必要と考えられるが，ワーキングメモリの容量が小さい年齢では，1つのことにしか注意が向けられない。年齢が増すとともに，ワーキングメモリで情報処理できる容量が，2つ，3つと増え，処理効率が向上することで，保存課題に正答できるようになる。

　第2は，認知の発達が領域や内容によって異なるという「領域固有性」の考え方である。こちらは，認知心理学のみならず，進化心理学などの研究によっても明確になってきたことである。

　ピアジェの発達理論では，ある発達段階に達した子どもは，物体の動きのような物理的事象であれ，人間関係のような社会的事象であれ，あらゆる領域の事象に対して同じレベルの思考を適用できる，と考える。これを「領域一般性」と呼ぶ。しかし近年では，人間の心はさまざまな内容（領域）によって発達の様相が異なるという「領域固有性」が多くの研究から明らかになっている（鈴木，2000）。このことは，同じ子どもの中で，ある領域では高度な知識をもっており，抽象的な思考ができる一方で，別の領域では発達が十分に進んでおらず，中心化を示すことも考えられる。

　このような領域固有性をふまえると，ある領域の発達が著しいことに気づいた場合は，その芽を摘まないことが大切になってくる。逆に，特定の領域にだけ弱さ（苦手さ）が見られる場合，例えば，ある年齢になると多くの子どもは難なくできるような計算が，その年齢を過ぎても難しいままであったり，相手が嫌がることを悪意なく言ってしまうなど，「心の理論」（⇨第7章）がうまく働いていなかったりする場合には，限局性学習症や自閉スペクトラム症などの神経発達症（発達障害）である可能性（⇨第13章）も検討し，それに応じた教育をする場合も出てくるであろう。こうしたことは，領域固有性という考え方を知ることではじめて納得でき，実践に生かすことができるようになる。

## 2 記憶の発達

人間の記憶には，どのような種類のものがあるだろうか。できるだけ多く考えてみよう。

### 記憶のしくみ

もし，心（頭）の中に，情報を蓄えることができなければ，どのようなことが生じるだろうか。新しく経験することを蓄積できなければ，知識が身につかないため，そのたびに一から学び直さねばならないことだろう。このように，「記憶」というメカニズムがなければ学習した結果が定着しない。このことを考えると，記憶は学校での学びに直結するきわめて重要な認知機能なのである。

人間の記憶は，情報を一時的に保持する**短期記憶**と，半永久的に保持する**長期記憶**の大きく2つに分けることができる（図8.2）。

短期記憶は，貯蔵する容量に制限があり（情報のまとまりとして7つ前後しか保持できない。これは「マジカルナンバー7±2」と呼ばれる），保持をしようとする努力（例えば，頭の中で反復する「リハーサル」と呼ばれる行為）をしなければ，数十秒程度で忘却してしまう。しかし，外界から得る大量の情報をすべて貯蔵し，長時間蓄えていては，オーバーフローしてしまう。それゆえ，短期記憶に容量や保持時間の制約があるのは理にかなっているといえよう。

長期記憶は，保持される情報の違いによって，**手続き記憶**（手続き的知識）と**宣言記憶**（宣言的知識）に分けられる。手続き記憶は，「逆上がりのやり方」や「スキーの滑り方」のような運動技能や段取りなどに関する記憶で，言葉で表現するのは難しい。これに対して，宣言記憶は言葉で表現可能なものであり，さらに**エピソード記憶**と**意味記憶**に分けられる。エピソード記憶は，過去の個人的体験にもとづいた出来事についての記憶であり，時間や場所といった文脈を伴う。意味記憶は，過去の経験にもとづいて形成された一般的知識の記憶で

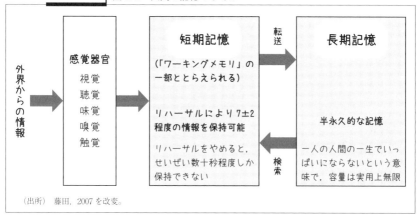

図8.2 人間の記憶のしくみ

(出所) 藤田, 2007を改変。

ある。私たちは、新しい情報を学ぶ際(例:歴史の年号)、まずエピソード記憶として覚え(例:○月○日の「社会」の時間に、□□先生から、「平安京遷都は794年である」と習った)、その情報を何度も思い出したり(学校教育でいえば、復習にあたる)、利用したりしているうちに、文脈(例:○月○日の「社会」の時間に、□□先生から習った)が失われていき、一般的な知識(例:「平安京遷都＝794年」)である意味記憶として長期記憶に定着していくと考えることができるだろう。

## QUESTION 8-3

記憶のしくみをふまえると、どのような学習のしかたが効率的なものといえるだろうか。

### ワーキングメモリ

現在では、短期記憶は「ワーキングメモリ」(working memory)という新しい概念でとらえられることが一般的である。私たちはふだん、単に一時的に情報を「保持」するだけでなく、同時に「処理」も行っている。例えば、暗算では数字を頭の中に保持しながら、同時に計算という処理を行っていることがわかるだろう。このように、情報の保持と処理を同時に行うシステムとして、ワーキングメモリという概念が広まっている。

ワーキングメモリが十分に機能しないと、学校での学びにさまざまな面で困

2 記憶の発達 ● 127

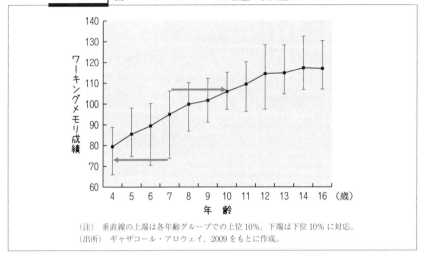

図8.3 ワーキングメモリ容量の個人差

(注) 垂直線の上端は各年齢グループでの上位10%，下端は下位10%に対応。
(出所) ギャザコール・アロウェイ，2009をもとに作成。

難をきたす（ギャザコール・アロウェイ，2009）。例えば，教師から次々に出される指示に対応できず，重要な情報が抜け落ちてしまって，ミスを繰り返すことになるだろう（その結果，教師から叱られ，学習へのやる気が損なわれるだろう）。また，自分で作業の進行状況を把握できなくなるというトラブルも，ワーキングメモリが原因で生じる。「課題を解決するという処理」をしながら，「課題のどこまで進んでいるかを記憶として保持」しておかないと，同じことを何度も繰り返したり，途中を飛ばしてしまったりすることになるからである。

このように，ワーキングメモリは学校での学びの土台となる重要なものであるが，その容量の個人差は想像以上に大きい（図8.3）。例えば，7歳児の上位10%は10歳児の平均と一致する一方で，下位10%は4歳児の平均を下回っていることになる。つまり，7歳児の通常クラスでは，ワーキングメモリ容量に6歳もの年齢幅に相当する個人差があるということになる（ギャザコール・アロウェイ，2009）。このことからも，ワーキングメモリの発達をふまえた学習支援の重要性がわかる。具体的には，児童期の特に低学年の子どもには，新しい情報を一度にたくさん提示しても，一時的に覚えることすら難しいといえよう。「一指示，一事項」を重視して，複数の指示を同時に与えないことが重要である。また，指示を板書するなどして「保持」する必要を減らしたり，「指示を与える」ことと「作業をさせる」ことを，時間的に区分することも有効である

（藤田，2007）。神経発達症（発達障害）など特別な支援が必要な子どもにも，情報の整理や最適化などの支援方略をもとに，ワーキングメモリを考慮したさまざまな有効な教育方法が生み出されている（湯澤ほか，2013；湯澤・湯澤，2014）。ワーキングメモリは実行機能の一要素（⇨第7章）でもあり，ワーキングメモリなど実行機能の力が高い子どもは，より高いレベルの学力を示すことも知られている（Willoughby et al., 2019）。

## 長期記憶

　ワーキングメモリ（短期記憶）に蓄えられた情報のうち，重要なものが，長期記憶として保持されることになるが，学校での学びのように，概念的・抽象的な情報を保持するためには，意識的な努力や工夫が必要になる。

　第1に，表面的・形態的な浅い処理より，意味的・概念的な深い処理をした方が，記憶に定着しやすいことが知られており，これを**処理水準効果**と呼ぶ。一般に，表面的（形態的），音韻的，意味的（概念的）の順に深い処理になると考えられる。例えば，歴史を覚えるときに，「平安京遷都＝794年」ということを丸暗記しようとすれば，それは表面的な処理にとどまり忘れやすいが，「鳴くよ（794）ウグイス平安京」といった音を手がかりに覚えれば，音韻的処理となる。さらに，「桓武天皇が，仏教勢力などの排除や自然災害・疫病から立ち直るよう『平安楽土』となる願いを込めて，平安京に遷都した」といったように，前後の因果を伴うような意味的な理解を加えれば，794年という年号もさらに記憶に定着しやすくなるであろう。

　第2に，**既有知識**（すでに学習して有している知識）の活性化があげられる。新しい情報を一から覚えていくのは，かなりの労力が必要であるし，効率も悪い。既有知識と結びつけたり（ピアジェ理論の「同化」に相当），既有知識と矛盾する場合は，新たな知識を生成したり（ピアジェ理論の「調節」に相当）することで，意味的な理解も深まるであろう。

　第3に，新しい情報を一度の学習で記憶に定着させることは難しい。何度も反復して学習（学校場面では，「復習」に相当）することで，ようやく知識が身につく。つまり，同じ情報でも，短期集中で繰り返す集中学習より，時間を空けて繰り返す分散学習の方が，記憶に定着しやすいことが明らかになっている。

これを**分散効果**と呼ぶ。

このように，記憶のしくみや特徴を知っておくことで，子どもの学習の効率性は増すし，教員にとっても学習指導がより効果をもつようになる。

# 3 動機づけ

## 内発的動機づけと外発的動機づけ

心理学では，「やる気」を生み出し行動を生じさせることを「動機づけ」と呼ぶ。これには大きく2つの方法がある。例えば，算数の勉強をするときに，「テストでよい点を取ったらご褒美にお小遣いがもらえるから」というように，他の欲求を満たすための手段としてある行動をとることが誘発されるものを**外発的動機づけ**（extrinsic motivation）という。一方，「算数が楽しいから」というように，それ自体を満たすことを目的とされた欲求を**内発的動機づけ**（intrinsic motivation）という。

学校での学びでは，学習者の内発的動機づけを高めることが望ましいとされる。なぜなら，外発的動機づけによって生まれた行動では，報酬がなくなると，学習しなくなるためである。内発的動機づけによる学習は，好奇心や向上心と関係し，学習行動が長続きする。

## 動機づけを高めるには

**QUESTION 8-4**

やる気を高めるには，どのような方法があるだろうか。

(1) **自分で選べることによる効果**　自律性を高め，内発的動機づけを育むには，自己選択の機会を与えることが効果的である。例えば，漢字の勉強をする場合に，1つのリストを覚えるのと，同レベルで内容が異なる複数のリストから好きなものを選ばせて覚える場合では，後者の方が内発的動機づけが高まり，よく勉強することが知られている（田中, 2007）。

(2) **アンダーマイニング現象**　学習者が内発的動機づけによって課題に取り

図8.4 自己決定理論における連続的な動機づけ

(出所) 安藤・岡田, 2007 より作成。

組んでいるときに，報酬を与えるといった外発的動機づけを操作するようなことをすると，報酬のためにやっているかのように感じてしまい，高かった内発的動機づけが阻害されることもある。これを**アンダーマイニング現象**と呼ぶ。これは次のような心理学実験からも明らかになっている (Lepper et al., 1973)。自発的に絵を描いている（内発的に動機づけられている）幼児を次の3条件に割り振り，①報酬予期条件では，絵を描いたら褒美を与えることを約束した。②報酬なし条件では，絵を描かせただけだった。③予期しない報酬条件では，報酬予期条件と同じ褒美を受け取ったが，絵を描いたから褒美をもらえたという認識はもっていなかった。約1週間後，再び絵を描く時間を測定したところ，絵を描くことで褒美がもらえるという経験をした①の報酬予期条件の幼児たちは，絵を描く時間が減少していた。これは，内発的な行動が阻害されてしまったためと考えられる。ただし，外発的な報酬が内発的動機づけを必ず阻害するわけではない。自律性を妨げない場合は大きな問題はないと考えられる。

(3) **多様な動機づけ**　学習場面を考えれば，外発的／内発的の2つでとらえるには単純すぎるだろう。**自己決定理論** (Deci & Ryan, 1985) は，自己決定性という視点で動機づけを一次元にまとめ，連続的なものととらえている（図8.4）。外発的動機づけは，外的調整（罰を避ける，報酬を得る），取り入れ的調整（自尊心を維持したり，恥を避ける），同一化的調整（自分にとって重要だと考え，関与する），統合的調整（行動の価値を認め，自己の他の面と統合する）に分けられ，この順に自己決定性の程度が高い動機づけが形成される。これをふまえると，子どもたち個々の多様な学習動機の志向に適した動機づけを考え，それを利用した教え方からはじめる方法も考えられる。例えば，自尊心の強い子どもには，次の「総合的な学習（探究）の時間」では，下級生が発表を見に来るので，恥

をかかないように発表準備をしようといった具合である。こうした多様性を認識することで、子どもの学習に対する動機づけを高めることもできるだろう。また、学習過程に学習者が自律的にかかわり、自己の認知活動や行動をコントロールしながら（⇨第4節「メタ認知」）、学習目標を達成していく自己調整学習の重要性も明らかになっている（ジマーマン・シャンク, 2006）。

# 4. 思考の深まり

## QUESTION 8-5
記憶や動機づけが単に機能するだけでなく、適切な場面でうまく機能するためには、どのような能力が必要になるだろうか。

### メタ認知を育む

これまでに述べた記憶や動機づけがうまく機能するには、「自分は何がわかっていないのか」というように子どもが自分のことをいかに的確に把握できるかにもよる。これは**メタ認知**（metacognition）につながる問題である。

メタ認知とは、「認知（知覚、記憶、思考など）に関して認知する」ことを指し、2つに分けて考えることができる（三宮, 2008）。第1は、自分の認知状態に気づき（モニタリング）、目標を設定・修正する（コントロール）もので**メタ認知的活動**と呼ばれる。第2は、ふだんの経験や学習などによって蓄積されていくもので**メタ認知的知識**と呼ばれる。例えば、「私は複雑な計算が苦手だ」といった自分自身の認知についての知識や、「適切な比喩があると、難しいことでも理解しやすくなる」といった人間の認知の一般的傾向についての知識である。メタ認知的活動とメタ認知的知識の両面がかみあうことが重要である（ダンロスキー・メトカルフェ, 2010）。

幼児を対象とした研究（Yussen & Levy, 1975）では、4歳児に10個の事物を覚えるようにお願いすると、半数の子どもが「全部覚えた！」と答えた。しかし、記憶のテストを行うと、実際に覚えていたのは3個程度にすぎなかった。

> **Column⑤　非認知能力**
>
> 　近年，発達や教育において，「非認知能力」という言葉が注目されている。非認知能力とは，学力テストや知能検査などで測定される能力ではないものを指す（小塩，2023）。2021年に出版された『非認知能力』（小塩，2021）では，自己制御・自己コントロール（⇨第6章），情動知能（感情知性⇨第1章Column①，第7章），レジリエンス（⇨第4章）など15種類の心理特性が紹介されている。
>
> 　非認知能力という概念は，ヘックマン（ノーベル経済学賞の受賞者）らの「ペリー就学前プロジェクト」の研究によって広く知られるようになった。このプロジェクトは，貧困世帯の3～4歳を対象とし，その約半数が2年間プリスクールや教師の家庭訪問による教育を受けた。追跡調査により，プリスクールに通ったグループは，通わなかったグループと比較して，大人になったときに高収入や高学歴など大きな差が見られた。IQでは10歳以降に差がなかったことから，「IQや学力テストなどでは測定できない能力」が人生の成功や豊かさに影響していることが示唆され，これが非認知能力と呼ばれるようになった。
>
> 　「非認知能力」という言葉を使うには十分な注意が必要である。非認知能力に分類される能力の中には，認知能力と不可分なものもある。例えば，実行機能（⇨第7章）に代表されるように，衝動的な反応の制御を含む自己制御は，ワーキングメモリ，つまり記憶という認知能力と切り離せない。また，「非認知能力」という言葉で対象とされる認知とは，（心理学的な）広い範囲の認知活動を指すのではなく，あくまでも学力試験や知能検査によって測定される，限定された内容を指す点にも留意する必要がある（小塩，2023）。

　さらに，この結果を伝えても「次は全部覚えられるから」といって，自分の記憶力を疑わなかった。ところが，次も3個程度しか思い出せなかった。このように，幼児では自分の記憶を正しく把握したり，別の記憶方法を試したりするといったことに注意が向きにくい。これに対して児童期になると，しだいに効果的な記憶のしかたにも意識が向いていく。

　子どものメタ認知を豊かにするには，第2節で述べた人間の「記憶のしくみ」や「効果的な覚え方」といったメタ認知的知識を教えたり，メタ認知的活動が適切に働く機会を設けたりすることが有益である。例えば，学校での学び

で，復習の時間を用意することが考えられる。子どもは前回の授業で学習したことのうち，「自分が覚えていること」と「覚えていないこと」を意識することになり，メタ認知的活動を働かせることにつながる。また，日にちが経つと忘れていることが多いため，この復習を通して「人間の記憶の力は弱いものである」という認知の一般的傾向の知識，つまりメタ認知的知識を身につけてもらえる機会になるだろう（林，2016）。

さらに，振りかえり（リフレクション）と議論（ディスカッション）の機会を設けることも有益である。後から冷静に振りかえったり，他者からの指摘ではじめて自分の認知傾向や人間の認知の特徴に気づけたりすることが多々ある。グループでの議論では，他者にもわかるように自分の意見を言わねばならないという制約が，論理的に説明する訓練にもなる。その過程で「適切な比喩があると，難しいことでも理解しやすくなる」「難しいところはゆっくり話した方がわかりやすい」といったメタ認知的知識を蓄積していくことであろう。

---

**POINT**

- [ ] 1 具体的操作期から形式的操作期への移行期は，学習に苦労する場合も目立つようになるが，質的に飛躍する時期とも考えられ，適した支援が求められる。
- [ ] 2 情報の保持と処理を同時に行うワーキングメモリは，学びの土台となる。
- [ ] 3 内発的動機づけによる学習は，学習行動が長続きしやすい。
- [ ] 4 自律性を高めるには，自己選択の機会を与えることが効果的である。
- [ ] 5 記憶や動機づけのしくみ，個人差をふまえた学習指導がより効果をもつ。
- [ ] 6 記憶や動機づけが適切な場面で機能するためにはメタ認知が必要である。

---

引用文献　　　　　　　　　　　　　　　　　　　　　　　　　　　Reference●

秋葉英則（1989）『思春期へのステップ──「9, 10 歳」を飛躍の節に』清風堂書店出版部
安藤史高・岡田涼（2007）「自律を支える人間関係」中谷素之編著『学ぶ意欲を育てる人間関係づくり──動機づけの教育心理学』金子書房
Case, R. (1978) Piaget and beyond: Toward a developmentally based theory and technology of instruction. In R. Glaser (Ed.), *Advances in Instructional Psychology* (Vol. 1.).

Lawrence Erlbaum Associates.

ダンロスキー, J.・メトカルフェ, J./湯川良三・金城光・清水寛之訳（2010）『メタ認知——基礎と応用』北大路書房

Deci, E. L. & Ryan, R. M. (1985) *Intrinsic Motivatation and Self-Determination.* Plenum Press.

藤田哲也（2006）「有効な教材・わかりやすい例示とは——ピアジェの認知発達理論『初等理科教育』**40**, 56-57.

藤田哲也（2007）「記憶の分類——人間の記憶の多様性を考える」藤田哲也編『絶対役立つ教育心理学——実践の理論, 理論を実践』ミネルヴァ書房

ギャザコール, S. E.・アロウェイ, T. P./湯澤正通・湯澤美紀訳（2009）『ワーキングメモリと学習指導——教師のための実践ガイド』北大路書房

林 創（2016）『子どもの社会的な心の発達——コミュニケーションのめばえと深まり』金子書房

Lepper, M. R., Greene, D. & Nisbett, R. E. (1973) Undermining children's intrinsic interest with extrinsic reward: A test of the "overjustification" hypothesis. *Journal of Personality and Social Psychology*, **28**, 129-137.

中道圭人（2019）「認知の発達」林 創編『公認心理師スタンダードテキストシリーズ 12 発達心理学』ミネルヴァ書房

小塩真司編（2021）『非認知能力——概念・測定と教育の可能性』北大路書房

小塩真司（2023）「『非認知能力』の諸問題——測定・予測・介入の観点から」『教育心理学年報』**62**, 165-183.

Piaget, J. & Inhelder, B. (1956) *The Child's Conception of Space.* Routledge and Kegan Paul.

三宮真智子編（2008）『メタ認知——学習力を支える高次認知機能』北大路書房

鈴木宏昭（2000）""発達段階に応じた教育"再考——認知科学から現代科学教育への示唆」『科学』**70**, 890-897.

田中あゆみ（2007）「学習のメカニズム——条件づけとその応用」藤田哲也編『絶対役立つ教育心理学——実践の理論, 理論を実践』ミネルヴァ書房

渡辺弥生（2011）『子どもの「10歳の壁」とは何か？——乗りこえるための発達心理学』光文社新書

Willoughby, M. T., Wylie, A. C., & Little, M. H. (2019). Testing longitudinal associations between executive function and academic achievement. *Developmental Psychology*, **55**, 767-779.

Yussen, S. R. & Levy, V. M., Jr. (1975) Developmental changes in predicting one's own span of short-term memory. *Journal of Experimental Child Psychology*, **19**, 502-508.

湯澤美紀・河村暁・湯澤正通編（2013）『ワーキングメモリと特別な支援——一人ひとりの学習のニーズに応える』北大路書房

湯澤正通・湯澤美紀編（2014）『ワーキングメモリと教育』北大路書房

ジマーマン, B. J.・シャンク, D. H. 編／塚野州一編訳／伊藤崇達・中西良文・中谷素之ほか訳（2006）『自己調整学習の理論』北大路書房

# CHAPTER 9

## 第9章

# 子どもからの卒業

**KEYWORDS**

第二次性徴　自己理解　思春期スパート　発達加速現象　月経前症候群　時間的展望　自尊感情　青年期の自己中心性　友人関係　仲間集団　チャム・グループ　関係性攻撃　恋愛関係　親からの自立　親子関係

## 1　青年期の発達的変化

　児童期が終わる頃，人は，子どもからの卒業を示す数々のサインを受け取る。身体面では急激な身長の伸びや**第二次性徴**が体験される。小学生から中学生，高校生へ，さらには，大学生や社会人へと，自分の立場を示すラベルも変わる。身体や社会的地位は，「私」がいかなる存在であるのかを社会に発信するものである。それらが変わることで，他者が自分にどう接するのかも変化する。そうした変化は，昨日までの私と今日の私が変わる感じをもたらす。このようにして人は，"子どもとしての私"から"大人としての私"へと移行していく。

　他者とのやりとりの中で私たちは，言葉の内外に自己についてのさまざまな

情報をとらえ，**自己理解**を深めている。関係性の変化は，自己に実際に起こっている変化とともに，自己意識に大きな影響を与える。

青年期には，こうした自己の変化に適応し，その自己について自分なりの了解を得ることが求められる。それは子どもが大人になるための時間とされる。

## 思春期の身体変化

**QUESTION 9-1**

思春期の身体変化にはどのようなものがあげられるだろうか。
また，その変化は，日常生活にどのような変化をもたらすだろうか。

### 思春期スパート（成長スパート）

人の一生で身体がもっとも成長するのは生後2年間であり，その後，児童期を通して子どもの身体は順調に成長し続ける。そして，女子では8, 9歳頃，男子では13歳頃に，身長が急速に伸びる**思春期スパート**と呼ばれる時期を迎える。この後，最終身長に達するまでの数年間に，女子では約25 cm，男子では約30 cmも身長が伸びる（松岡・杉原，2018）。思春期スパートの開始は男子よりも女子で早いが，同性内でも個人差は大きく，同じ学年であっても身体の大きさにはかなりの個人差が見られる（図9.1）。

男女ともが最終身長に達する17歳時の身長と体重の平均値は，表9.1のとおりである。この表からは，世代間で身長，体重が増加していることがわかる。これは世界的にも見られる現象で，例えばオランダでは，成人男性の平均身長は1880年代には168.5 cmであったのが，1980年代では182.7 cmへと増加している（OECD, 2014）。このように，同一年齢時や成長完了時を比較すると，新しい世代の方が古い世代よりも発達量が大きい。これを成長加速現象という。ただし，近年ではこの現象の停止が議論されており，日本では1995～2000年頃に身長の世代的な伸びは停止したことが報告されている（水ほか，2015）。

**CHART** 図9.1 日本の5～17歳の身長・体重の変化

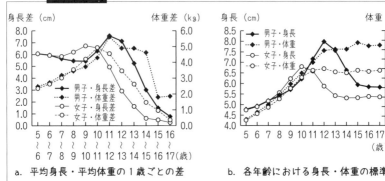

a. 平均身長・平均体重の1歳ごとの差　　b. 各年齢における身長・体重の標準偏差

（注）・横断調査であり、単年度ごとに結果がかなり異なるため、2013～22年度の10年間の調査結果の平均値を示した。
・標準偏差が小さい場合は、各個人の数値も平均値に近いところにまとまっているが、標準偏差が大きい場合は、個人ごとの数値のばらつきが大きく、個人差が大きく見受けられることを意味する。
（出所）文部科学省、2023より作成。

**CHART** 表9.1 日本の17歳平均身長・体重の時代的変化

| 年 | 17歳の平均身長 男子 | 17歳の平均身長 女子 | 17歳の平均体重 男子 | 17歳の平均体重 女子 |
|---|---|---|---|---|
| 1925 | 160.6 | 150.3 | 52.4 | 47.3 |
| 1975 | 168.8 | 156.3 | 59.2 | 52.2 |
| 2000 | 170.8 | 158.1 | 62.6 | 53.1 |
| 2020 | 170.7 | 157.9 | 62.6 | 52.3 |

（出所）文部科学省、2023より作成。

## 第二次性徴

　思春期には、第二次性徴と呼ばれる身体変化、すなわち、生殖可能な身体へと変化する性的発育・成熟が生じ、平均的には女子の方が男子よりも2～3年早くはじまる。第二次性徴の開始時期や速さには大きな個人差が見られるが、性的成熟過程が展開される順番は、大抵の場合共通しており、女子では乳房発育、陰毛、月経発来の順に、男子では精巣の増大、陰嚢皮膚の変色、陰茎長の増大、陰毛、腋毛、髭の発生という過程で成熟が進む（松岡・杉原, 2018）。

　第二次性徴の発現にも時代による変化が生じている。例えば、平均初潮年齢は、1961年には13歳2.6カ月であったが、2000年前後には12歳2.0カ月と1歳程度早くなっている（日野林ほか, 2006）。このような成熟の時機の早期化も世界中で見られており（Tanner, 1978）、発達前傾現象と呼ばれている。

　成長加速現象と発達前傾現象は、いずれも発達加速現象と総称されるもので

ある。栄養状態の改善や都市生活への変化による刺激の増加，移動の増加によって血縁関係の遠い男女の婚姻が増えたことなどがその要因として推測されているが，どれも十分な説明にはなりえていない。ここ数十年の身長の伸びの停止についても原因は不明である。いずれにせよ，発達加速化現象とその停止は，遺伝要因と環境要因とが相まって発達が展開されることの一証左といえる。

## ホルモンバランスの変化

　第二次性徴は，視床下部からの指令を受けた脳下垂体前葉が，性腺刺激ホルモンを分泌することによって促される。性腺刺激ホルモンには卵胞刺激ホルモンと黄体形成ホルモンの２種類があり，それらは男性では精巣，女性では卵巣を刺激して，卵胞（卵子を包む細胞）の発育や性ホルモンの分泌を促す。第二次性徴は，それらの刺激によって性腺（男子：精巣，女子：卵巣）から，男子では主にアンドロゲン，女子では主にエストロゲンとプロゲステロンという性ホルモンが分泌されることで発現する。この時期には性ホルモンの濃度が急に高くなることで，男性らしい身体つき，女性らしい身体つきへの変化が促される。

　性ホルモンは，全身組織や気分状態にも影響を与える（近藤ほか，2023）。男性では，男性ホルモンの分泌量の増加によってドーパミン（興奮作用のある神経伝達物質）が増え，気の短さや怒りっぽさなどの衝動的行動が引き起こされやすくなる。また，女性では，月経前に起こる女性ホルモンの急激な変動によって，手足のむくみ，体重増加，乳房痛，頭痛などの身体的症状や，うつ状態，精神不安定などの精神的症状が引き起こされる。これらの症状は，**月経前症候群**（PMS：premenstrual syndrome）と呼ばれている。性ホルモンの分泌量は，その後の成人期にも高い状態が続くが，成人期の行動や感情状態は青年期に比べると安定している。このことから，青年期の不安定さには，性ホルモンの分泌の急激な変化が関係しているといえる。

## 青年期の脳の発達状態

　危険で攻撃的な，あるいは不可解な青年期の行動は，上述の思春期の急激な身体変化と関連づけられてきたが，近年は，発達途中にある青年期の脳の未成熟さもその要因の１つであるとされている（ジェンセン＆ナット，2015）。

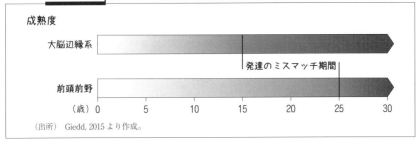

図9.2 大脳辺縁系と前頭前野の発達速度の違い

(出所) Giedd, 2015 より作成。

　思春期がはじまると，脳の深部に位置する大脳辺縁系の成熟が進む。大脳辺縁系には，刺激に対して理性的な検討を待たず情動的に反応する，扁桃体という部位がある。扁桃体は，特に不安や恐怖などの情動に関係しており，ストレスを感知したときに放出される，ドーパミンやノルアドレナリンなどの神経伝達物質の影響を受けて，「闘争―逃走反応（闘うか，逃げるか）」を引き起こす。

　こうした情動的な反応や衝動的な行動を抑制するのが，大脳の表面前部にある前頭前野である。前頭前野は理性的な判断や思考を司る，分別を備えた人間らしい活動を支える部位である。前頭前野は他の脳部位よりもゆっくりと成熟し，その容積や機能が十分に発達するのは20代後半，他の領域との連携が完全になるのは20歳以降であるとされる。さらに10代の間は，扁桃体と，前頭前野を含む他の脳部位とのつながりが弱いために，自己制御が働きにくい。

　このように青年期には，扁桃体の成熟と前頭前野の成熟のタイミングがずれ，アンバランスな状態にあるため，衝動のコントロールや，リスクと報酬を適切に判断することが難しくなると考えられている（図9.2）。

#  思春期発達の受容

## QUESTION 9-2

「美しい外見」とはどのようなものだろうか。時代や国や民族によるそれぞれの「美しい外見」の基準を調べてみよう。

### 身体的自己の受容

　青年期になると自身の性格や信念，生き方といった内面的で目に見えないところへの関心が高まるが，それは，身体という目に見える部分への関心が低下することを意味するわけではない（Damon & Hart, 1982）。むしろ，青年期は身体変化が著しく，変化し成熟していく身体への適応を求められる時期である。

　思春期スパートにはじまる青年期の身体変化は個人差が大きく，外からも見えやすい。そのため，他者からの視線や評価を気にしたり，他者の身体，ときには非現実的な理想的な身体と比較したりしながら，自分の身体について思いめぐらせることとなる。こうした傾向は，特に女子において顕著である。

　第二次性徴は，男子の身体は肩幅の広がった筋肉質なものへ，女子の身体を丸みを帯びた脂肪を蓄積させたものへと変化させる。男子では，この時期の身体変化の方向性と，社会が理想的とする男性の身体とが合致しているが，女子では，身体変化の方向性と，社会が理想的とする女性の身体（痩せていることが美しい）とが相反することになる。女子は，メディアなどを通して，男子よりも体重減少へのプレッシャーを多く受け取っており，それが身体不満足感を高めていることが多くの国で報告されている。また，自身の身体が他者の目にさらされる経験は，男子よりも女子に多い（上長，2007）。

　女子は，友人との間で，Fat Talk と呼ばれる体重や体型に関する自己卑下的な会話（「私太りすぎだわ」「そんなことないわよ，私の方が太っている」など）をすることが知られている（Nitcher, 2000）。Fat talk は，食べることへの罪悪感を低減させる，友人からサポートを引き出す，体型に関する価値観の共有を通して関係性を強めるなどの機能をもつ一方で，身体不満を高める重要な要因にもなる。Fat talk によって当事者たち自身が，体重減少へのプレッシャーや身体への厳しい評価を再生産・増強しているとの指摘もある。

　自分の身体に対する評価は，男女問わず全体的な自尊感情に非常に強い影響を及ぼす（Harter, 2012；眞榮城，2005）。体重や BMI といった実際の体型を示す数値も関連するが，とりわけ，身体や外見に対する主観的な満足度の低さが，自尊感情の低さと関連する。また，身体や外見への満足度は常に男子よりも女子で低く，特に青年期の女子は，外見に対する不満足が自己全体の否定につな

がりやすい状態にある。現代においては，ダイエットやメイク，整形などの流行によって，身体はコントロールの対象であるという考え方がより広く，より低年齢時から共有されるようになっている。こうした傾向も，身体満足感が全体的自己価値に与える影響をより強めていると推測される。

## 性的成熟の受容

思春期の身体変化は青年に，性愛的関係を形成する存在，性的存在を担う自分と向き合うことを要求する。思春期変化による性的成熟の受容は，男子よりも女子において難しいことが知られている（上長，2015）。特に早熟の女子ではその傾向が高く，性的成熟を受容することの難しさは，問題行動や抑うつ傾向などの適応上の問題にもつながる。反対に男子では，晩熟の者の方が適応上の問題をかかえやすいとされる（向井，2010）。ここには，男女の性成熟に対して社会がもつ肯定的あるいは否定的イメージも関連していると考えられる。

また，性的成熟に伴う性役割の認識も，性的成熟の受容に影響を与える。女性では，青年期後期になるにつれて，社会にいまだ残存する，女性に対する抑圧的な考え方や制度に直面する機会も増える。それらを強く意識することで，女性として生きることの葛藤は大きくなると考えられる。

男性の性役割葛藤についてはあまり議論されてこなかったが，「弱音を吐くのは男らしくない」という慣習や，競争原理に駆り立てられ続けるなど，「強くあること」「勝つこと」を基調とする伝統的な男性役割に生きづらさを感じる男性は少なくない（田中，2015）。日本社会では，男女平等が推進される現代でも，伝統的な男性役割が根強く残っており（渡邊，2017），男性役割についても議論していく必要がある。

また，思春期以前から自らの身体的性別に違和感を抱いていた者にとっては，思春期の身体変化は，自分の望まぬ性の方向へと自身の身体が形づくられていく経験ともなる。思春期発達はその違和感をより鮮烈なものにするため，性的成熟をめぐる適応の問題は，より困難かつ深刻なものになる。性愛的感情を伴う恋愛意識の高まりによって，自らの性愛対象が明確になるのも青年期であり，自らの性的志向にも向き合うことになる。現在，男女それぞれにとって当たり前とされてきた生き方，すなわち，出生時の身体によって規定される生物学的

性を受け入れ，社会が求める伝統的な性役割を受容し，異性に対して恋愛をする，という生き方に当てはまらない人たちが少なくないことが認識されるようになり，その状態は"障害"ではなく，性の"多様性"ととらえられるようになっている（⇨第13章）。だが，ゲイとバイセクシュアルの男性の場合，そうではない男性の約6倍もの自殺未遂経験者がいるという報告もあり（Hidaka et al., 2008），多様な性を生きる人たちの生きづらさは依然として深刻な問題であるといえる。

**QUESTION 9-3**
多様な性を生きるそれぞれの人たちの生きづらさにはどのようなものがあるか，考えてみよう。

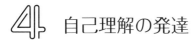

## 自己理解の発達

**QUESTION 9-4**
児童期までの認知発達（⇨第7, 8章）を基盤に，自分への見方も青年期には大きく変わる。どのような変化が見られるだろうか。

青年期には，友人との関係性や進路選択など，自分で考えて判断しなければならない問題に多数直面する。その際に，以下に述べる自己理解や時間的展望の発達が不可欠であり，また，問題に直面した経験が，認知能力や自己理解をさらに発達させることになる。

### 自己理解の発達と認知能力の発達

青年期になる頃までに，人は，自分についてより客観的にとらえる能力を身につけていく。児童期を通じて，社会的比較による自己理解が進むことや，他者の視点から自己を眺められるようになること，さらに，理想とする自分（理想自己）と現実の自分（現実自己）とを異なるものとして認識できるようになることなどによる。そこには認知能力の発達が大きく関与している（表9.2）。

認知能力の発達により抽象的な次元での思考が進むと，性格や価値観や信念

**CHART** 表9.2　認知能力・思考様式に照らした自己理解の発達的変化の特徴

| 発達レベル | 認知能力・思考様式 | 自己理解の特徴 |
| --- | --- | --- |
| 後期児童期<br>(8-11歳) | 自己評価のための社会的比較を用いることができるようになる。理想と現実の分化が進む。社会的視点取得のスキルが発達する。 | 【内容的特徴】複数の場面を貫く，より抽象的な性格用語によって自己を表現するようになる（例：「～ができる」ではなく「賢い」）。能力についての記述が依然として多いが，対人関係の中での自己への記述も増加する。<br>【全体的自己への理解】具体的場面から抽象的表現が導かれるようになり，自己の階層構造が見られるようになる。全体としての自己をとらえるようになる。<br>【自己への評価感情】自己への知覚は徐々に否定的なものになる。肯定と否定のバランスのとれた自己観が促進される |
| 早期青年期<br>(13歳くらい) | 単一的抽象化の時期。以前に理解していた表象は，抽象的な言葉によってとらえ直される。"全か無"の思考の傾向は残っており，抽象的レベルで非現実的な自己表象を助長する。 | 【内容的特徴】自己の差異化が進む。対人的文脈に影響を与える自己のあり方への言及が多くなる。状況や人間関係によって異なる多様な自己が現れる。役割に関連づけられた自己の理解が進み，各場面で異なる意見を有するようになる。<br>【全体的自己への理解】自身の性質をより高次の自己概念へと統合させる抽象的記述を行うが，抽象化された自己は互いに個別のまま。矛盾した自己の属性をそれぞれ表象化しているが，表象間は区切られそれぞれで独立しているため，表象間での矛盾はまだ問題とされない。自己の一貫性はない。<br>【自己への評価感情】文脈によって自己への感情は異なる。特定の文脈での自己に対する否定的感情を抱く。領域間の自己の違いによる葛藤はあまり見られない。 |
| 中期青年期<br>(15歳くらい) | 抽象化された表象間の比較が可能になる"抽象的マッピング"の時期。それぞれ個別であった抽象化された表象が，比較検討されるようになる。 | 【内容的特徴】内省的になり，他者が自分をどう見ているかということに心を奪われる。状況や人間関係に応じた多様な自己が表れる。長い自己記述が見られる。<br>【全体的自己への理解】抽象化された自己間の照合はできるが，それらが統合されるまでには至らない。全体的な自己の構成へと向かう中で，自己内の矛盾に気づき始め，自己全体についての表象は，混乱したり，不安定になったりする。<br>【自己への評価感情】多様な自己間の矛盾をめぐり，「どっちが本当の私？」という「自己の真実性」について葛藤する。 |
| 後期青年期<br>(17歳くらい)<br>～早期成人期 | 現実的な将来に対する興味や関心が高まる。自身に内在化された価値に従って自己の指針を選び，それとの関連から自己を理解するようになる。 | 【内容的特徴】他者がどのように思うかはあまり重要でなくなる。自身の信条を反映した自己表象が表れる。<br>【全体的自己への理解】矛盾していた表象を統合できるようになってくる（例：完全に○○というわけではない。時には××なところがある；時には失敗する，など）自分の中の"矛盾"を許容する，より高度な理解が生まれる（例：柔軟，気分屋，一貫していない）。<br>【自己への評価感情】多様な自己が存在することに対する葛藤はおおむね軽減される。 |

（出所）　Harter, 2006 より作成。

といった，より内面的な自己への関心が高まったり，"全体としての自己"という，仮説的に想定される概念としての自己理解を求めるようになったりする。

そのような自己理解の発達の中で，私的自己（⇨第6章）も自覚されるようになる。自分は他の人とは違う自分という独自の存在を生きていること，自分の経験する意識や感情は自分だけのものであること，そのような自己の存在の独自性と個別性が自覚されるようになるのである。ときとして，そのような私的自己をとらえる感覚が，ある特別な神秘的な瞬間として体験されることがある。このような体験は，自我体験と呼ばれる（渡辺・高石，2004）。

### 時間的展望の発達

現代日本の学校制度では，多くの中学生・高校生が進路選択という課題に直面する。それに向き合うために必要なのは，未来の自分について考え，それを現在の自分とつなげていこうとする力である。幼い頃には未来の自分を夢想し，自由に憧れることが許され，推奨もされるが，青年期には自分が実際に生きていく，現在の延長上にあるものとして未来を展望することが求められる。

実際の過去・現在・未来の時間とは別に，私たちは心の中に，自由に過去や未来を思い描くことができる。このような思考を**時間的展望**と呼ぶ。青年期の時間的展望は，より広く（＝長期を見渡せる），より現実的な（＝現在とつながった）ものになることが知られている。これも，仮説的・抽象的な状況についての論理的思考（⇨第3, 8章）が可能になることによると考えられる。

時間的展望の発達により，青年の展望する未来は現在の自己を基盤に，それと連続したものとなる。同時に，現在は，現実的に検討された未来の影響を受けるようになる。そのため，現在の自己が否定的な場合には，そこから展望される未来も否定的になり，また，現在を楽しく生きていても未来に対する肯定的な展望がもてないがゆえに，「このままでいいのだろうか」と，現在の自己に対する不安が感じられることとなる。

### 自己への否定的感情の高まり

青年期は自己をより現実的・客観的にとらえるようになると述べた。例えば理想自己が明確になることは，自己を主体的に形成する助けとなる。だが一方

で，高い理想との比較において自己を厳しく評価するという事態も引き起こす（表9.2）。時間的展望の発達は，未来の見えなさや過去と現在の自分の違いへの戸惑いを生じさせる。全体としての自己理解は，それまで気にも留めていなかった自分自身の存在について問い直すことにつながり，それがアイデンティティの混乱（⇨第10章）といわれる不安につながることもある。青年期には感情が不安定になりやすく，親をはじめとする他者への否定的態度が顕現化する"第二次反抗期"（⇨第6章）を迎えるが，その他者への否定的態度が自己へも向けられるようになる。

結果として，これらの変化は自己全体に対する感情を否定的なものに傾かせる。生涯発達的に見た場合，青年期は**自尊感情**が最も低下する時期であり（図9.3），自己理解の発達により，児童期までの自己に対する根拠なき絶対的な肯定的評価（⇨第7章）は失われてしまう。青年期の適応においては，この否定的認知や感情を経験する過程にどのように向きあうかが大きな課題となる。

## 青年期の自己中心性

青年期の自己否定には，**青年期の自己中心性**（Elkind, 1967）と呼ばれる認知特性も関係する。認知発達によって，自分とは異なる他者の視点に立った思考を展開できるようになった青年は（⇨第8章），逆説的であるが，その能力のために新たな自己中心性にとらわれることになる。他者の思考と自分の思考を区別することはきわめて難しく，他者の思考についての推論は，自分の思考に大きく規定されたものになる。自分に対する不安や不満に基づいて推測される他者の自分への視線は，いきおい，否定的なものにならざるをえない。

例えば，自分が自己の容姿に大きな関心を寄せている場合には，他者も同様に関心をもっていると思い込み，他者からどう見られるかを常に気にして行動する。実際には他者はさほどその者の外見に注目していなくとも，本人は想定される他者を現実の他者と同様に重視し，それに対して一生懸命反応する。これは「想像上の観客」と呼ばれる。青年期における自意識過剰や他者評価への過敏さ，対人恐怖や醜貌恐怖の問題には，想像上の観客が深く関わっている。

想像上の観客の前提には，自分は多くの人の関心や注意を集めるほど非常に重要な存在だという確信がある。そこには，自分は他者とは違う特殊な力や運

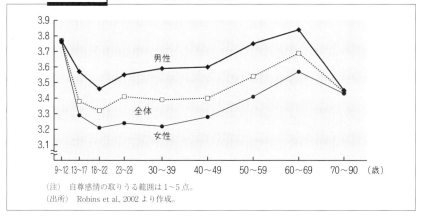

CHART 図 9.3 自尊感情の加齢変化

(注) 自尊感情の取りうる範囲は 1〜5 点。
(出所) Robins et al., 2002 より作成。

命をもつ特別な存在だという思い込みがある。これは,「個人的寓話」と呼ばれる側面である。そして青年期の自己中心性を特徴づけるもう1つの特徴として,他者の考えや思いよりもむしろ自分自身の内面の考え,思いの方に注目するというものがある。これは,「自身焦点」と呼ばれる。

青年期の自己への否定的認知や否定的感情は,認知能力がより高度になるために引き起こされる側面がある一方で,そこに介在する自己中心的な認知過程によって増大する側面もある。その認知過程によって,自分への違和感や否定的評価も含め,自己への思い込みが加速する結果,経験や他者からのフィードバックを受け入れられず,現実と乖離した自己理解が進む可能性もある。また,他者が自分に対して否定的な評価を下していると思い込み,孤独感や関係に対する不安や不信が高まる傾向もある。自分の有する自己理解が,自己中心的な思考や推論で膨れ上がっていないかを,現実場面で確認することが必要である。

# 5 青年期の人間関係

QUESTION 9-5

中学生の頃,あなたは友だちと本音で付き合えていただろうか。できなかったとしたら,なぜそうだったのだろうか。また,そのときの友だち関係といまの友だち関係は,何が違うだろうか。恋愛関係,親子関係についても考えてみよう。

## 友人関係

児童期から青年期と年齢が上がるにつれて，子どもは友だちと多くの時間を共有し，また，親の知らない世界を生きるようになる。また，青年期の少し前頃から友だちと親友とを分けるようになり，青年期以降は内面的なつながりを重視する親友としての**友人関係**が求められるようになる（表9.3）。

青年期の友人関係は，この時期に特有の自己への否定的認知や否定的感情を経験する過程を支えあったり，親からの自立やアイデンティティの確立を志向したりする過程において，大きな精神的な支えになる。友人関係は親子関係や先生との関係とは異なり，相互に自由に選択しあう対等な関係である。その関係は双方が主体的に関わりあうことで成立し，それをつくり，維持するには，対人関係に関する能力や努力が必要である。そのため，青年期の友人関係は精神的支えや，他者からの承認を得る重要な源泉となる一方で，その破綻がいつ訪れるかわからないという不安の原因にもなる。また，互いの人格形成が進むことで，個性がぶつかりあうことも想定される。それも含めて青年の友人関係は，対等な関係であるからこそ，以下の2つの点で自己形成に大きく寄与する。

(1) **自己としての意識の明確化**　友人は自分とは異なる対等な"他者"である。他者の異質性を認識することは，友だちとのトラブルなど葛藤を引き起こすこともあるが，その葛藤経験も含め，自他の区別を認識させ，自己理解を構築することに役立つ。協同や協力といった経験も，行動主体としての自己という感覚をより明確にする。

(2) **自己形成を導く指針**　友人は対等な他者であるからこそ比較対象となる。そのことは，自己理解を深めることや，自己形成の指針を得ることに寄与する。身近な友人に自分よりも優れたところを見出すことは，「あのようになりたい」という目標意識や，「自分も頑張ろう」という意欲を駆り立てる。小学校中学年くらいから，友人には，"ライバル"としての意義も付加される。

友人は，自己に関する理想や価値の形成にも大きく関わる。自己に関する理想や価値は自らの行動を価値づけたり方向づけたりするものであり，自己形成の指針としての役割を果たす。ブロス（1971）によると，青年期の初期には，相手を自分自身の延長のように感じ，相手のことを「自分が所有したいと願う

CHART 表9.3 幼児期・児童期・青年期の友人関係の特徴

|        | 幼 児 期 | 児 童 期 | 青 年 期 |
|--------|---------|---------|---------|
| 特 徴 | 遊びの友だち | 生活の友だち | 心の友 |
| 意 義 | 社会的訓練に役立つ | 社会的訓練，集団への所属性 | 人格的影響を及ぼしあう |
| 選 択 | 誰とでもなりうる | 選択的になる | 厳選する |
| 契 機 | 遊びなどの接触 | 接触度と好ましい行動特性 | 人格的尊敬と共鳴 |
| 持続性 | 場面的性質が強く変わりやすい | やや安定 | 生涯の友となるほど持続する可能性 |
| 性 | 男女未分化 | 反発・分離 | 異性への憧憬，恋愛への発展 |

(出所) 井上，1966。

資質をもつ人」「自分がなりたいと望む相手」としてお互い理想化しあう，「自己愛型対象選択」と呼ばれる独特の友人選択の様式が見られる。相手をモデルとしながら，自身の価値観や理想を形づくっていくのである。やがて，十分納得して受け入れられる自分なりの行動や価値観の基準が明確になるにつれ，現実の相手に向き合えるようになり，相手と自分の違いも認めあうようになる。

## 仲間関係

青年期には，友人関係を求めると同時に，**仲間集団**に属しているという状態が強く求められる。仲間集団への所属は，自分が「集団に受け入れられている」ことを確認するうえで，友人関係をもつこととはまた別の意味をもっている。親友をもつことよりも，多くの人間関係をもち，多くの集団に受け入れられているという，「人気者の自分」であることにより大きな価値をおく者もいる。

児童期の仲間関係は，ギャング・グループと呼ばれる特徴をもち（⇨第7章），同一の遊びによって結びついた関係であった。それが青年前期頃になると，興味や関心における一体感を重視した，きわめて親密であることを求め合う，**チャム・グループ**と呼ばれる仲間関係が見られるようになる。

チャムとは特に親密な友人を指す言葉であり，チャム・グループでは，互いの共通点・類似性を言葉で確かめ合うことが繰り返されたり，その内容よりも「私たちは同じね」という確認に意味があるような会話が続けられたりする。言語による一体感を共有する関係であり（保坂，1998），しばしばその集団内だけでしか通じない言葉をつくりだし，その言葉が通じる者だけが仲間であると

いう境界がひかれる。チャム・グループは，関係に対する絶対的な忠誠心によって支えられており，この集団に属することで，幸福，充足感，自信を与えたいという仲間への利他性の発達を見ることができる。また，チャム・グループは同質性を言葉で相互に承認し合う関係であるため，そこに所属することで自分が何者であるかを確認できた気持ちにつながる側面もある。

だがこの関係の親密性は多くの場合，所属メンバーとそれ以外の者との明確な区別によって確認される，排他性と裏腹に構築される親密性である。排他性は，グループ外の者に対しては壁をつくり，グループ内に対しては同調圧力と相互監視を高めるものとして機能する。そのことが，所属メンバーとしての一体感を確認する行為を繰り返させ，親密な関係に伴う息苦しさや緊張をもたらし，さらには自己の異質性を表現することへの不安も強めることとなる。

こうした仲間集団の中では，**関係性攻撃**が起こる危険性もある。関係性攻撃とは，仲間はずれ，悪意のある噂など，仲間関係における集団対個人の構図として展開されるものであり，意図的な操作や仲間関係にダメージを与えることによって他者を傷つける行動である。日常の些細なことをきっかけに起こりうるものであり，身体への暴力や直接的な暴言などの外顕的攻撃はなされないものの，それを受けた者にとっては大きな傷つき体験となる（小田部ほか，2009）。

昨今はネットを介した集団関係が展開されていることもふまえ，青年期の人間関係の様相は時代とともに変わることを認識する必要がある。

青年前期につくられるチャム・グループは，自身の独立性と主体性に自信をもつようになるにつれて消失し，高校生頃には，互いの異質性を認め合うピア・グループと呼ばれる仲間関係への移行が見られるとされる。

## 恋愛関係

青年期の**恋愛関係**は，しばしば未熟なものととらえられる。短く移ろいやすい表層的なつながりであり，真に親密な関係にはなっていない。大野（2021）はエリクソンの理論に基づき，青年期に見られる恋愛を「アイデンティティのための恋愛」と呼んでいる（表9.4）。これは，自分では自分に自信をもてないが，自分を好きだといってくれる人がいることを自信のよりどころにする恋愛であり，相手から認めてもらえた自分を自分が何者であるのかの答えとし，そ

CHART 表9.4 「アイデンティティのための恋愛」の特徴

| 各段階でよくとられる行動 | 行動の理由や意味 |
| --- | --- |
| ①相手からの賞賛，賛美を求める<br>・「俺のどこが好きになったの？」「私のこと好き？」を繰り返す。<br>・「自分というものについて，自分自身でも自信がもてないが，相手が『好きだ』といってくれるのだから，きっとこのままの私でいいのだろう」 | 自分のアイデンティティに自信がもてないため，相手からの賞賛を自分のアイデンティティを確かなものとするために使用する。さらに相手の自分への評価が，自分のアイデンティティのよりどころになるのだから，賞賛し続けてもらわないと自己存在の基盤が危うくなる。同じ理由から，相手の自分への評価が非常に気になる。 |
| ②相手からの評価が気になる<br>・「俺のことどう思う？」「私の演奏どうだった？」等，相手からの評価にとらわれるようになる。 | |
| ③しばらくすると呑み込まれる不安を感じる<br>・相手に気に入られる自分でいるかに基づいて行動するため，話題がなくなる，緊張する，会う度に自分がなくなる気がする。 | 他者との親密性を築き上げるためには，両者のアイデンティティの統合が（または，それに向かっていることが）必要である。アイデンティティが不確かなまま，他者とごく親しい関係になることは，自己存在の基盤が揺すぶられるような不安，すなわち呑み込まれる不安を感じることになる。 |
| ④相手の挙動に目が離せなくなる<br>・相手の行動の変化や言動に過敏になり，相手に対する行動チェックや束縛が厳しくなる。自分以外に相手の興味がいくことを畏れ，些細なことで不安を感じる。 | 相手の関心が自分から離れることを恐れるため，相手の行動に異常に執着する。<br>互いが互いの自分らしさを発揮できない関係となり，息苦しい交際になる。 |
| ⑤結果として多くの場合交際が長続きしない | |

(出所) 大野，2021 より作成。

の自分をよりどころに生きようとする，つまりアイデンティティ（⇨第10章）を定義づけようとする試みである。そのような恋愛関係にある青年の主たる関心は自分自身であり，相手を愛しているわけではない。相手を自分を映す鏡として使い，「相手に映った自分の姿」に最大の関心を払っている。相手を幸福な状態にしようという努力も配慮もないため，相手に安らぎも喜びも与えることはなく，同時に，相互性としての愛する喜びも感じることはできないとされる。

だが，たとえ短期間で終わる初期の恋愛の場合であっても，そのほとんどは本人にとっては真剣な恋愛であり，その関係が自己や生活全体に与える影響は大きい。恋愛が順調であることは，自己全体に対する肯定的感情と関連する。とりわけ自身の身体的魅力や仲間との関係についての評価には恋愛が大きな影

響をもつことなどが報告されており，恋愛関係をもつことは，所属感や自己価値の感覚を提供したり，自己概念を発達させたりすることに役立つ。

一方で，恋愛関係にある者は，葛藤や感情の不安定さをより多く経験していることや，恋愛関係と抑うつとが関係することなども報告されている（Collins, 2003）。同じく恋愛関係にある場合であっても，その関係を安定したものと感じることができているのか，あるいはいつ壊れるかわからないと絶えず不安を抱いているのかによって，その関係がもつ意味は大きく異なる。

## 親子関係

青年期は子どもから大人への過渡期であり，自分を保護し，守ってくれている**親からの自立**が心理発達上の大きなテーマとなる。かつて，この自立の過程においては，親との深刻な対立が重要な役割を果たすと考えられていた。親は大人になろうとする子どもが乗り越えるべき大きな壁として存在し，親が与える古い権威と，それに相容れない新しい生き方との対立が自立の過程とされた。それによって促される子どもの独立や個性化は，**心理的離乳**（Hollingworth, 1928）とか脱衛星化（Ausubel, 1954）などと呼ばれた。

現在は，親子間に断絶をもたらすほどの深刻な対立は少なくなった。服装や恋人関係，門限など，現実的で日常的な事柄などをめぐる対立は多いものの，人生に関する重要で深刻な問題（例えば，正直であることの価値や，教育の重要性などアイデンティティに関わる事柄）については，価値観や信念が親子間で共有され続けることも少なくない。青年期の**親子関係**は全体としては良好であり，その中で些細なことをめぐっての葛藤が多く経験されている（表 9.5）。

青年期の恋愛は，親子関係に少なからず葛藤をもたらす。恋愛関係は性的関係の文脈をもつため，親は心配するが，青年は，自分の築いた重要な関係に立ち入られたくないという思いをもつ。恋愛をめぐっては，親と青年の双方が決定権をもちたいと思う傾向が強くなり，親子間の緊張が高まりやすい。このことから，恋愛は親子関係からの自立を促し，青年期には親から恋人へと重要な他者が移行すると考えられてきた。しかし，現在は，親子関係のもつ重要性は保たれたまま，別次元における重要な関係が形成されるとする見方が強くなっている。例えば，親は第1の安全基地であり続け，恋人は安全な避難場所とし

CHART 表9.5 青年期の親子関係に関する"古いモデル"と"新しいモデル"

|  | 古いモデル | 新しいモデル |
|---|---|---|
| 特徴 | 自律性を有すること。両親から離脱すること。 | アタッチメントと自律性を有すること。親は重要なサポート源でありアタッチメントの対象。 |
| 親子関係と仲間関係 | 両者は切り離された別個のものとされる。 | 青年―両親関係と青年―仲間関係とは重要なつながりをもつ。 |
| 親子間の葛藤状況 | 青年期を通して，緊張に満ちた，ストレスフルな葛藤状態にある。親と青年との関係は，疾風怒濤の状態。 | 親と青年との葛藤は極端なレベルには至らない穏やかなものが大半であり，発達をうながすうえで肯定的なものとして機能しうる。思春期の頃の葛藤は，他の時期と比べると相対的には大きい。 |

(出所) Santrock, 2011 より作成。

て機能する（⇨第4章）と考えられている（Furman & Schaffer, 2003）。

とはいえ，青年期には児童期とまったく同じ親子関係が続くわけではなく，特に母親へのアンビバレントな感情が高まり，結合的な親子関係に分離的な側面が現れるようになる。こうした関係性の中で，親子間のコミュニケーションが重ねられ，青年の自律性が高まっていく。グローテバントらは，青年期を通して，親子が対称的に影響を与え合う関係になっていくこの過程を，青年期の個性化の過程，親からの自立の過程ととらえている（Grotevant & Cooper, 1986）。

総じて近年では，青年期にどの程度の親子関係の対立を経験するかは一様ではなく，家族の経済状況や社会的地位，家族構成，そして特に親子間のコミュニケーション・スタイルによって異なると考えられるようになっている。

POINT

☐ 1 青年期には，身体や社会的地位の大きな変化が体験され，感情の不安定さや否定的な感情が経験されやすく，衝動的な行動も生じやすい。

☐ 2 青年期の身体発達に伴い，自身の性別をめぐる悩みが深刻になる可能性がある。

☐ 3 青年期は，生涯発達過程において最も自尊感情が低下する時期である。またそこには，身体（外見）に対する評価が深く関わる。

☐ 4 青年期の友人関係は，精神的な支えや自己形成の指針となる一方，排斥や拒

5 青年期の人間関係 ● 153

絶に対する不安を生じさせるものでもある。
- [ ] 5 青年期には親との心理的距離が広がるが，親は精神的支えの基盤であり続ける。

## 引用文献 | Reference ●

Ausubel, D. P. (1954) *Theory and Problems of Adolescent Development*. Grune & Stratton.

ブロス，P.／野沢栄司訳 (1971)『青年期の精神医学』誠信書房

Collins, W. A. (2003) More than myth: The developmental significance of romantic relationships during adolescence. *Journal of Research on Adolescence*, 13, 1-24.

Damon, W. & Hart, D. (1982) The development of self-understanding from infancy through adolescence. *Child Development*, 53, 841-864.

Elkind, D. (1967) Egocentrism in adolescence. *Child Development*, 38, 1025-1034.

Furman, W. & Shaffer, L. (2003). The role of romantic relationships in adolescent development. In P. Florsheim (Ed.), *Adolescent romantic relations and sexual behavior: Theory, research, and practical implications*, Psychology Press.

Giedd, J. N. (2015) The amazing teen brain. *Scientific American*, 312, 32-37.

Grotevant, H. D. & Cooper, C. R. (1986) Individuation in family relationships: A perspective on individual differences in the development of identity and role-taking skill in adolescence. *Human Development*, 29, 82-100.

Harter, S. (2006) The Self. In Eisenberg, N. (Ed.). *Handbook of child psychology, vol. 3: Social, emotional, and personality development* (6th ed..) John Wiley & Sons.

Harter, S. (2012) *The Construction of the Self: Developmental and sociocultural foundations* (2nd ed.). Guilford Press.

Hidaka, Y., Operario, D., Takenaka, M., et al. (2008) Attempted suicide and associated risk factors among youth in urban Japan. *Social Psychiatry and Psychiatric Epidemiology*, 43, 752-757.

日野林俊彦・赤井誠生・安田純ほか (2006)「発達加速現象の研究・その20——2005年2月における全国初潮調査の結果より」『日本心理学会第70回大会発表論文集』p. 1125.

Hollingworth, L. S. (1928) *The Psychology of the Adolescent*. D. Appleton.

保坂亨 (1998)「児童期・思春期の発達」下山晴彦編『教育心理学Ⅱ——発達と臨床援助の心理学』東京大学出版会

井上健治 (1966)「青年と人間関係(1) 友人関係」沢田慶輔編『青年心理学』東京大学出版会

ジェンセン，F.・ナット，A. E.／野中香方子訳 (2015)『10代の脳——反抗期と思春期の子どもにどう対処するか』文藝春秋

上長然 (2007)「思春期の身体満足度と生物社会文化的要因との関連——身体発育タイミングと身体に関する社会文化的プレッシャーの観点から」『神戸大学大学院人間発達環

境学研究科研究紀要』1, 7-15.
上長然（2015）「思春期の身体発育の心理的受容度と身体満足度——青年は身体発育をどのように受け止めているのか」『日本教育心理学会第57回総会発表論文集』, 176.
近藤保彦・小川園子・菊水健史ほか編（2023）『脳とホルモンの行動学——わかりやすい行動神経内分泌学』第2版，西村書店
眞榮城和美（2005）『自己評価に関する発達心理学的研究——児童期から青年期までの検討』風間書房
松岡尚史・杉原茂孝（2018）「思春期の身体的特性」『小児科』59, 480-486.
水珠子・川谷真由美・石田（坂根）千津恵ほか（2015）「日本人の身長の伸びの推移に関する研究」『島根県立大学短期大学部松江キャンパス研究紀要』53, 77-84.
文部科学省（2023）「学校保健統計調査」
向井隆代（2010）「思春期の身体的発達と心理的適応——発達段階および発達タイミングとの関係」『カウンセリング研究』43, 202-211.
Nitcher, M. (2000) *Fat talk: What girls and their parents say about dieting.* Harvard University Press.
OECD (2014) *How was life?: Global well-being since 1820.*
大野久（2021）「『アイデンティティのための恋愛』研究と方法論に関する理論的考察」『青年心理学研究』33, 1-20.
小田部貴子・加藤和生・丸野俊一（2009）「「心の傷」に関する諸研究をどのように位置づけるか——『日常型心の傷』を取り入れた新たな枠組みの提案」『九州大学心理学研究』10, 61-80.
Robins, R. W. Trzesniewski, K. H., Tracy, J. L. et al. (2002) Global self-esteem across the life span. *Psychology and Aging*, 17, 423-434.
Santrock, J. W. (2011) *Adolescence* (14th ed.). McGraw-Hill Humanities.
田中俊之（2015）『男がつらいよ——絶望の時代の希望の男性学』KADOKAWA
Tanner, J. M. (1978) *Fetus into man: Physical growth from conception to maturity* Open Books.
渡邊寛（2017）「多様化する男性役割の構造——伝統的な男性役割と新しい男性役割を特徴づける4領域の提示」『心理学評論』60, 117-139.
渡辺恒夫・高石恭子編著（2004）『〈私〉という謎——自我体験の心理学』新曜社

# 第 10 章

## 大人になるために

**KEYWORDS**

青年期延長　エリクソン　アイデンティティ　アイデンティティの危機　アイデンティティの探求　心理社会的モラトリアム　アイデンティティ地位　MAMA サイクル　キャリア形成　アイデンティティ地平　垂直的分離　ガラスの天井　水平的分離　性別職域分離　親密性　ライフコース選択　性役割観

## 1　青年期の終わり・成人期のはじまり

**QUESTION 10-1**　子ども，青年，大人のうち，あなたは自分をどれに属すると考えるだろうか。またそのように考える理由は何だろうか。

「青年期」は，子どもから大人への過渡期にあたる。青年期が終わる頃，人は職業生活に参入し，配偶者を見つけるなど，「大人」としての生活をはじめ，成人期をスタートさせると考えられてきた。だが，「青年期の終わり」や「成人期のはじまり」をめぐっては，昨今，さまざまな議論がある。日本では，

1950年代は1割程度であった大学進学率が高度経済成長期に上昇し，いまや6割を上回っている（文部科学省，2022）。専門学校を含む高等教育進学率は8割を超え，多くの者が成人年齢を超えても就学中の立場にある。また，1950年代は20代半ばであった初婚年齢は，現代においては30歳前後となり，結婚して新しい家族を作る時期が以前よりも遅くなっている。このような状況は日本だけでなく先進諸国で見られ，**青年期延長**の現象として議論されてきた。

 アイデンティティの発達

かつては，「親と離れて暮らしている」「就学期間を終えている」「職業に就いている」「結婚している」「子どもをもっている」などが大人の基準とされていた。だが現在，それらの基準を満たしていない大人も増えており，大人の基準については，「大人であるという感覚」や「大人として生きていける感覚」をもてているかといった心理的側面も，重要な手がかりになっている。

その中で注目されるのが，アイデンティティ発達の様相である。アイデンティティとは，**エリクソン**（2011）が提唱した概念であり，正しくは心理－社会的アイデンティティという。もともとは青年期の不適応を議論するうえで重要とされる概念であるが，社会との関わりの中で心理的発達が進むことを前提とした，青年期以降の心理発達を議論するうえで欠かせない概念である。

### アイデンティティの感覚

**アイデンティティ**は「同一性」と訳される。「過去の私といまの私はさまざまに違うところがあるけれども，やはり同一の自分である」という感覚，「他者の前での私は1人でいるときの私と違うところがあるけれども，やはり同一の自分である」という感覚や，「さまざまな異なる自分も含めてやはり自分は同一性をもつ自分である」という感覚を明確にもつことができているとき，アイデンティティの感覚が保たれている，あるいは統合された状態にあると表現される。「私」という，独自の個性をもつ一個人として適応的に生きることを支える感覚である。

一方，他者に合わせて意見や態度をころころ変えてどれが本当の自分かわからなくなったり，自分らしさを見失って生き方がわからなくなったりしているとき，アイデンティティが混乱あるいは拡散の状態にあると表現される。

　青年期には身体レベルで自分自身が変化したり，自身の性格や信念といった自分自身の人間性について考えたりできるようになる。自分がどう生きていくのかという課題にも迫られる。そのような中で，それまで無批判に受け入れてきた規範や価値観に対する違和感が生じ，もはや過去の自分のようには生きられない感覚を抱いたり，自分のよりどころとすべき価値観や信念について問い直さざるをえなくなったりする。このように，自分自身の存在や生き方に対する不安に直面することは，**アイデンティティの危機**と呼ばれる。アイデンティティの危機に向き合う青年は，自分はどのような価値観や信念に生きる者なのか，どのような生き方をすべきなのか，社会の中でどのような存在として生きていけるのかなど，自分の存在様式を見極めるべく，自分の過去や未来を問い直し，自分に合う役割や価値観をさまざまに探索したり試したりする。このような過程は**アイデンティティの探求**と呼ばれる。

　青年期が長期化している現在，生物学的な側面ではすでに大人と呼べる段階に達しており，大人として働ける状態であるにもかかわらず，多くの者がその能力や社会的責任の遂行を免除されている。この特別な社会的立場におかれることを，エリクソンは**心理社会的モラトリアム**の状態と呼んだ。モラトリアム期間にさまざまなアイデンティティ探求を行い，アイデンティティの感覚を獲得するに至るのが，青年期から成人期への移行を示す心理発達過程とされる。

## アイデンティティ地位

### QUESTION 10-2

次の文章はあなたにどのくらい当てはまるだろうか。もっとも当てはまる場合を5として，5段階で回答してみよう。

| | | |
|---|---|---|
| A | 自分が将来するかもしれない，いろいろなことについて考える | （　　） |
| A | 自分に合ういろいろな生き方を考えている | （　　） |
| B | 自分の人生をどうするのかについては，自分で選んで決めた | （　　） |
| B | 自分が将来何をやっていくのか，思い浮かべることができる | （　　） |
| C | 自分がすでに決めた将来の計画について考える | （　　） |

> C　ほかの人たちと，自分の将来の計画についての話をする（　　）
> D　私の将来の計画は，自分にとって正しいものに違いない（　　）
> D　将来の計画があるから，私は自信をもっている（　　）
> E　人生で本当にやりとげたいことは何か，はっきりしない（　　）
> E　自分が進みたい人生を，ずっと探し続けている（　　）
>
> これは，アイデンティティがどのような状態にあるのかをとらえる尺度の項目の一部である。自分のアイデンティティを探し求める態度（A），そこから答えが見えてきた状態（B），出した答えで本当にいいかどうかさらに見極めようとする態度（C），その答えでよいと確信をもつことができている状態（D），アイデンティティを探し求める過程で悩みにはまりこんでいる状態（E）の5つの側面をとらえようとするものである。B, Dが高く，A, Cが中程度に高くEが低い場合には「達成」，B, Dのみが高い場合は「早期完了」，A, B, C, Dのいずれも高い場合には「探索モラトリアム」，Eのみが高い場合やA, B, C, Dのいずれもが低い場合には「拡散」の状態と解釈される（中間ほか，2015）。

アイデンティティ発達の様相を考える際にしばしば用いられるのが，**アイデンティティ地位**（Marcia, 1966）という指標である。アイデンティティの感覚は，信念や価値観や職業意識など人生形成における重要な領域について，自分が積極的に関与できるよりどころをもてているかどうかで決まる。マーシャは，その状態がアイデンティティ探求の過程によって獲得したものか否かによって，アイデンティティ発達の地位を区別した。アイデンティティ探求を経て積極的に関与できるところを獲得できた場合は，アイデンティティ発達の完成形である「達成」地位，積極的に関与できるところはあるものの探求の過程を経ていない場合は，発達的には未熟な段階の「早期完了」地位とされる。積極的に関与できるところが見つかっていないが，いままさにその探求の過程にある場合は，アイデンティティ発達の途上である「モラトリアム」地位，積極的に関与できるところもその探求もない場合は，「拡散（または混乱）」の地位とされる。

アイデンティティ地位は，以前はアイデンティティ地位面接という方法によって特定されていたが，近年，質問紙法によるアイデンティティ地位の測定法が開発されたことで，青年期から成人期にかけての全体的なアイデンティティ発達の様相がとらえられるようになった（QUESTION 10-2参照）。質問紙法を用いたイタリアや日本の研究では，マーシャの4類型に加えて「探索型モラト

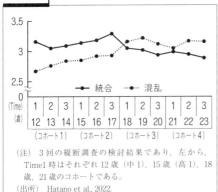

図10.1 12～23歳までのアイデンティティの統合・混乱の平均得点

(注) 3回の縦断調査の検討結果であり、左から、Time1時はそれぞれ12歳（中1）、15歳（高1）、18歳、21歳のコホートである。
(出所) Hatano et al., 2022.

リアム」地位（関与し深めているよりどころがあるにもかかわらず、さらに現状を変えようとする状態）が新たに見出され、また、拡散が「拡散型拡散」地位（アイデンティティが混乱しておりそれをめぐって悩み続けている状態）と「無問題化型拡散」地位（アイデンティティが混乱しているが、それに悩みもせず漫然と過ごしている状態）に区別されることが報告されている（畑野, 2019）。

## アイデンティティ発達の様相

　アイデンティティの獲得に向かうアイデンティティ探求過程が本格的に展開されるのは、多くの場合、18歳以降である。18歳を過ぎると、生活の中で大人と同じ立場におかれ、大人と同じ行動をする機会が増える。また、高校卒業を機に親元を離れて暮らす者も少なくない。こうした生活や環境の変化が、アイデンティティの問題をより具体的に探求することを促進すると考えられる。

　日本の中学生から20代後半までを対象とした研究でも、18歳以降にアイデンティティが混乱する感覚が強くなることが明らかにされている（図10.1）。13～16歳および16～19歳の間のアイデンティティ地位の変化を縦断的に検討した研究では、一貫して無問題化型拡散地位のタイプ（40％）、一貫して拡散型拡散地位のタイプ（6％）、拡散型拡散地位からモラトリアム地位に移行するタイプ（24％）と、7割程度の者は、アイデンティティの混乱あるいは探索過程にあることが報告されている（Hatano & Sugimura, 2017）。

　日本の青年の場合、多くの者が高校までは家族のもとで暮らし、時間割の決まった学校に通い、安定した生活基盤の中で課題に取り組める状態を生きている。思春期発達の時期には自尊感情の低下（⇨第9章）に伴うようにアイデンティティの感覚も急激に低下し、その後、高校生にかけて上昇するが（図10.2）、安定した環境下にいることは、その困難を和らげているかもしれない。

学年が上がるにつれて反芻的探求と呼ばれる不適応的な探求活動が多くなっていることも合わせると、18歳以降のアイデンティティの問題は、内面的にも環境的にもより困難な状況下で経験されると推測される。

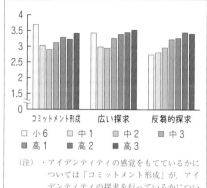

図10.2 小6〜高3までの多次元アイデンティティ尺度(DIDS)の平均点

（注）・アイデンティティの感覚をもてているかについては「コミットメント形成」が、アイデンティティの探求を行っているかについては「広い探求」が指標となる。
・「反芻的探求」は、不適応的な思考にとらわれてしまい、アイデンティティ発達につながる探求活動ができなくなってしまっている状態についての指標である。
（出所）中間ほか、2021より作成。

## 生涯にわたるアイデンティティ発達

エリクソンによれば、アイデンティティの探求過程を経て、自身のアイデンティティを自覚的に獲得するに至ると青年期は終わり、アイデンティティを基盤とした成人期以降の人生がはじまる。また、マーシャが想定したアイデンティティ発達の過程も、拡散にはじまり、達成をゴールとする過程である。

だが後の研究で、実際には、その後に参入した社会生活の中で再びアイデンティティ探求の過程が展開されることが指摘されている。自分が獲得したよりどころは、本当に自分にしっくりくるものなのか、その社会で生きていく自分にとって本当に有効なものであるのかなど、その都度、真価が吟味・検討されるのである。このとき、アイデンティティ地位は、達成から再びモラトリアムの状態に戻る。成人期以降に何度かこの過程が経験されることから、この様相は **MAMA**（Moratorium-Achievement-Moratorium-Achievement）**サイクル** と呼ばれる（Stephen et al., 1992）。岡本（2002）によると、成人期のライフコースには安定期と転換期（危機期）が交互に訪れ、その発達的危機期においてアイデンティティ地位の変化が起こりやすい。すなわち、「人生の岐路に遭遇するごとにこれまでの自己のあり方や生活構造の破綻や破れに直面し、一時的な混乱を経て、再び安定した自己のあり方が形成されていくという「危機→再体制化→再生」の繰り返し」（岡本, 2002, p. 76）が展開される。そのような過程を経ながら、アイデンティティは生涯を通して発達し続ける。また、成人期以降の過程では、アイデンティティ地位が発達的により低い方向へ変動することもある。

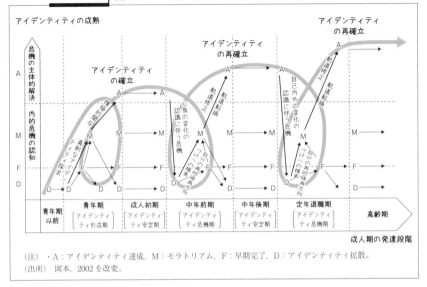

図 10.3 アイデンティティのらせん型発達モデル

(注) ・A：アイデンティティ達成、M：モラトリアム、F：早期完了、D：アイデンティティ拡散。
(出所) 岡本, 2002 を改変。

岡本（2002）は，成人期以降のアイデンティティ発達について，図 10.3 のようならせん型の発達モデルを提唱している。

#  職業生活における発達

## 職業選択とアイデンティティ

　就学期の終わりが近づくと，その後の人生をどのように生きるかの選択に迫られ，学校から職場への移行が大きな課題となる。エリクソンやマーシャは，アイデンティティ形成において職業領域を重視しており，青年期後期のアイデンティティ形成は，具体的な職業選択と密接に関わりながら進むと考えた。
　現在，就職活動の際にまず取り組まれるのは，自己分析と業界・企業分析である。自己分析で明らかにすべきポイントは基本的に「価値観」「特性（強み・弱み）」「志望理由ややりたいこと（夢）」の３点である。業界・企業分析は希望する業界の特性を調べ，各々の企業が業界内でどのような位置づけにあるかを理解することを目的としている。これらは自分がどのような生き方をした

いのかを模索し，さらにその自分自身を社会との関わりの中でどのように生かしていけるかを考える営みといえ，アイデンティティ探求過程にほかならない。

　人生形成の課題に主体的に取り組み，自分自身を成長させ，アイデンティティを発達させながら生き方を展開する過程は，現在広く普及している**キャリア形成**という言葉によってとらえることもできる。キャリアとは，個々人が具体的な職業や職場などの選択・決定を通して時間をかけて創造されていくものである。個人が何を選び，何を選ばないかによって作り出される，生涯にわたって展開されるプロセスがキャリア形成であり，キャリア形成は，職業選択を含めた「自己と生き方」の問題であるといえる（渡辺・ハー，2001）。

## 日本社会の構造的変化とキャリア意識の変化

　日本には，1990年代半ば頃まで「日本型自立のプロセス」が存在していた（宮本，2002）。そこでは，進路の選択・決定において，個人の主体的な決定よりも，成績や社会的評価，あるいは教師や親など周囲の期待が重視された（下山，1996）。そして，いったん会社に就職すると，その後は終身雇用，年功序列，企業別組合の存在を備えた雇用システムに守られ，会社が提供するキャリアの道筋を進むことができた。いわば会社主導のキャリア形成プロセスが用意されており，アイデンティティの確立がなされなくとも，成人期への移行やその後のキャリア発達が可能であった。そのため，青年期後期のアイデンティティ形成は，キャリア形成においてそこまで重要な問題にはならなかった。

　だが1990年代にその状況は一変した。終身雇用の正社員として採用するのは会社の中枢部を任せる人間に限定してその数を減らし，それ以外はパートタイム労働者や派遣社員で代替していく方針（日経連，1995）が打ち出され，この頃から雇用の流動化や雇用形態の多様化が進んだ。その後，派遣対象業務の拡大や原則自由化に伴い，非正規雇用や派遣社員としての雇用が進められ，2000年には，労働人口全体の30％以上が非正規雇用となった（**図10.4**）。ただし，正社員として働く機会がないために不本意ながら非正規雇用で働いている者の割合は，19.2％（2013年）から9.6％（2023年）へと低下し，「自分の都合のよい時間に働きたい」という理由で非正規雇用を選択した者の割合は，24.2％（2013年）から34.7％（2023年）へと増加している。こうした変化は，多様

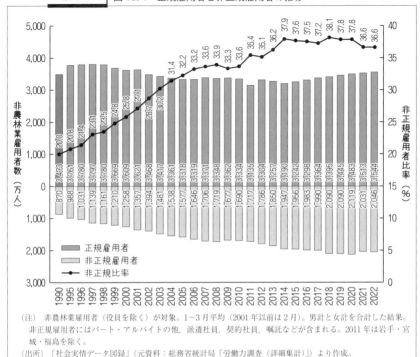

図10.4 正規雇用者と非正規雇用者の推移

(注) 非農林業雇用者(役員を除く)が対象。1〜3月平均(2001年以前は2月)。男計と女計を合計した結果。非正規雇用者にはパート・アルバイトの他、派遣社員、契約社員、嘱託などが含まれる。2011年は岩手・宮城・福島を除く。
(出所)「社会実情データ図録」(元資料:総務省統計局「労働力調査(詳細集計)」)より作成。

な働き方を推奨する社会の変化に人びとが適応しつつあることを示唆する。

**社会的状況が人生形成に与える影響**

　雇用の流動化・多様化は、多様な職業選択を可能にするが、それが打ち出された背景には、日本社会が長期的不況に陥り、かつての雇用システムを維持できなくなったという経済的事情がある。1993〜2004年は就職氷河期と呼ばれ、多くの企業が新卒採用を見送る事態が生じ、その時期の新規学卒者の就職率は10%以上低下した(内閣府, 2020)。新規雇用に際して新規学卒者を採用することが主流である日本社会にあって、そのタイミングで正社員になれなかった者が、後に正規雇用の立場を獲得することは非常に難しかった。彼/彼女らは40代になった現在も、不本意ながら不安定な仕事に就いている、無業の状態にある、社会参加に向けた支援を必要とする、など、さまざまな課題に直面している(厚生労働省, 2024a)。2007年のリーマンショックで経済状況が悪化し

た際には，多くの企業で派遣労働者が職を失う，いわゆる「派遣切り」が行われ，非正規雇用の不安定さが改めて話題となった。また，非正規雇用労働者は正規雇用労働者に比べて賃金が低いという課題もある（厚生労働省，2024b）。現在，その格差の解消に向けた取り組みも模索されているが，当事者である個人は，当面，その状態下を生きていかねばならない。

# 4. 自律的・主体的なキャリア形成が求められる時代

**QUESTION 10-3**

江戸時代のように生まれた土地や家で生き方が決まっている場合，現代社会と比べて，どのような点はより幸福で，どのような点はより不幸だろうか。

### 新しいキャリア観

　伝統的なキャリア観では，キャリアは所属する組織の中で階層を上っていくことによって形成され，安定した雇用体制を前提に会社主導で形成されるものとされていた。しかし，2000年頃になると，IT革命や市場のグローバル化によって，伝統的なキャリア観の土台となる社会構造が大きく揺れ動き，従来とは異なるキャリアへの向き合い方が求められるようになった。

　新しいキャリア観（ニュー・キャリア）では，キャリアを，組織主導ではなく個人主導によって自律的・主体的に作り上げていくものと考える（黒沢・下村，2023）。伝統的なキャリア観と，ニュー・キャリアの代表的な理論の1つであるプロティアン・キャリアとを比較すると，表10.1のようにまとめられる。キャリアの所有者は個人であることはもちろん，自由と成長，心理的成功が重視されており，これからのキャリア形成においては，自分自身の価値観や信念に向き合い，それをよりどころにしていく態度が必要であることがわかる。キャリア形成に照らしたとき，青年期から成人期にかけてのアイデンティティ形成の課題が，より切実なものとなっていることがうかがえよう。

**CHART** 表 10.1　伝統的キャリアとプロティアン・キャリアの比較

| | 伝統的キャリア | プロティアン・キャリア |
|---|---|---|
| キャリアの所有者 | 組織 | 個人 |
| 価値観 | 昇進，権力 | 自由，成長 |
| 組織内外の移動の程度 | 低い | 高い |
| 成果 | 地位，給与 | 心理的成功 |
| 姿勢 | 組織的コミットメント | 仕事の満足感<br>専門的コミットメント |
| アイデンティティ（＝自分とは何者か，ビジネスパーソンとしての自分らしさとは何か） | 組織から尊敬されているか（他人からの尊重）<br>自分は何をすべきか（組織認識） | 自分を尊敬できるか（自尊心）<br>自分は何がしたいのか（自己認識） |
| アダプタビリティ（＝環境や社会の変化への適応力，組織の変化に順応する力） | 組織に関する柔軟性（組織内での生き残り） | 仕事に関連する柔軟性<br>現行のコンピテンシー（市場価値） |

（出所）　Hall, 2022 より作成。

## キャリア形成を難しくしているもの

　自律的・主体的なキャリア形成が求められるとはいえ，実際の職業生活には，経済状況の変動や家庭の事情など，自分では統制不能な要因が大きく影響する。先に見たとおり，自ら非正規雇用を選択する人の割合は増加しているが，その背景には，正規雇用の働き方の厳しさがあると考えられる。正規雇用は給与や雇用面での安定性は高いものの，人事異動や転勤を断れない制約の多い働き方ともいえる。加えて長時間労働の悪習も残っている。育児・介護等との両立を考えると正規社員として働くのは難しい，という消去法的理由から，非正規雇用という働き方を選ばざるをえない状況も考えられる（高橋・可知，2019）。

　慣れ親しんだ環境や身近な人間関係などがキャリア形成の足かせになることもある。地元で育んだ人間関係を壊したくない，普通の枠をはみ出たくないという意識を，コテ（Côté et al., 2008）は個人の心にある**アイデンティティ地平**の広さとして考えた。変化の激しい時代にあって，自分のキャリアを自ら主体

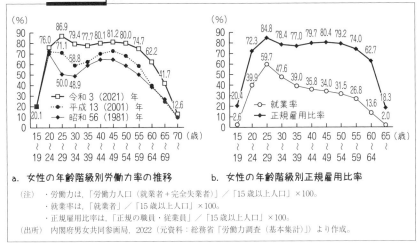

図10.5 女性の年齢階級別労働力率と正規雇用率

a. 女性の年齢階級別労働力率の推移
b. 女性の年齢階級別正規雇用比率

(注)・労働力は，「労働力人口（就業者＋完全失業者）」／「15歳以上人口」×100。
・就業率は，「就業者」／「15歳以上人口」×100。
・正規雇用比率は，「正規の職員・従業員」／「15歳以上人口」×100。
(出所) 内閣府男女共同参画局，2022（元資料：総務省「労働力調査（基本集計）」）より作成。

的に拓いていこうとする意識をもち（広い地平），その際に他の人からの反対や非難を受ける不安や恐れが少ないこと（不安のなさ）が主体的にキャリアを形成し，アイデンティティを発達させていくうえで重要な態度だとされる。

### ジェンダーの問題

性役割（⇨第9章）も，無意識のうちにキャリア形成に影響を及ぼしている。男女の就業状況の差の象徴であった年齢階級別労働力率におけるM字型カーブ（図10.5a）は解消の傾向にあるが，正規雇用に絞ると，25〜29歳をピークとしたL字カーブを描くことが知られている（図10.5b）。M字カーブの解消は，非正規雇用の女性の増加によるものであり，結婚後の生活における男女の状況差の改善と結びついたものであるかは疑問である。

私たちの仕事社会は，ジェンダーの視点から見るとタテとヨコの2方向に分断されている（安達，2022）。タテ方向の分断は**垂直的分離**と呼ばれ，地位の高いポジションにいくほど女性の比率が下がる現象を指す。資質や実績があっても性別や人種その他の理由で低い地位にとどまっている状態は，**ガラスの天井**に阻まれていると表現される。ヨコ方向の分断は**水平的分離**と呼ばれ，特定の分野や領域における占有率がいずれかの性別に偏るという現象を指す。

男女平等の社会であるとはいえ，実際には職種や職務などの職域において性

CHART 表 10.2　男女の各比率の高い職業（小分類）

| | 男性比率の高い職業 | | 女性比率の高い職業 | |
|---|---|---|---|---|
| 1 | 熱供給業 | 91.3% | 家事サービス業 | 94.5% |
| 2 | 警備業 | 90.7% | 児童福祉事業 | 91.0% |
| 3 | タイヤ・チューブ製造業 | 90.5% | 訪問介護事業 | 86.7% |
| 4 | 道路旅客運送業 | 89.8% | 衣服裁縫修理業 | 82.9% |
| 5 | 船舶製造・修理業, 舶用機関製造業 | 89.1% | 一般診療所 | 81.8% |
| 6 | 鉄道業 | 89.0% | 歯科診療所 | 79.2% |
| 7 | 石油精製業 | 87.5% | 菓子・パン小売業 | 77.3% |
| 8 | 鉄鋼業 | 87.1% | 医薬品・化粧品小売業 | 76.7% |
| 9 | 化学肥料製造業 | 86.6% | 男子・婦人・子供服小売業 | 76.3% |
| 10 | 鉄道車両・同部分品製造業 | 86.4% | 料理品小売業 | 75.8% |

（出所）総務省統計局, 2020。

CHART 表 10.3　男女の各労働人口の多い職業（小分類）

| | 男性労働人口の多い職業 | | 女性労働人口の多い職業 | |
|---|---|---|---|---|
| 1 | 建設業 | 3,501,850 | 病院 | 1,542,760 |
| 2 | 道路貨物運送業 | 1,353,720 | 老人福祉・介護事業（訪問介護事業を除く） | 1,421,880 |
| 3 | 農業（農業サービス業を除く） | 935,420 | 学校教育（専修学校, 各種学校を除く） | 1,097,030 |
| 4 | 分類不能の産業 | 896,260 | 児童福祉事業 | 973,840 |
| 5 | ソフトウェア業 | 893,730 | 食堂, そば・すし店 | 851,100 |
| 6 | 学校教育（専修学校, 各種学校を除く） | 789,130 | 各種食料品小売業 | 766,230 |
| 7 | 自動車・同附属品製造業 | 737,830 | 建設業 | 749,950 |
| 8 | 市町村機関 | 611,650 | 農業（農業サービス業を除く） | 674,810 |
| 9 | 金属製品製造業 | 582,150 | 一般診療所 | 654,540 |
| 10 | 病院 | 562,650 | 医薬品・化粧品小売業 | 511,340 |

（出所）総務省統計局, 2020。

別の偏った状態である**性別職域分離**が存在する（表 10.2, 表 10.3）。性別職域分離は私たちの意識の中でも共有されており，それぞれの職業に対するステレオタイプと自分の性別に期待される性役割が合致しないことや，同性ロールモ

デルの不在などから，自分の性別とは異なる性別職域の職業に対しては効力感を抱きにくいことがわかっている。私たちは職業を"男性的""女性的"という基準で暗黙裡に区別しながら職業選択を行い，結果としてこのような性別職域分離が再生産される構造がある。

## 5 家庭生活における発達

**QUESTION 10-4**

次の考えについて，あなた自身は賛成か，反対か，考えてみよう。また，そう答える理由を考えてみよう。

① 男女が一緒に暮らすなら結婚すべきである
② いったん結婚したら性格の不一致くらいで別れるべきではない
③ 生涯独身で生きるというのは望ましい生き方ではない
④ 結婚したら家庭のために自分の個性や生き方を半分犠牲にするのは当然だ

### 結婚という選択

職業生活や，成人期以降の発達過程を大きく左右するのは，家庭生活である。エリクソン（2011）は，成人初期の心理社会的危機を「**親密性 対 孤立**」としている。親密性とは，意義ある犠牲や妥協を要求することもある，具体的で緊密な関係に自分を投入する能力，とされる。親密な関係性は，異性との関係を中心に他者との間に築かれるが，婚姻関係すなわち夫婦はその代表といえる。

結婚をめぐる様相は時代とともに変化している。かつては，一定の年齢になったら結婚するのが当然という適齢期規範や皆婚規範が社会の中で広く共有されていた。年頃の男女がいる家庭にはお見合い話が持ち込まれ，結婚に至る，という流れがあり，結婚は家同士の結びつきとしてとらえられていた。だが，1970年になる頃には，当人同士の意思を大きな理由とする，自由恋愛に基づく恋愛結婚がお見合い結婚の割合を上回るようになった（図 10.6）。配偶者選択は個人が行うという考え方が主流になっていったのである。

結婚そのものへの意識も変化した。社会全体の高学歴化，女性の社会進出が

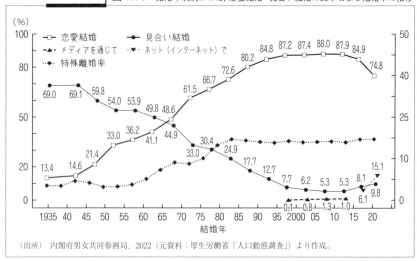

進む中で,初婚年齢は上昇し(図10.7a),かつての適齢期は結婚には早すぎる年齢ととらえられるようになった。生涯未婚率(50歳まで一度も結婚したことがない人の割合)も増加しており,1990年代以降の男性における増加が特に著しい(図10.7b)。1997年には主体的に結婚しない人生を選ぶ「非婚」という言葉もつくられた。独身者が考える独身生活の最大の利点は「行動や生き方が自由」ということであり,結婚のメリットを大きく上回っている(国立社会保障・人口問題研究所,2023a)。

### 未婚の男女が思い描く結婚後のライフコースと生活

　結婚するかどうかということは，その後のライフコース選択に大きな影響を与える。特に女性においては，結婚することで，ライフコース選択の中心が，自分自身の都合よりも配偶者や子どもの都合へと移動する傾向がある。

　未婚の男女に理想とする女性のライフコース（男性には配偶者のライフコースとして質問）を尋ねた調査結果からは，男女ともに，結婚後も女性が働けるライフコースを理想とする傾向が高まっていることがうかがえる（図 10.8）。

　家事や育児への意識にも世代差は見られ，女性では年代が高い方が，男性では年代が低い方が，「自分が率先してするべきことである」と回答する割合が大きい傾向にある（図 10.9）。結婚相手に求める条件でも，「人柄」に次いで「家事・育児の能力や姿勢」「仕事への理解と協力」が男女のいずれにおいても選択されており，夫婦で共に働き共に育児をするという意識は高まっている（国立社会保障・人口問題研究所，2023a）。

　また，女性の方が相手の学歴，職業，経済力を重視・考慮する傾向は長年変わっておらず，男性にとっては配偶者がいること（すなわち家庭をもつこと）がキャリア形成のリスクとして，女性にとっては安全弁として機能していることを示唆する報告もある（高橋・可知，2019）。個人の意識の中にも，慣れ親しんだ**性役割観**を更新しづらい側面があるのも事実のようである。

### 成人期を生きるということ

　成人期には，青年期で模索し獲得したさまざまな価値観や信念が実際にその有効性を試されることとなる。実際の職業生活や家庭生活を展開する中で，また，ライフコースに影響を与えるようなさまざまな出来事（ライフイベント）を経験する中で，価値観や信念はさらに再考や修正を迫られる。

　特に現代社会は，変化の激しい状況にある。遭遇する人生の局面もさまざまに展開される。その都度，具体的な職業生活，家庭生活の中で，現実的な課題に向き合いながら，必要に応じて自分のアイデンティティを探求したり，キャリアを見直したりすることが，変化の犠牲者ではなく変化を味方につけた生き方を可能にすると考えられている（金井，2002）。

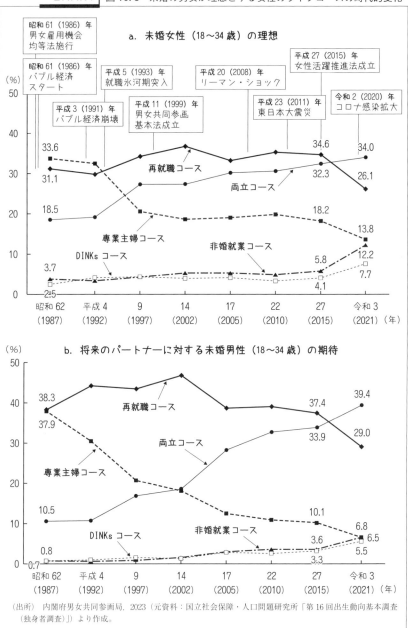

図10.8 未婚の男女が理想とする女性のライフコースの時代的変化

(出所) 内閣府男女共同参画局, 2023 (元資料：国立社会保障・人口問題研究所「第16回出生動向基本調査 (独身者調査)」) より作成。

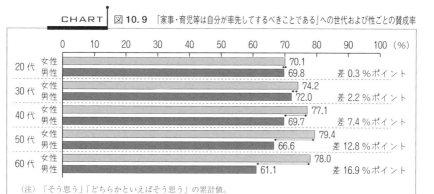

図 10.9 「家事・育児等は自分が率先してするべきことである」への世代および性ごとの賛成率

(注)「そう思う」「どちらかといえばそう思う」の累計値。
(出所) 内閣府男女共同参画局, 2023。

### POINT

☐ 1 アイデンティティとは, 社会との関係において, 自分自身を何者とするかということに関わる感覚, つまり「自分は自分であり, そしてその自分として生きていける」という感覚であり, 生涯を通して発達し続ける。

☐ 2 具体的な職業選択や配偶者選択の課題に取り組む中で, アイデンティティは発達をとげていく。

☐ 3 職業生活を中心とする自己と生き方に関する問題はキャリアと呼ばれ, 現在, 主体的・自律的なキャリア形成の意識が求められている。

☐ 4 職業生活や家庭生活に参入すると, 男女ともに, 伝統的な性役割による制限や束縛を経験することとなる。

☐ 5 仕事や家事, 育児における男女の格差は, 解消される傾向にあるが, 依然として日本社会では男女の格差が大きい。

### 引用文献　　　　　　　　　　　　　　　　　　　　　　　　Reference

安達智子 (2022)「若者のキャリア形成とジェンダー――社会正義からの再考」『キャリア教育研究』40, 39-44.

Côté, J., Skinkle, R. & Motte, A. (2008) Do perceptions of costs and benefits of post-secondary education influence participation? *Canadian Journal of Higher Education*, 38, 73-93.

エリクソン, E. H. ／西平直・中島由恵訳 (2011)『アイデンティティとライフサイクル』誠信書房

Hall, D. T. (2002) *Careers in and out of organization.* Sage.（河合亜美・ホー・バック・妹尾大（2021）「終身雇用型企業におけるプロティアン・キャリア——本業外活動による資源獲得」『経営情報学会 2021 年全国研究発表大会要旨集』1D1-3. より）

畑野快（2019）「青年期のアイデンティティ」『児童心理学の進歩』**58**, 125-155.

Hatano, K. & Sugimura, K. (2017) Is Adolescence a period of identity formation for all youth? Insights from a four-wave longitudinal study of identity dynamics in Japan. *Developmental Psychology*, **53**, 2113-2126.

Hatano, K., Hihara, S., Nakama, R. et al. (2022) Trajectories in sense of identity and relationship with life satisfaction during adolescence and young adulthood. *Developmental Psychology*, **58**, 977-989.

金井壽宏（2002）『働くひとのためのキャリアデザイン』PHP 新書

国立社会保障・人口問題研究所（2023a）「第 16 回出生動向基本調査」

国立社会保障・人口問題研究所（2023b）「人口統計資料集 2023 年改訂版」

厚生労働省（2024a）「就職氷河期世代の方々への支援策」

厚生労働省（2024b）「『非正規雇用』の現状と課題」

黒沢拓夢・下村英雄（2023）「自律的キャリア観と転職意向の関係性——職場環境を考慮した検討」『キャリア・カウンセリング研究』**24**, 1-12.

Marcia, J. E. (1966) Development and validation of ego-identity status. Journal of Personality and Social Psychology, **3**, 551-558.

宮本みち子（2002）『若者が〈社会的弱者〉に転落する』洋泉社

文部科学省（2022）「2022 年度学校基本調査速報」

内閣府（2020）「日本経済 2019-2020——人口減少時代の持続的な成長に向けて」

内閣府男女共同参画局（2022）『男女共同参画白書 令和 4 年版』

内閣府男女共同参画局（2023）『男女共同参画白書 令和 5 年版』

中間玲子・杉村和美・畑野快ほか（2015）「多次元アイデンティティ発達尺度（DIDS）によるアイデンティティ発達の検討と類型化の試み」『心理学研究』**85**, 549-559.

中間玲子・杉村和美・畑野快ほか（2021）「青年期におけるアイデンティティ発達の初期過程——児童期後期から青年期中期を対象とした検討」『発達心理学研究』**32**, 255-266.

日本経営者団体連盟（1995）「新時代の『日本的経営』——挑戦すべき方向とその具体策」新・日本の経営システム等研究プロジェクト報告『労働経済旬報』**1536**, 21-26.

岡本祐子編著（2002）『アイデンティティ生涯発達論の射程』ミネルヴァ書房

下山晴彦（1996）「スチューデント・アパシー研究の展望」『教育心理学研究』**44**, 350-363.

Stephen, J., Fraser, E. & Marcia, J. E. (1992) Moratorium-achievement（MAMA）cycles in lifespan identity development: Value orientations and reasoning system correlates. *Journal of Adolescence*, **15**, 283-300.

総務省統計局（2020）「令和 2 年国勢調査」

総務省統計局（2022）「令和 4 年 労働力調査」

社会実情データ図録（2024）「正規雇用者と非正規雇用者の推移」

高橋美保・可知悠子（2019）「働きたいのに働けない人はどのような働き方を望んでいるのか——育児・介護との関連から非正規雇用の可能性を考える」『産業・組織心理学研

究』33, 51-64.
東洋経済オンライン（2018）「100 年前の日本人が「全員結婚」できた理由——「恋愛結婚」が 9 割の現代は離婚率も増加」
渡辺三枝子・ハー, E. L.（2001）『キャリアカウンセリング入門——人と仕事の橋渡し』ナカニシヤ出版

# CHAPTER

## 第11章

# 関わりの中で成熟する

## KEYWORDS

中年期危機　生成継承性　ジェネラティヴィティ　キャリア発達　メンター　メンタリング　養護性　親になること　親としての成長　子どもの自立　夫婦関係　孤立育児　コペアレンティング　介護　介護ストレス　多重役割　ジェネレイショナル・サイクル　ケア

### QUESTION 11-1

かつて，40歳は「不惑」「四十にして惑わず」といわれたが，青年期や成人初期に感じた揺らぎはなくなるのだろうか。人生後半も発達するのだろうか。

## 1　成人初期・中期における他者との関わりの深化と成熟

　成人初期に人びとは，就職や結婚など，その後の社会生活や家庭生活を枠づける大きな選択を行う。その後，職業生活を広げ，キャリアを充実させていくことと並行して，家庭生活においては，子どもを生み，育てる人もいる（⇨第

10章)。さらに成人中期には、老親の介護がはじまることで、他者のケアにおいて中心的な役割を担うようになる。職業面でも家庭面でも、体力や時間といった自身の資源を他者のために使うことが多い年代であり、他者との関わりを通して成熟を遂げるのが、成人中期の発達の特徴といえる。この章では、職業生活と家庭生活が本格的にはじまった成人初期から中期にかけての発達を見ていく。

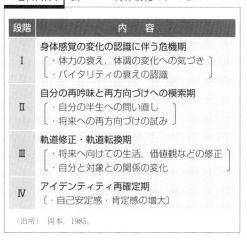

表11.1 中年期のアイデンティティ再体制化のプロセス

| 段階 | 内容 |
|---|---|
| I | 身体感覚の変化の認識に伴う危機期〔・体力の衰え、体調の変化への気づき ・バイタリティの衰えの認識〕 |
| II | 自分の再吟味と再方向づけへの模索期〔・自分の半生への問い直し ・将来への再方向づけの試み〕 |
| III | 軌道修正・軌道転換期〔・将来へ向けての生活、価値観などの修正 ・自分と対象との関係の変化〕 |
| IV | アイデンティティ再確定期〔・自己安定感・肯定感の増大〕 |

(出所) 岡本、1985。

##  中年期危機と生成継承性

かつて、成人中期は、「自分とは何か」を模索する青年期に比べ安定した最盛期と考えられていた。しかし、現在は、長い人生の折り返し、人生の転換点であり、**中年期危機**を経験すると考えられている。表11.1は中年期の入り口で体験されるプロセスである。体力の衰えという身体感覚の変化に気づくと、将来についても「これから」よりも退職や死までの「残された時間」が重要になる。この残された時間をどう生きるかという視点で、自分のこれまでの半生（過去）を問い直して、生活、価値観、他者との関係について軌道修正を行う。

成人中期について、エリクソン (1977) は、人生周期の第7段階に位置づけ、その心理社会的危機を「生成継承性 対 停滞」とした。**生成継承性** (generativity) は、**ジェネラティヴィティ**、世代継承性、世代生成性と表される場合もあり、「次世代を確立させ導くことへの関心」である。次の世代との相互的な関わりを深めることで、自己へのこだわりや停滞を脱することができる。

岡本 (1985) は、青年期に一度達成されたアイデンティティは、成人期に、

再度，モラトリアムに移行し，危機を経験するが，葛藤解決によって，より成熟したアイデンティティ達成に向けて再体制化が行われると指摘している（⇨第10章）。再体制化については，職業と子育てといった文脈との相互作用が重要であり，変化を受けとめる柔軟性が必要であることも指摘されている。

# 3 職業生活における発達

人びとは青年期・成人前期に職業を選択するが（⇨第10章），経験を積むことによって，自分自身のできること，やりたいこと，組織や社会から期待されることが変化し，発達の段階に応じて，新たな課題に取り組むことになる。

**QUESTION 11-2**
職業生活を通して，人びとには，どのような発達が認められるのだろうか。また，成人中期には，どのような課題に向き合うのだろうか。

## キャリア発達

職業生活における発達については，多くの理論があるが（渡辺, 2018），ここでは，シャインのキャリア発達段階を紹介する。シャイン（1991）は，組織内でのキャリア発達を個人の欲求と組織が期待する要件の調和過程と考え，9段階の発達段階を示している（表11.2）。

成人中期は表11.2の⑤〜⑧であり，その課題は，専門性を高めて新たなものを生み出すこと，メンターとなり後進を育てること，組織の指導者として組織を育てることである。キャリア中期の危機では，周囲からの評価や昇進の見通しから職業生活を再吟味することで，キャリア・アンカーが明らかになる。アンカーは船の錨であり，キャリア・アンカーとはキャリアの中で自分自身がよりどころとするものである。また，若い意欲的管理者のもとで働くことを受け入れること，権力や責任の減少や引退という役割の喪失を受け入れることも課題である。課題は，部下や後進の指導や組織の指導者になるなど次世代を育成することと，自己の有限性を受け入れ，若い管理者の指導に従うという両方

CHART 表 11.2 シャインのキャリア発達段階

| 段階 | 年齢 | 課題 |
|---|---|---|
| ① 成長・空想・探求 | 0〜21歳 | 仕事への興味や関心を育てて，教育・訓練を受ける |
| ② 仕事の世界へのエントリー | 16〜25歳 | はじめての仕事に就く，組織のメンバーになる |
| ③ 基本訓練 | | 現実ショックに対処し，正式なメンバーとして認められる |
| ④ キャリア初期の正社員資格 | 17〜30歳 | 責任を引き受け，任務を伴う義務を果たす |
| ⑤ 正社員資格，キャリア中期 | 25歳〜 | 専門性を高めて，仕事で新たなものを生み出す メンターとなり，後進を育てる |
| ⑥ キャリア中期の危機 | 35〜45歳 | 当初の抱負と現状を評価し，現状維持かキャリア変更かを決める キャリア・アンカーの理解と評価 |
| ⑦ A.非指導者役にあるキャリア後期 | | 技術・関心を広げ，後進に助言する |
| B.指導者役にあるキャリア後期 | 40歳〜引退まで | 組織の将来に関わり，組織の社会的役割を評価する |
| ⑧ 衰えおよび離脱 | | 権力，責任の低下を受容し，仕事以外の役割や満足を見出す |
| ⑨ 引退 | | 引退の変化に適応し，自身の経験と知恵を活用する |

（出所）シャイン，1991より作成。

がある。例えば，中間管理職は，経営者や上司の指示に従いながら，部下の育成をするなど，2つの役割のバランスをとることが求められる。

**メンタリング──先輩に育てられ，後進を育てる関わり**

職業生活における発達を促進する関わりとして，近年，**メンター**や**メンタリング**が注目されている。メンターとは，「人生経験が豊富で，指導者，後見人，助言者，教育者，支援者の役割を果たせる人物」であり，指導を受ける者をプロテージといい，メンターとプロテージの間で，仕事上の技術や態度が伝達されることをメンタリングという。

メンタリングには，キャリア的機能と心理・社会的機能があり，キャリア的機能は，知識やスキルの伝達，リスクからの保護，やりがいがある仕事への推薦や支援などである。心理・社会的機能は，役割モデルになること，プロテージを個人として尊重すること，カウンセリングやインフォーマルな人間関係の提供などである。メンターは，メンタリングを通してプロテージのキャリア発達を促進するだけでなく，後進を育てることへの評価を周囲から受けることで，

自身の満足感も高めることができる。このように、良好なメンタリング関係は両者のキャリア発達や人格的成長につながる。ただし、行き過ぎた指導がハラスメントと受けとられる、男女間でのメンタリングを中傷されるなど問題点も指摘されている（クラム，2003）。

## 女性の職業生活

　女性の職業生活は結婚，出産，子育てと密接に関連する。かつて，わが国では出産を機に離職する女性が多く，女性の労働力率はM字カーブを描いていた。しかし近年は，出産後も働くことを希望する女性が増えている（⇨第10章）。

　ライフコースが固まりつつある40～50代女性のライフコースの実現度を見た調査（久我，2018）によれば，理想では「（仕事と育児の）両立コース」を希望する女性がもっとも多く，「再就職コース」「結婚退職・専業主婦コース」「出産退職・専業主婦コース」と続くが，理想と現実が一致しているのは全体の4割程度である。実現度が高いのは，「独身就業コース」（75.9％），「再就職コース」（51.1％）であり，「両立コース」（28.7％）がもっとも低い（図11.1）。「独身就業コース」は本人の意思で就労を決められるのに対して，「両立コース」は本人の意思のみでは決められない。「両立コース」は，育児休業制度など両立に関わる制度環境が整備されている正規雇用や時間の融通が利きやすい自営業であること，自身の母親が働いており，働く女性のロールモデルが身近にあること，若い世代であるほど実現しやすい（久我，2019）。

　近年，保育の受け皿整備や両立支援の取り組みにより，出産後も仕事を続ける女性は増加しており，第1子出産前に働いていた女性の7割が仕事を続けている。ただし，女性では，自分の都合のよい時間に働きたい，家計の補助や学費等を得たい，家事・育児・介護等と両立したいといった理由から，非正規雇用を選択する人が5割を超えている（2022年時点；内閣府男女共同参画局，2023）。

　子育て後の再就職では，パート・アルバイトなど非正規の割合が高い。女性が昇進を希望する率は男性に比べて低く，その理由として，仕事と家庭の両立困難をあげる人の割合が高い。女性は，「個としての自分」と「他者をケアし支える自分」のバランス（岡本，1994）を重視していると考えられる。だが，若い世代では就労継続，昇進，管理職への意欲が高い女性も増えている。

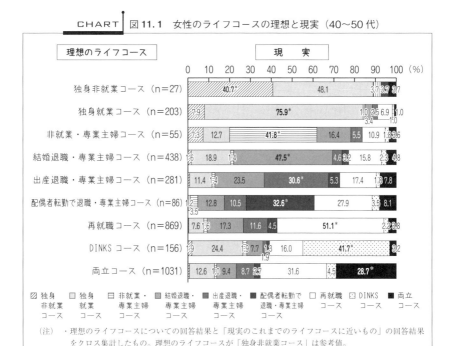

図 11.1 女性のライフコースの理想と現実（40〜50代）

(注) ・理想のライフコースについての回答結果と「現実のこれまでのライフコースに近いもの」の回答結果をクロス集計したもの。理想のライフコースが「独身非就業コース」は参考値。
・*の%が，理想と現実が一致している人の割合。
(出所) 久我，2018。

# 4 親としての発達

## QUESTION 11-3

あなたが親になるとしたら，子どもは何人？ 子育ては自身の成長にどうつながるのだろうか。母親は仕事を辞めて，子育てに専念した方がよいのだろうか。

### 親になること──「授かる」から「つくる」へ

かつて，乳幼児の死亡率は非常に高く，子どもの命は脆く儚く，子どもは産めるだけ産むものであった。経済状況が厳しく医療体制が整っていない国では現在も，子どもは労働力や家計を担う存在である。しかし，日本を含め，乳幼

児死亡率が低く，経済や医療，教育が発展した国では，子どもの価値は個人の生きがいなどの精神的側面に主におかれるようになり，少子化を招来することとなった。子どもの誕生は，いまや親の意思にゆだねられ，子どもは「授かる」から「つくる」ものへ（柏木，2012）と意識が変化している。生殖医療の進歩によって体外受精や代理母による出産が可能となったことも，こうした意識の変化を後押ししている。

日本では，2005年に合計特殊出生率（1人の女性が生涯に産む子ども数）が1.26を記録し，その後，微増したものの，2024年には1.20まで低下した。2019年の夫婦が理想とする子ども数は2.25人，予定の子ども数2.01人だが，完結出生児数（実際の子ども数）は1.90人であり，約半数の夫婦は子どもが1人である。夫婦が理想の数の子どもをもたない理由は，「子育てや教育にお金がかかりすぎる」ことがもっとも多く，高年齢の出産への躊躇，心理的・肉体的負担，健康上の理由，仕事に差し支える，夫の家事・育児への協力が得られないなどがその他に多い理由である（国立社会保障・人口問題研究所，2023a）。

## 親になる準備と末子就学前の子育て

親になる準備として，**養護性**が注目されている。養護性とは，小さいものの成長を見守り育てようとする共感性や技能（小嶋，1989）を指す。すでに幼い頃からこのような行動は見られ，年齢の異なる子どもたちとの交流を通して，養護性は育まれる。自分が親になることを現実的に意識するのは，妊娠が明らかになってからであり，母親は，胎動を通して子どものイメージを膨らませ，父親は，母親の話を聞くことや胎児の超音波画像を見ること，周囲の扱いが変わることで，親になる準備が進む（⇨第2章）。母子のコミュニケーションは胎児期からはじまるが（⇨第2,4章），母親の多くが子どものかわいさを実感するのは，子どもが「見つめるようになったとき」「笑ったとき」「声を出してごきげんなとき」など，生後数カ月を経て，子どもとの相互作用が成り立ちはじめる頃である（図11.2）。

一方，母親が子育てで心配になるのは，①退院直後，②1カ月後，③1歳半前後，④2歳前後であり，①②は，数時間おきに目覚める子どものリズムに対応し，子どもがいる生活への適応が必要とされる時期，③は子どもが自己主張

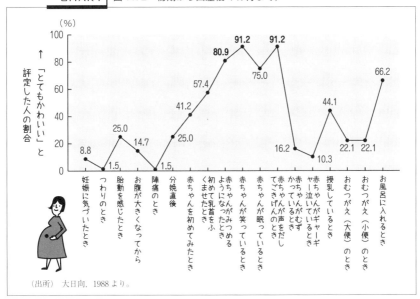

図11.2 母親がわが子を「とてもかわいい」と評定した割合（妊娠初期から出産後4カ月まで）

（出所）大日向，1988より。

や反抗をはじめ，④はそれが本格化する時期（第一次反抗期⇨第5章）である（服部・原田，1991）。子どもの自己主張や反抗に対して，親は，成長の喜びとともに苛立ちや困惑などの両価的な感情をもつようになる。しかし，子どもの視点から行動の理由や意味をとらえ直し，子どもへの期待や対応を子どもの発達に応じて変えていくことで，この難しい時期を乗り越えていく（坂上，2005）。

就学前幼児の親を対象とした調査では，親になることで，父親，母親ともに，「柔軟さ」「自己抑制」「運命・信仰・伝統の受容」「視野の広がり」「生きがい・存在感」「自己の強さ」を得たと考えている（柏木・若松，1994）。子育てを通じ，子どもとともに親も，親としての成長や発達を遂げていくのだといえる。

### 子どもの年齢とともに変わる子育ての悩み

子育てにおいて，親はどのような感情を経験するのであろうか。親が子育てをしてよかったと感じるのは，子どもの喜んだ顔を見るときや子どもの成長を感じるときである。一方，子育てに悩みや不安はつきものであり，その内容は，子どもの行動・気持ちがわからない，しつけの仕方がわからない，子どもの生活習慣の乱れや子どもの健康や発達，子どもの友人関係についてなど多様であ

CHART 表 11.3 子育ての悩みや不安（性・年代別・子どもの年齢別）

| 分類 | 悩みや不安の内容 |
|---|---|
| 性・年代別 | 男性 20 代：経済的に苦しい，子どもとの接し方，職場の理解が得られない<br>男性 30 代：しつけの仕方，子どもの友人関係，子育てに十分な時間が取れない，職場の理解が得られない，子育ての方針が家族・親族と合わない<br>女性 20 代：健康や発達，しつけの仕方，面倒を見てくれる人がいない，経済的に苦しい<br>女性 40 代：子どもの友人関係 |
| 子どもの年齢 | 0 歳～小学生未満：しつけの仕方<br>小学校：子どもの友人関係<br>中学生：子どもの生活習慣の乱れ，子どもの友人関係 |

（注）全体比＋平均より 10 ポイント以上多い内容。
（出所）文部科学省，2022 より作成。

る。また，親の性別や年齢によっても悩みや不安は異なり，子どもの年齢とともに，悩みや不安は変わっていく（表 11.3）。

　発達心理学者の大日向（2014）は，子育ては楽しいことと苦しいことの繰り返しだが，ラグビーの競技の心と同じように，皆で心を 1 つにして子どもを見守り，育む日々は，やがて美しい思い出となる，人生の「美しい」ひと時である，と子育てを「楽苦美（ラクビー）」になぞらえている。父子家庭での子育てを経験した土堤内（2004）は，水泳を敬遠しがちであったが，子どもが溺れたときに助けられなくては困ると教室に通い，泳ぐ楽しみを見出した。子どもをどう育てるかは，親として，一人の人間としてどう生きるかと同じであり，「育児は育自」と述べている。これらは子育ての本質を端的に示した言葉であろう。

### 子どもの自立を援助する難しさ

　子どもが学童期に入ると，子育てに多少，ゆとりが感じられるようになり，親子はそれぞれ，外の世界に関心を向けはじめる。子どもが思春期に入ると，親子の間では日々の些細なことをめぐる対立が増える（⇨第 9 章）。親には，子どもからの拒否と反抗に耐え，わが子を自分とは異なる価値や文化をもつ他者として受容することと，子どもに保護と避難の場所を与える心理的対象でもあり続けることが求められる。このように相反する面をかかえることは，親の人

格的成熟の重要な契機である（柏木, 1993）。

　子どもが青年期になると，親にとっての**子どもの自立**を援助することが課題となるが，同時にそれは，親役割の喪失に向き合うことでもある。母子が密着している場合，子どもが自立することで，母親は空虚感や役割の喪失感を感じる「空の巣症候群」に陥る場合もある。子どもが大学生になり，サークルやアルバイトなど外での活動に積極的になる時期と，母親の更年期が重なることがある★。母親の更年期障害による体調不良が続くと，子どもは母親との関わりを増やして，対外的な活動を控える場合もある。また，過去30年の間に成人した未婚の子どもが親と同居し，食事や洗濯などの家事サービスを受け続けるパラサイト・シングルが増加した。その背景には親子双方の経済状態の脆弱化があるが，特に若年成人においては，子どもの成人後も親が「親をする」ことで，親は子どもから自立できず，子どもは生活能力を高めたり他者をケアしたりすることができないために，親子とも成熟がおろそかになる可能性がある（柏木, 2010）。

　子どもの自立によって親は，**夫婦関係**の問い直しと関係の再構築という課題に迫られることにもなる。中高年では，夫婦関係の満足度は夫に比べ妻の方が低く，妻の満足度は夫婦間のコミュニケーション頻度と関連している（伊藤, 2015）。夫婦間のコミュニケーションが少ない場合や，妻が子育ての大変な時期に協力や支援が得られなかったという思いが強い場合，関係の再構築が難しく，熟年離婚に至ることもある。

## 子育てをめぐる現代的な問題——夫婦で協働する子育てをめざして

　現代日本における子育てをめぐる問題には，①妊娠・出産・子育て中の女性のメンタルヘルス不調，②子育てと仕事の両立，③虐待を含む不適切な育児

---

**comment**

★　更年期とは閉経の前後約10年間（45〜55歳くらいまで）のことである。閉経が近づくと卵巣の働きが低下し，女性ホルモンの1つであるエストロゲンの分泌量が変動しながら急速に減少していく。エストロゲンには，皮膚の張りを保ち，骨を強く保つ作用，血管壁をゆるめ，コレステロールを減らすなどの作用，脳の認知機能を維持する作用や，扁桃体などに作用して不安関連行動を抑制する作用がある。エストロゲンの減少をはじめとするホルモンバランスの乱れは，ほてりやのぼせ，めまい，動悸，息切れなど全身の不快な症状や，頭痛や倦怠感，イライラや不安などの精神的症状を引き起こす。こうした症状のために日常生活に支障をきたすような場合を更年期障害という。なお，更年期における不調は個人差が大きい。

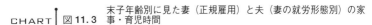

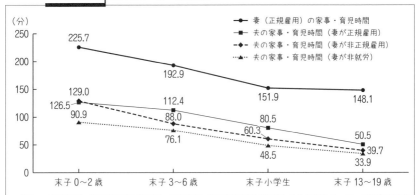

（マルトリートメント⇨第13章）があげられる。これらの3つに共通する背景として，女性における家事や育児の過重負担の問題を指摘できる。

わが国では，生物学上の女性には育児に適正な性質が生来的に備わっているという「**母性愛神話**」があり，母親が1人で育児を担う**孤立育児**を加速させてきた。母性愛神話は科学的根拠に欠くとして現在では否定されている（田中ら，2021）が，家事や育児における性役割分業はいまでも顕在している。日本では，妻と夫の家事・育児時間の差や労働時間の差が他国に比べてとりわけ大きく（内閣府，2020），妻が正規雇用労働者であっても，家事・育児の時間は，末子の年齢によらず妻の方が圧倒的に長い（図**11.3**）（内閣府男女共同参画局，2023；久我，2023）。

この背景には，夫の労働時間の長さがある。若い世代の男性では，家事・育児の分担意識や育休取得の意欲も上の世代に比べて高い（⇨第10章）。しかし，子育て世代の男性の労働時間は長く，育児に関わりたいと思ってもその時間が取れないことや，職場の理解が得られにくいことが悩みになっている。民間企業勤務の男性の育休取得率は30.1％となり，産後パパ育休が創設された2022年から2023年にかけて急増した（図**11.4**）とはいえ，いまだその率は低く，育休を取得しても短期間である男性が大半を占めている。

女性のライフコースが多様化した現代において，家事・育児の過重負担は，

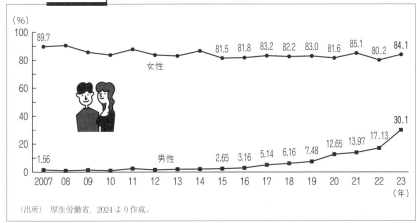

図11.4 育児休業取得率（民間企業）
（出所）厚生労働省，2024より作成。

女性に子育てと自身の生き方との葛藤を生じさせる。もとより，専業主婦の母親は有職の母親に比べ，子育ての責任を一身に担う負担感だけでなく，自分や子どもの将来への漠然とした不安や焦燥感も強いことが指摘されてきた。しかし，近年では，有職の母親の育児負担感や育児不安感も上昇し，専業主婦のそれと変わらないことを示す調査結果（ベネッセ教育総合研究所，2022）もあり，社会全体で子育てを支援する必要性が高まっている。

核家族化が進行し，血縁や地縁が希薄化した現代では，夫婦が協力することなくして，子育てを含む家庭生活はもはや成り立たなくなっている。両親が親としての役割をどのように一緒に行うかは，**コペアレンティング**（Feinberg, 2003）と呼ばれている。父母が互いを尊重し，協力的に子育てを進める良好なコペアレンティングは，家庭の状況が困難であったり，親や子ども自身に困難な特性があったりしたとしても，子どもへの悪影響を軽減させる可能性をもっている（加藤ほか，2014）。また，父親が子育てに積極的に携わることは，母親の育児への肯定的感情を高め，否定的感情を軽減する，子どもの積極性を促進する，父親自身の人格的成長にもつながるなど，多くの利点をもたらす（根ヶ山・柏木，2010）。

夫婦が協同して育児を進めていくためには，家事・育児への性役割意識の変容や，男女とも仕事と家庭を両立できる働き方の改革，社会全体で子どもを育てるという環境づくりが必要である（内閣府，2022）。2023年にはこども家庭庁

4 親としての発達 ● 187

> **Column⑥　アロマザリング――比較行動学における子育て**
>
> 　アロマザリングとは，母親以外による子育て（養育行動）であり，ハチやアリなどの昆虫類，鳥類，ゾウやオオカミなどの哺乳類，特に，霊長類でよく認められる。母親以外の子育てによって，母親は育児の負担が軽くなり，子どもは集団内の多様な成員と親密な絆をつくることができて，社会化や学習が促進される（根ヶ山・柏木，2010）。
>
> 　特に，ヒトの場合，複数の子を間隔をおいて産むため，妊娠・授乳・育児が重なり，母親のみで養育を行ったのでは子どもの生存確率が下がり，複数の手で子育てをした方が生存確率は上がる。そのため，ヒトのアロマザリングは発達してきたと考えられており，アロマザリングの担い手には，父親や祖父母など血縁，子守や養親など非血縁のほか，広い意味では，保育園などの教育機関，医療・保健機関，子育て支援や養子縁組などの制度も含まれる。特に父親が深く関与することも特徴であり，養育行動は，産む性にのみ備わる本能ではなく，後天的に育まれうる養護性によるものであると現在では考えられている。また，子どもの「はにかみ行動」やおどけてみせる行動も，母親以外の大人に受け入れられるための適性・能力と考えられている。根ヶ山・柏木（2010）は，虐待や育児不安など，母親一辺倒の子育てから生じる問題を指摘し，子どもの育つ場を「複数の集団成員による重層的育児ネットワーク」として，母子を開放系のシステムと考える視点の重要性を指摘している。ヒトの発達や子育てを，他の霊長類や動物と比較し俯瞰する比較行動学の視点は新鮮であり重要である。

が設立され，また，2024 年には男女雇用機会均等法や育児・介護休業法が改正されるなど，産業界を巻き込んだ働き方や男女格差の解消に向けた法整備が進められている。このような社会の変化によって，子育ての意識や行動も変化すると考えられる。

#  　老親の介護や看取りにおける発達

## 「老親扶養」の意識変化

親が加齢や病気により，身体的・経済的に自立した生活ができなくなると，

親の扶養や介護の問題が浮上する。かつて，年をとった親の扶養は「当然の義務」と考えられていたが，1990年代には「やむをえない」という意見が増えた（深谷，1995）。その後，2000年に，介護保険制度がはじまったことで，介護サービスが活用できるようになり，老親扶養の意識は大きく変化している。国立社会保障・人口問題研究（2023b）の調査では，「年老いた親の介護は家族が担うべきだ」への賛成割合（賛成・どちらかといえば賛成と答えた割合）は，2008年は63.3％であったが，2022年は38.9％となり，親の介護については旧来的な考え方への支持が少なくなる傾向が続いている。このような老親扶養意識の変化について，柏木（2012）は，老親扶養は，子どもの養育に親が投資した資源が子どもから還流されるヒト独自の営みであるが，資源還流の方略やケア関係は変化し，子どもの価値の低下や相対化，親孝行理念の終焉，家族介護の困難が生じていると指摘している。

## 介護の担い手と介護ストレス

　介護の社会化をめざす介護保険制度によって，現在はさまざまな介護サービスが利用できるようになったが，老親の介護に家族の果たす役割は依然として大きく，介護者の心理的負担感は大きくは軽減されていない。

　2020年に，介護保険制度で，介護または支援が必要と認定された65歳以上の人は655.8万人であり，2010年の約1.3倍に増加している。主な介護者は，配偶者，子，子の配偶者であり，介護者の性別は，男性35.0％，女性65.0％と女性が多い（内閣府，2023）。結婚している女性のうち，介護の必要な親（夫の親を含む）がいる割合は24.1％であり，50歳代では42.5％である（国立社会保障・人口問題研究所，2023b）。子育てだけでなく，介護においても女性の役割が大きくなっている。

　**介護ストレス**には，身体的・心理的・経済的負担があり，特に，「介護される人に妄想や徘徊などの問題行動がある」「介護を1人で担う」「介護される人との人間関係が悪い」といった場合，負担感が大きい（久世，2017）。食事，入浴，排泄などの直接的な介護だけでなく，24時間の見守りは，介護者にとって，時間的な拘束感や人生の喪失感につながる。ケアマネージャーなどの専門職に相談しても負担の軽減にならなかったり，家族以外の者が家庭に入ること

でストレスを感じたりすることもある。また，誰が主な介護者になるのか，介護のために退職するのか，医療をどうするのかなど，家族・親族で話し合っても，意見が食い違う場合もある。さらに，このような事情は人には話しにくいため，介護者は他者との交流を控えて孤立しやすくなる。支援のない孤独な介護は，介護者を追いつめ，虐待や介護殺人につながることもある。

### 介護・看取りによる発達

先に述べたように，介護ストレスは大きいものであるが，一方で，介護を継続している家族も多い。介護者にとっての介護の肯定的側面としては，高齢者との関わりの楽しさや介護の満足感だけでなく，介護から多くのことを学び，高齢者の姿から自身の将来（老後）を考える機会を得て，人間としての成長を感じることがあげられる。このように，介護者が介護役割や高齢者との関係に満足し，介護によって自らの成長を感じることは，介護者を限界まで追い詰めることを防ぐことにつながる（櫻井, 1999）。また，介護される人にこれまでお世話になったという思いや，他の家族の生活に支障をきたしたくないという思いをもちながら，無理をせず，「できる範囲でやる」と気持ちを切り替えることで介護を続けることができる場合が多い（鈴木, 2017）。

## 多重役割とジェネレイショナル・ケアの担い手としての成熟

これまで，仕事，子育て，介護について見てきたが，成人中期はこれらの**多重役割**を担うことになる。また，仕事，子育て，老親の介護は，それぞれ独立したものではなく，相互に影響しあうものである。例えば，ある男性が，仕事で昇進するために，勤め先から転勤するように求められたとき，子どもの受験と重なったとしよう。男性が単身赴任をするのか，男性の妻が仕事を辞めて，家族全員で転居し，子どもは新しい土地で受験するのか，男性が昇進を諦めるのか，勤め先と交渉して，転勤の時期を延ばしてもらうのか。転職や起業をするのだろうか。加えて，同居している親が病気がちで介護が必要な場合は，選択にも影響するだろう。この課題は，男性一人の選択や判断で解決できるもの

ではなく,家族,職場でのさまざまな話し合いや調整が必要になる。

エリクソンは,晩年,ライフサイクルは個人の中で完結するものではなく,世代から世代へと継続していく大きなサイクルを「ジェネレイショナル・サイクル」として,世代と世代が歯車のように噛み合い,世代交代によってリニューアルされると指摘した。西平(2013)は「育てられる者から育てる者へ,看取る者から看取られる者へ」(鯨岡,2002)という人の発達を**ケア**の観点から見ると,「子育て」と「介護」は世代から世代へと受け継がれていくケアの営み,「ジェネレイショナル・ケア」であるという。ケアは,気遣い,配慮,いたわり,育てる,世話,教育,介護,看護など,人が人に対して援助する多様な事象を表している。

かつては当然とされた子育てや親の介護は,現在は「ケアをする/しない」という選択の余地がある問題となった。個人の主体性,意思が尊重される現代,進路選択や結婚と同様に(⇨第10章),仕事/子育て/仕事・子育ての両立,介護をする/しないの選択は,自身が何に価値をおいているのかを問われることである。場合によっては,選択せずに状況に流されることもある。また,子どもと親世代に対する労力の配分や,他者のケアと自分自身のケアのバランスは難しい(西平,2013)。仕事において,後進を育てることもケアである。

このように考えると,成人中期は,ケアの担い手として,どのようなケアを引き受けるのかという選択や労力の配分が問われる世代であり,個人にとって「重要なこと」が徐々に明確になる時期である。また,ケアは短時間にできるものではなく,覚悟が必要であり,単なる他人の世話や介助ではなく,それ以上に自身の心の葛藤を克服する力が求められる。

---

**POINT**

☐ 1 成人中期は,体力の衰えや,青年期までに達成したものに危機を経験する人生の折り返し地点である。変化を受けとめる「柔軟性」と,次世代を育成し,また自己の有限性を受け入れる「生成継承性」が重要となる時期である。

☐ 2 子をもつこと・子育ての経験は,母親,父親に人格的成長,価値観の変化,そして夫婦関係に大きな変化をもたらす。

☐ 3 ライフサイクルは個人で完結するものでなく,世代から世代へとつながって

□ 4 成人中期は，仕事・子育て・介護の多重役割が課されると同時に，それを担うか否かの選択を問われる世代であり，個人にとって「重要なこと」が明確になる時期である。

## 引用文献　　　　　　　　　　　　　　　　　　　　　　　　　　Reference●

ベネッセ教育総合研究所（2022）「第6回　幼児の生活アンケート」

土堤内昭雄（2004）『父親が子育てに出会うとき――「育児」と「育自」の楽しみ再発見』筒井書房

エリクソン，E. H./仁科弥生訳（1977）『幼児期と社会1』みすず書房

Feinberg, M. E. (2003) The internal structure and ecological context of coparenting: A framework for research and intervention. *Parenting, Science and Practice*, 3, 95-131.

深谷昌志（1995）『親孝行の終焉』黎明書房

服部祥子・原田正文（1991）『乳幼児の心身発達と環境――大阪レポートと精神医学的視点』名古屋大学出版会

伊藤裕子（2015）「夫婦関係における親密性の様相」『発達心理学研究』26, 279-287.

柏木惠子編（1993）『父親の発達心理学――父性の現在とその周辺』川島書店

柏木惠子（2010）「アロマザリングを阻む文化――なぜ『母の手で』が減らないのか？」根ヶ山光一・柏木惠子編（2010）『ヒトの子育ての進化と文化――アロマザリングの役割を考える』有斐閣

柏木惠子（2012）「親としての発達」髙橋惠子・湯川良三・安藤寿康・秋山弘子編『発達科学入門3　青年期～後期高齢期』東京大学出版会

柏木惠子・若松素子（1994）「『親となる』ことによる人格発達――生涯発達的視点から親を研究する試み」『発達心理学研究』5, 72-83.

加藤道代・黒澤泰・神谷哲司．（2014）．「コペアレンティング――子育て研究におけるもうひとつの枠組み」『東北大学大学院教育学研究科研究年報』63, 83-102.

小嶋秀夫（1989）「養護性の発達とその意味」『乳幼児の社会的世界』有斐閣

国立社会保障・人口問題研究所（2023a）「2021年社会保障・人口問題基本調査（結婚と出産に関する全国調査）現代日本の結婚と出産――16回出生動向基本調査（独身者調査ならびに夫婦調査）報告書」

国立社会保障・人口問題研究所（2023b）「2022年社会保障・人口問題基本調査　第7回全国家庭動向調査　結果の概要」

厚生労働省（2024）「雇用均等基本調査」

久我尚子（2018）「女性のライフコースの理想と現実――最も人気の「両立コース」の実現度は3割弱。就労継続の鍵は？」

久我尚子（2019）「女性のライフコースの理想と現実――最も人気の「両立コース」の実現度は3割弱，働き方や母親のライフコースなど周りの影響が大」『ニッセイ基礎研究所 EPORT（冊紙版）』2月号，8-9.

久我尚子（2023）「男性の育休取得の現状――「産後パパ育休」の2022年は17.13％，今後の課題は代替要員の確保や質の向上」

鯨岡峻（2002）『〈育てられる者〉から〈育てる者〉へ――関係発達の視点から』日本放送出版協会

クラム, K. E.／渡辺直登・伊藤知子訳（2003）『メンタリング――会社の中の発達支援関係』白桃書房

久世淳子（2017）「高齢者の人間関係」山口智子編『老いのこころと寄り添うこころ――介護職・対人援助職のための心理学』改訂版，遠見書房

文部科学省（2022）令和3年度「家庭教育の総合的推進に関する調査研究――『家庭教育』に関する国民の意識調査」調査結果報告書

内閣府（2020）「特集「家事・育児・介護」と「仕事」のバランス――個人は，家庭は，社会はどう向き合っていくか」『令和2年版男女共同参画白書』

内閣府（2022）『令和4年 少子化社会対策白書』

内閣府（2023）『令和5年版 高齢社会白書』

内閣府男女共同参画局（2023）『令和5年版 男女共同参画白書』

根ヶ山光一・柏木惠子編（2010）『ヒトの子育ての進化と文化――アロマザリングの役割を考える』有斐閣

西平直編（2013）『ケアと人間――心理・教育・宗教』ミネルヴァ書房

大日向雅美（1988）『母性の研究――その形成と変容の過程：伝統的母性観への反証』川島書店

大日向雅美（2014）「子育てひろば「あい・ぽーと」今月のメッセージ 2014年12月」

岡本祐子（1985）「中年期の自我同一性に関する研究」『教育心理学研究』**33**，295-306.

岡本祐子（1994）「現代女性をとりまく状況」岡本祐子・松下美知子編『女性のためのライフサイクル心理学』福村出版

シャイン, E. H.／二村敏子・三善勝代訳（1991）『キャリア・ダイナミクス――キャリアとは，生涯を通しての人間の生き方・表現である』白桃書房

坂上裕子（2005）『子どもの反抗期における母親の発達――歩行開始期の母子の共変化過程』風間書房

櫻井成美（1999）「介護肯定感がもつ負担軽減効果」『心理学研究』**70**, 203-210.

鈴木亮子（2017）「認知症をかかえる人と家族」山口智子編『老いのこころと寄り添うこころ――介護職・対人援助職のための心理学』改訂版，遠見書房

田中慶子（2020）「1990年代以降の注1990年代以降の中期親子関係研究――『パラサイト　シングル』論の成果と課題」『家族研究年報』**45**, 27-42.

田中友香理・明和政子・松永倫子（2021）「親性の統合的理解を目指して」『発達心理学研究』**32**, 167-170.

渡辺三枝子編（2018）『新版キャリアの心理学――キャリア支援への発達的アプローチ』第2版，ナカニシヤ出版

# CHAPTER 12

## 人生を振りかえる

### KEYWORDS

エイジズム　エイジング・パラドックス　生物学的加齢　終末低下　知能　流動性知能　結晶性知能　超高齢期　補償　SOC 理論（選択最適化補償理論）　熟達化　軽度認知障害　知恵　ライフレヴュー　社会情動的選択性理論　老年的超越　ウェルビーイング　サクセスフル・エイジング　QOL　社会的離脱　活動持続　継続性理論　日常生活動作（ADL）　ソーシャル・ネットワーク　コンボイ・モデル　喪失と悲嘆　死のプロセス

> **QUESTION 12-1**　成人後期（高齢期）になると，どのような心理的変化が起こるのだろうか。また，あなたは高齢者や歳をとることをどのようにとらえているだろうか。

## 1　老いるとはどういうことか

### 加齢についての理解とエイジズム

まず，QUESTION 12-2 のクイズに答えてみよう。

## QUESTION 12-2

次の文章について,「そう思う (5)」「まあそう思う (4)」「どちらともいえない (3)」「あまりそう思わない (2)」「そう思わない (1)」の5段階で回答してみよう。

> 1. 多くの高齢者は，けちでお金を貯めている（　　）
> 2. 多くの高齢者は古くからの友達でかたまって，新しい友達を作ることに興味がない（　　）
> 3. 多くの高齢者は過去に生きている（　　）
> 4. 高齢者に合うと，時々目を合わせないようにしてしまう（　　）
> 5. 高齢者が私に話しかけてきても，私は話をしたくない（　　）
> 6. 高齢者は，若い人の集まりに呼ばれた時には感謝すべきだ（　　）
> 7. もし招待されても，自分は老人クラブの行事には行きたくない（　　）
> 8. 個人的には，高齢者とは長い時間を過ごしたくない（　　）
> 9. ほとんどの高齢者は，同じ話を何度もするのでイライラさせられる（　　）

(注) 質問項目は日本語版 Fraboni エイジズム尺度（FSA）短縮版（原田ら，2004）の一部である。1から3が「誹謗」，4から6が「回避」，7から9が「嫌悪・差別」の項目である。

　これはエイジズムを測定する尺度であり，点数が高いほどエイジズムの傾向が強いことになる。

　**エイジズム**（ageism）とは，年齢に対する差別であり，高齢者★は病気がちであるなどのステレオタイプ，歳はとりたくないという態度，雇用における年齢制限などである。このエイジズムを生む要因には，権威へのこだわり，欲求不満による差別，自分の考えと一致しないことは無視する選択的な知覚，差別の合理化，死の不安による老人嫌悪，加齢に対する無知などが考えられている。そこで，エイジズムの解決には，加齢変化を正しく理解すること，教育やメディアによる正しい情報の提供，高齢者の心身や経済状況を改善すること，世代間交流を促すことが役立つ（パルモア，2002；竹内・片桐，2020）。わが国でも，高齢者に対する否定的イメージは強いが，加齢を否定的にとらえることは若者の時間的展望にも影響するので，加齢の様相を正しく理解することが重要である。

---
comment

★　高齢者の区分：高齢者とは，行政的には65歳以上の人であり，65〜74歳を前期高齢者，75歳以降を後期高齢者としている。一般的な高齢者の研究では，65〜74歳を前期高齢者，75〜85歳を後期高齢者，85歳以上を超高齢者と区分している。100歳以上の高齢者も増え，100歳以上の高齢者を百寿者という場合もある。

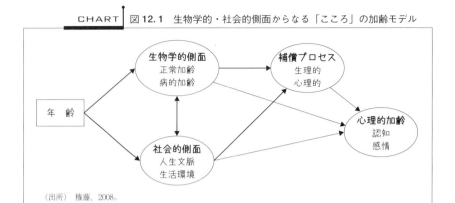

CHART 図12.1 生物学的・社会的側面からなる「こころ」の加齢モデル

(出所) 権藤, 2008。

## 生物学的加齢と心理的加齢の関連 ── エイジング・パラドックス

　高齢期には, 病気や死別などさまざまなネガティブな状況が増えるにもかかわらず, 高齢者の幸福感は低下せず維持されており, この現象を**エイジング・パラドックス**という。図12.1 の「こころ」の加齢モデルを見ると, 高齢期には生物学的側面の変化（**生物学的加齢**）や社会的側面の変化が生じるが, それが直接, 心理的加齢（認知や感情）に影響を及ぼすのではなく, 心理的加齢の機能低下を減弱させる補償プロセスが想定されている。生物学的加齢には正常加齢と病的加齢があり, 正常加齢には, 体細胞の減少, 臓器の縮小, 動脈硬化, 免疫系の脆弱化, 代謝や性ホルモンの分泌低下などがある。動脈硬化が進行すると脳梗塞や心筋梗塞のリスクとして病的加齢となる。社会的側面の変化とは, 人生文脈や生活環境の変化であり, 引退, 死別, 病気などの喪失がある。これに対する補償プロセスとしては, 後述する SOC 理論, 社会情動的選択性理論, 老年的超越などが関連すると考えられている (権藤, 2016 ; 権藤, 2022)。なお, 機能は使わなければ衰える。使わないことによる機能低下は生活不活発病（廃用性障害）といわれ, 関節の拘縮や変形, 骨格筋の萎縮, 心臓機能の低下など身体面だけでなく, 認知機能の低下など心理面にも及ぶ。高齢期は対人交流が減少し, 心身の機能を使う機会が少なくなりやすいので, 意識的に心身の機能を活性化する必要がある。最近の研究では, 心理的側面における個人差は, 加齢とともに遺伝による説明率が高くなる傾向があることが示されている。また, 高齢者の寿命と関連して認知機能が急低下する現象を**終末低下**という。

# 2 認知機能の加齢変化

**QUESTION 12-3**

高齢期には，知的能力は衰えてしまうのだろうか。衰えを回避できるのだろうか。また，老賢者といわれるような知恵を身につけることができるのだろうか。認知機能の変化はエイジング・パラドックスとどのように関連するのだろうか。高齢者のことを思い浮かべて考えてみよう。

## 記憶

記憶にはいくつかの種類がある（⇨第8章）。加齢の影響が著しいのは，作動記憶（ワーキングメモリ）とエピソード記憶であり，意味記憶や手続き記憶は維持される。自伝的記憶に関する研究では，高齢者は青年期と成人初期の出来事を思い出すことが多く，これは仕事や結婚などの選択をする時期であるためと考えられている。また，高齢者はネガティブな出来事よりもポジティブな出来事を多く思い出し，ネガティブな出来事も青年期に比べて，よりポジティブに思い出すことが報告されている。

## 知能

知能は，研究初期，横断的研究では，20歳代から30歳代でピークを迎え，その後，低下すると考えられていた。その後，ホーンとキャッテルが知能につ

―――― comment

★ 横断的研究と縦断的研究：横断的研究は，年齢の異なる複数の集団を一斉に調査して発達的変化を検討する方法である。メリットは短期間に多くのデータを収集することができることであり，デメリットは個人の発達の軌跡をとらえたものではないことや結果に時代背景など環境要因（例えば，知能の発達では時代による教育歴の違いなど）の影響が含まれることがあげられる。縦断的研究は，同一の個人や同一集団を継続的に調査することで発達的変化を検討する方法である。メリットは個人の時間経過による変化をもとにして発達的変化を検討できることであり，デメリットは，結果を得るまでに膨大な時間がかかること，収集できるデータが少ないこと，繰り返しの調査のために練習効果が生じることなどがあげられる。シャイエ（Schaie, 1980）が用いた系列法は横断的研究と縦断的研究を組み合わせた方法である。具体的には25歳から81歳まで7歳刻みの年齢群をつくり，それらの年齢群に知能検査を行い（横断的研究），さらに，7年後，14年後に追跡調査（縦断的研究）を行うことで，縦断的研究よりも短期間に，いろいろな要因を排除した発達的変化をとらえることができた。

CHART 図12.2 シャイエが推定した結晶性─流動性知能の発達曲線

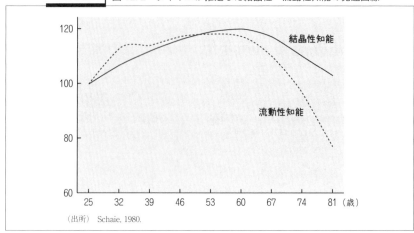

(出所) Schaie, 1980.

いて流動性知能と結晶性知能というとらえ方を提案した。**流動性知能**とは、頭の回転の速さや推論力、思考の柔軟性など、中枢神経の働きと関連するものであり、**結晶性知能**とは、言葉の意味、一般的な知識など、教育や社会活動などの経験が関連するものである。シャイエ（Schaie, 1980）の横断的方法と縦断的方法を組み合わせた系列法を用いた研究では、流動性知能は40歳代でピークを迎え、60歳代後半以降大きく低下するのに対して、結晶性知能は60歳代でピークを迎え、80歳代以降に低下している（図12.2）。

その後、シャイエ（Schaie, 2013）の縦断的研究では、言語理解は60歳代後半以降に低下しはじめるが、その低下は緩やかであり、80歳前後まで維持されている。帰納的推論、空間イメージ操作、知覚速度、数的処理、言語記憶も60歳頃まで維持されている（図12.3）。これらの研究から、初期の研究結果や私たちがもっている高齢者イメージよりも、知能はかなり人生後半まで維持されているといえよう。85歳からの**超高齢期**には、流動性知能と結晶性知能の差異が認められなくなり、感覚機能（視聴覚機能・バランス・歩行）の衰えが知能の低下と関連する（Baltes & Mayer, 1999）。

なお、神経認知機構の加齢発達に影響する要因には、脳の器質や機能だけでなく、心・血管系機能、日常生活や対人関係、感情が影響している（図12.4）。

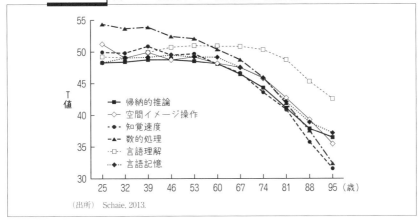

図12.3 縦断法による認知機能の加齢変化
（出所）Schaie, 2013.

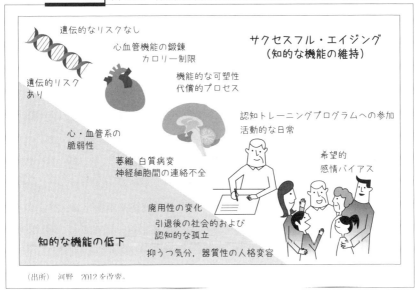

図12.4 神経認知機構の加齢発達に影響するいろいろな要因
（出所）河野, 2012を改変。

## 認知機能の低下を補償する方略：SOC理論

　正常加齢の場合，流動性知能が60歳代後半以降低下しても，高齢者の日常生活に大きな支障は生じない。それには，長年繰り返してきたことは意識せずに行動して認知処理過程の負担を軽減する「自動化過程」，基礎的な認知機能

の低下を補うために別の認知機能を高める「補償」と SOC 理論（選択最適化補償理論）が関係している（Baltes & Baltes, 1990）。SOC 理論とは，身体機能，認知機能，対人関係が衰退したとき，目標や労力や時間を使う領域や対象を選択し（選択；selection），望む方向へ機能を高める資源を獲得，または調整し（最適化；optimization），新たな工夫をして補う（補償；compensation）というものである。例としては，高齢のピアニストのルービンシュタインへのインタヴューがある。ルービンシュタインは，身体機能の衰えに対して，演奏する曲を絞り（S），その曲の練習を繰り返し（O），テンポの速い部分はアクセントをつける（C）と語っている。彼は練習や演奏方法を工夫して聴衆を魅了し続けたのである。SOC 理論は，機能低下や喪失への対処方略であり，エイジング・パラドックスに関連する理論の１つと考えられている。

　また，スポーツや芸術に打ち込むことで人並み外れた技能や問題解決能力をもつようになる**熟達化**や高齢者が他者理解や対人場面で優れた能力を発揮する社会的な熟達化という発達的側面も指摘されている（高山，2012）。

## 認知機能の低下に対する予防的介入

　加齢に伴い，脳の重量は減少し，脳の萎縮が生じやすくなる。脳は，いったん，萎縮すると脳神経細胞の再生や修復は難しく，認知機能の低下をもたらし，生活に支障を生じさせ，認知症（⇨第 13 章）に至る場合もある。これに対して，高齢者に対する認知機能の訓練効果が報告されており（⇨第 1 章），近年，特に，急増する認知症への予防的介入の対象として，**軽度認知障害**（MCI：Mild Cognitive Impairment）が注目されている。軽度認知障害は一般的な認知機能や日常生活能力は保たれ，認知症ではないが，記憶や認知機能の低下が認められるものである。認知検査で正常な老化と区別できる時点から認知症の診断がつく時点までは，5 年から 10 年である。認知症予防には，家に閉じこもらないこと，対人交流や生活活動や趣味活動が有効であり，認知機能改善等のプログラムなども必要に応じて行われている。高齢者が昔話をしながら，交流を深める回想法もさまざまな地域で行われている。北名古屋市では，グループ回想法により，高齢者の自尊心を高め，高齢者同士の関係を深めているが，回想法終了後は，ボランティアとして，子どもたちに昔の遊びを教えるなど地域活動を行ってい

る（遠藤，2007）。回想法による脳機能の活性化だけでなく，高齢者が地域に貢献できると感じることが充実感や生きがいにつながり，効果的な認知症予防，介護予防となる。

## 知　恵

　古くから，知恵は「老賢者」「長老」など年長者の特徴と考えられてきた。知恵の心理学研究の歴史は浅く，認知発達の側面からの研究，エリクソンからはじまるパーソナリティ発達の研究，知能研究から発展した研究という3つの流れがある。実証的な研究が行われたのは1980年代になってからであり，知能研究を基礎としたバルテスら（Baltes & Staudinger, 2000）によるベルリン知恵プロジェクトが代表的なものである。

　バルテスらは，知恵（wisdom）を「重大かつ人生の根本に影響を与えるような実践場面における熟達化した知識体系」であり，人間発達の調和のとれた統合と考えている。例えば，「15歳の少女が結婚したいと言っているとき，どのように考え，どのような対応をするか」などの場面である。このときに必要な知恵は，①人生の問題に対する豊富な知識（宣言的知識），②人生の問題に対処するための方法（手続き的知識），③問題の背景や文脈の理解（文脈理解），④多様な価値観があることや人生の優先順位の理解（価値相対性の理解），⑤人生には予測不能で不確実な事柄があることの理解（不確実性の理解）である。

　研究では，15歳の少女の結婚など人生計画場面や幼なじみと再会したときに人生をどう語るかという人生回顧場面を課題として，頭に浮かんだことをすべて声に出してもらい，それを知恵の5つの側面から検討した。その結果，予想に反して，知恵と年齢との関連は認められなかった。むしろ，知能，開放的な性格特性，認知スタイル，専門的な職業経験などとの関連が認められている（⇨第1章の「発達の可塑性」）（高山，2012）。知恵は年齢を重ねるだけでは獲得するのは難しい。しかし，専門的な職業経験などを重ねて，いったん獲得された知恵は人生後半も維持できると考えられる。

# 3 パーソナリティの発達と情動の調整

**QUESTION 12-4** 死が身近になる高齢者にとって，パーソナリティは変容するのだろうか。人生をどのように振りかえり，意味づけるのだろうか。高齢者の心の安寧にはどのようなことが関連するのだろうか。

### 人生の振りかえり

エリクソン（1977）によると，高齢期の心理社会的危機は「統合 対 絶望」である。高齢者は「自分の人生は何であったのか」と振りかえり，人生をかけがえのないものとして，よい面も悪い面もありのままに受けとめる統合と，後悔を感じながらも，やり直す時間がないと感じる絶望を経験する。その揺らぎの中で，統合の感覚が絶望より勝ると，人生を受容することができ，死の不安から解放される。また，精神科医のバトラー（Butler, 1963）も，高齢者が死の接近を意識し人生を回顧すること（ライフレヴュー）は自然で普遍的な過程であり，葛藤の解決や人生の新たな意味の発見につながると指摘している。このように，人生の振りかえりは高齢者にとって重要な発達課題である。

### 人生の意味づけの変容過程

ここでは，「人生をどのように語るのか」の調査で出会ったAさん（89歳）の語りを紹介し，人生の意味づけの変容や葛藤の解決について考えたい（表12.1）。

親から引き継いだ家業を廃業せざるをえなかったAさんは当初，「仕事しかないつまらん人生」と繰り返し，仕事や廃業について葛藤があると考えられた。面接で，Aさんは「一生懸命働かれたのでは？」という他者（面接者）の言葉を取り入れて，成功か廃業（失敗）かという達成による評価ではなく，「全力投球」など努力の視点から評価し，「子どもの教育」と関連づけて「充実感」として語り直している。このように，未解決の葛藤の再吟味では，他者の言葉

CHART 表 12.1　A さんの人生の語りの変容過程

〈第1回〉A さんは，妻の死後，息子家族との折り合いが悪くなり，一人暮らしをしている 80 代後半の男性である。生涯学習センターの講座に参加し，心身とも健康状態はよい方である。
　面接では「40 代，50 代は仕事しかないつまらない人生だった。ただ暮らすために仕事一点張り。つまらん生活したな。どうしてこういう人生だったのだろうか」と虚空を見つめて何度も語る。調査者が〈一生懸命働かれたのでは？〉に「働くのは働いたなあ」と言い，「うん。一生懸命仕事をしたとはいえる。一生懸命せざるをえなかった。長男だし，他の道の選択はなかった。けど，それは卑怯な言い方かもしれん。自分を通さなかった」と語った。

〈第2回〉第 1 回から数カ月後，調査者がまとめたライフヒストリーを見せると，「100%，全くこの通りです。……白を黒とも黒を白とも言えることを納得させるのは大変な仕事，四つに組んでやってほしい。こうやって話すと先生がまとめて発表する。それが高齢者の理解に役立てば嬉しい」と語った。

〈第3回〉第 2 回から約 1 年後，A さんが持参したレポートには「40 代から 50 代は仕事だけの生活であった。同業者同士食うか食われるかの全くゆとりのない生活。私なりに全力投球したなあと思い，ある意味では心の充実感をもつことができた。……私の生活時間帯は子どもの教育に全力投球，自分の中学中退のことを思い，子どもには万全を尽くしてやろうと考えた。……これで親としての子供への役目は果たしたと充実感を覚えた」と書いてあった。また，近所の葬儀に参列し，「付き合いの葬式は迷惑がかかるので，密葬にしてほしい」と語り，「死んだら無」と考える A さんは，医学教育に役立ちたいと献体登録をしていることを語った。

〈第4回〉第 3 回面接から約 1 年後，A さんは「息子らも（次男の）嫁もよくしてくれるが，前に（長男の）嫁（故人）といろいろあったし，家族に看てもらうのは難しいなあと思う。自分のことができなくなったときはプロの人に看て欲しい。で，そこ（施設）に行くことに決めた」と晴れやかに語った。
　「本当は上の学校に行きたかったし，上の学校に行っていたらもう少しましな生活ができたかなあ。私らの時代ではもう少し経済力があったらと思うけど，あの時代は家業を継ぐのが当たり前の時代。自分の代で仕事はやめた。時代の流れには勝てんで，まあ，それは仕方がないね。父や祖父が仕事をして土地を残してくれたので施設に入れるでありがたい。息子らもよくしてくれて，施設に立ち寄り職員の人にあいさつをしてきてくれた」と語った。

（出所）　山口，2004 より作成。

の取り入れや視点の転換によって，新たな意味の生成が行われている。このような過程はエリクソンの指摘する統合と関連すると考えられる。

### 社会情動的選択性理論——未来展望と動機づけの変容

　高齢になると，人間関係が大きく広がることはないが，それはなぜだろうか。カーステンセン（Carstensen, 1995）の**社会情動的選択性理論**は，未来展望（人生の有限性の自覚）と動機づけに関する理論である。高齢者は残りの時間が限られていると感じると，若者のように新たな知識を獲得することよりも，現在の

情動的満足を志向するようになる。高齢者はより情動的満足が得られる人間関係を大切にしながら，幸福感を高める活動を積極的に行うことによって，さらに幸福感が高まると考えられる。高齢者が仲のよい仲間と旅行を楽しむことで幸福感が高まることなどは，その好例であろう。

### 老年的超越

超高齢期になると，高齢者は，心身が衰えて，他者の世話を受けることになる。そして，依存性や見捨てられ不安が生じ，かつて獲得した基本的な信頼感を再び獲得することが課題となる。トーンスタム（Tornstam, 2005）は，超高齢者の変化として，従来の価値観から解放されて，表面的な人間関係や社会的地位を重要視しなくなり，自己にこだわる気持ちが薄れて利他的になり，先祖や昔の時代とのつながり，人類や宇宙との一体感，生命の神秘を感じ，死への恐れからも解放されることを指摘し，これを**老年的超越**としている。

表 12.1 に示した A さんは，葬式を儀礼的なつきあいと感じ，密葬を希望し，「死は無」と考えて，献体登録もしている。これらは老年的超越で指摘されている新たな価値観，自己のとらえ方，行動特性と理解することもできる。

社会情動的選択性理論と老年的超越も「こころ」の加齢に対する補償システム（図 12.1）の理論であり，エイジング・パラドックスに関連する。

## 4 発達を支える家族や社会のネットワーク

QUESTION 12-5
あなたは，将来，生涯現役と悠々自適の生活のどちらが希望だろうか。また，高齢者にとって，孫はどのような存在だろうか。

### サクセスフル・エイジングと生きがい

高齢者のウェルビーイング（肉体的・精神的・社会的に満たされた状態）やサクセスフル・エイジング（幸福な老い）のあり方については，長寿や物質的豊か

さという量的側面だけでなく，精神的な豊かさや満足度など，**QOL**（quality of life；生〔生命，人生，生活〕の質）を考慮する必要がある。1960年代から70年代にかけて，アメリカでは，地位や役割など社会的活動の変化と幸福な老いとの関連について，中年期の活動水準や活動様式を維持することが生活満足度を高めるとする活動理論と，引退後は徐々に社会との交流を減じ，**社会的離脱**をするほど幸福感が高いとする離脱理論が提唱され，議論が活発に行われた。その後，高齢期は個人差が非常に大きく，適応様式にも個人差が生じるので，その人の価値観や営んでいる生活を継続すること（活動持続）が適応的とする**継続性理論**が提唱されている。

　高齢者のQOL，主観的幸福感や生きがいは，就労，社会的活動，健康と密接に関連している。日本の高齢者の就労状況を見ると，2022年の調査では，労働人口6902万人のうち，65〜69歳の者が395万人，70歳以上の者が532万人であり，両方を合わせると全体の13.4%を占めている。65〜69歳の男性の61.0%，女性の41.3%が就業しており，2007年に比べ，男女とも10%以上，就労者が増加している。また，働けるうちは働きたいと思う高齢者は多い。高齢者の就業者数や就業率の増加には，高齢者が多様な働き方を選択できる制度や環境の整備が進んでいることが関連する。

　グループ活動など地域活動には高齢者の約6割が参加しており，「健康・スポーツ」「地域行事」などの活動の人気が高く，生きがいを感じている。寿命の面で見ると，令和3年（2021年）の平均寿命は，男性81.47歳，女性87.57歳であり，健康上の問題で日常生活に制限のない期間の平均である健康寿命は，男性72.68歳，女性75.38歳である。多くの高齢者は病気があっても，**日常生活動作（ADL）** に支障はなく，健康に歳をとること（健康長寿）への関心は高い。65歳以上の高齢者のうち，日常生活に影響がある者は約5分の1である。健康状態は主観的幸福感と密接に関連しているが，健康上の理由によって社会的活動には参加できないものの，幸福感が高い高齢者も存在していることから，主観的な意味づけや生きがいが重要である（内閣府，2023）といえる。

## 家族関係

　日本では，高齢者のいる世帯は約2580万世帯であり，全体の約5割を占め

る。以前は，子ども家族と同居する高齢者が多かったが，その数は急速に減少し，近年では，「夫婦のみ」「一人暮らし」といった高齢者のみの世帯が増加し，2021年には高齢者のいる世帯の60%を超えている（内閣府，2023）。家族と一緒に暮らしている高齢者は，家事の担い手，家計の支え手（かせぎ手），家族や親族の相談相手としての役割を果たしている。一方，別居している子どもたちとの接触頻度は「ほぼ毎日」が14.8%，「週1回以上」が27.1%であり，アメリカ，スウェーデン，ドイツに比べて，別居での接触頻度は低い。同居と別居で，家族関係は異なり，他の国に比べると，日本の高齢者と家族の交流は，親密であるとはいえない（内閣府，2021）。

　孫との関わりを見ると，高齢者は，孫が幼い頃に家事や育児の手伝い，病気の世話を行うだけでなく，教育費など経済的援助を長期にわたり行う場合もある。高齢者にとって，孫は子育てを再体験させてくれたり，自分の生命が引き継がれることを自覚させてくれたりする重要な存在である。また，孫にとって，祖父母は世話や経済的援助を施してくれるだけでなく，孫である自分の成長を見守り，伝統を伝え，生き方のモデルとなる，重要な存在である。

## ソーシャル・ネットワークとコンボイ・モデル

　人は互いに助け合って生活しており，それぞれが**ソーシャル・ネットワーク**をつくっている。**図 12.5** は**コンボイ・モデル**（Kahn & Antonucci, 1980）である。コンボイとは護送船団の意味で，同心円の内側ほど身近で頼りにできる重要な人物であり，外側ほど社会的な役割による人物である。**図 12.6** を見ると，ソーシャル・ネットワークの人数は中年期にピークを迎え，高齢期には減少している。しかし，第一円の（とても親しい人）の人数の変化は少ない。**図 12.7** は高齢期におけるソーシャル・ネットワークの人数の変化である。第一円（とても親しい人）・第二円（親しい人）の人数の変化に比べて，第三円（あまり親しくない人）の人数は大きく減少している。これらのことから，高齢者は，活動や行動範囲が狭まる中で，気の合わない人との交流は控えるようになり，ソーシャル・ネットワークは縮小するが，生存や安心感の支えになる重要な人との関係は維持しているといえる（Carstensen, 1995；高橋，2010）。

　では，高齢者と重要な人物との関係は常に安定しているのだろうか。高齢期

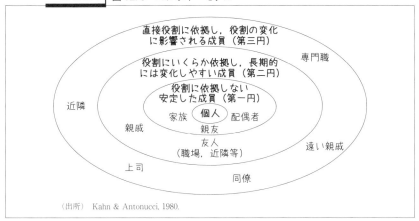
図12.5 コンボイ・モデル
（出所）Kahn & Antonucci, 1980.

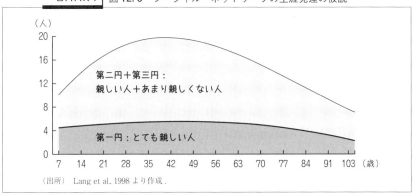
図12.6 ソーシャル・ネットワークの生涯発達の仮説
（出所）Lang et al., 1998 より作成.

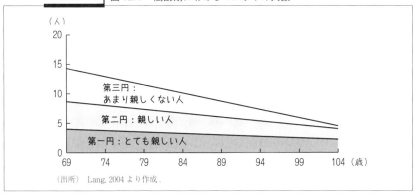
図12.7 高齢期におけるコンボイの人数
（出所）Lang, 2004 より作成.

には，配偶者や親友が施設に入所したり，亡くなるなど，重要な人物との別れを経験することが増えてくる。例えば，配偶者の死によって，子どもと同居するために住み慣れた地を離れ，友人との交流ができなくなるなどである。このような対人関係の激変は心身のバランスを崩す契機になりやすい。同居することになった家族との関係調整や地域での友人づくりなどの対応が必要となる。

# ⑤ 高齢者の死生観と死をめぐる問題

### 喪失と悲嘆

　高齢期は，配偶者，友人との死別などさまざまな**喪失と悲嘆**を経験する。このような近親者との死別は対象喪失の１つであり，死別によって生じる悲嘆（グリーフ）は悲しいというだけでなく，身体症状として持病の悪化，情動的反応としてのうつ症状，閉じこもりや自殺などの行動につながることもある。特に，配偶者の死への適応は高齢期の発達課題としてあげられている。ペット・ロスが深刻な悲嘆につながる場合もある（山口，2023）。

**QUESTION 12-6**
超高齢社会の中で，高齢者にとって，死はどのようなものだろうか。50年後，あなたは，重篤な病気や死期の告知を望むだろうか。延命治療を望むだろうか。親や祖父母のこととして考えると，何か違いはあるだろうか。

### 終末期の死のプロセス ── キューブラー＝ロスの理論

　キューブラー＝ロス（1971）は臨死患者へのインタヴューから，**死のプロセス**として，死ぬのは嘘ではないかと考える「否認」，なぜ自分がという「怒り」，何とか死なずにすむように試みる「取引」，死が避けられないと感じて気分が落ち込む「抑うつ」，死を受け入れる「受容」の５段階を提唱した。この理論は必ずしもこの順番で進まない，受容に至らない場合があると批判されているが，死に直面した心理の諸相を示すものとして理解することができる。

### 日本の高齢者の死生観と「お迎え」体験

　日本の高齢者の死生観や死の迎え方はキューブラー゠ロスの理論と異なるという指摘がある（清藤ほか，2002；大村，2010）。わが国では，自宅で家族に見守られて，安らかに終末期を過ごしたいと望む高齢者が多い。しかし，1976年を境に自宅で亡くなる人は減少し，現在は約8割が病院や施設で亡くなっている。また，多くの高齢者は，健康でないことに苦痛や不満をもちながらも，人生を比較的肯定的に受けとめ，死を受容するという微妙に錯綜する思いをもっており，延命治療よりも自然死を望む。死期が近づいた高齢者が，すでに亡くなった親，きょうだい，配偶者など死者に話しかけたり，姿を見たりした，という場合があり，このような体験は「お迎え」と呼ばれている。清藤ほか（2002）によると，介護サービスを利用して，高齢者を自宅で看取った家族の約4割が，高齢者が「お迎え」を体験し，非常に穏やかな最期を迎えたと報告している。また，「死は必然，いのちは所与」と考える高齢者は死を安らかに受容し，自己を他者とつながった存在と考える高齢者は，子孫，神仏，国家，世界など自己を超越した存在とのつながりを感じ，死の恐怖が観察されることは少ないとも指摘されている。このように，死生観や死の迎え方は，文化や自己の様相によって異なっている（山口，2017）。

### 延命治療と尊厳死 —— 超高齢社会を生きる

　医療が進歩し，人工栄養や人工呼吸による延命が可能になった現代は，延命治療を望むのか，尊厳死を望むのか，延命治療をいつやめるのかが問題となる場合もある。高齢者の望みは何か，看取る家族の想いはどうか，望みや想いが異なる場合はどのように調整するのか，最終的に誰が決断するのかは，人生の締めくくりにおける難しい課題である。日本ではこれまで，死はタブー視されてきた。しかし，近年，終末期医療のあり方が検討され，人びとも「終活」として，尊厳死，葬儀，墓などの人生の締めくくりを主体的に考える動きがある。

　日本は，少子高齢化が進み，人類史上はじめての超高齢社会を迎えた。長い高齢期はヒトにのみ存在するものであり，祖母が子育てを手助けすることによって，祖母自身の老化の進行が緩慢になるという祖母仮説（⇨第1章）がある。

> **Column ⑦　バトラーの提言 —— プロダクティヴ・エイジングと長寿革命**
>
> 　「ライフレヴュー」を提唱したバトラーは,「エイジズム」「プロダクティヴ・エイジング」「長寿革命」などの提言を続け,老年学の父といわれている。提言では,社会に対して,エイジズム(高齢者差別)の改善を求めるだけでなく,「プロダクティヴ・エイジング」では,高齢者自身も,「ケアを受ける存在」ではなく,プロダクティヴであれという。プロダクティヴとは,社会貢献と訳される場合もあるが,有償・無償の労働,ボランティア,家族のケアだけでなく,"自分自身のケア"も含むものである。さらに,バトラーは,医療費などの負担増加が高齢者排除につながる危険性を危惧し,その危険性に対して,「長寿は人類の望みであり,高齢者が健康で活発に生きることができる社会では,高齢化は恩恵であり,富の創出につながる(長寿革命)」と主張し,人びとの意識改革を促している(国際長寿センター,2010)。
> 　近年,健康寿命を延ばす「健康長寿」の重要性が注目され,百寿者研究など認知加齢の研究や介護予防,認知症予防の介入が進められている。健康長寿,プロダクティヴ・エイジング,長寿革命の実現に発達心理学が果たす役割は大きい。

　ヒトの長寿化にどのような意味があるのかを進化の面から問うのは,興味深いことである。長寿化の中で,高齢者は,心身の機能低下や喪失という課題に対して,補償の方略を用いたり,ものの見方を変えて,人生に肯定的な意味づけをすることを模索したりするといった対処をしており,心身の機能が低下しても,自己は比較的安定し,肯定的に保たれている。そして,高齢者は死のテーマにも向き合うことになる。家族に迷惑をかけないことを願い,健康に気を配る高齢者は多く,死を意識することは人生をどのように生きるのかということにも関連している。

---

**POINT**

□ 1　高齢期には,生物学的機能低下や社会的喪失が生じるが,それによる心理面や認知機能低下を補う補償プロセスがある。

- ☐ 2 高齢者の認知機能や心理面の発達には，対人交流や生活活動，趣味活動，職業経験，健康状態などさまざまな要素が密接に関連する。
- ☐ 3 超高齢期には従来の価値観からの解放，生命の神秘への関心，死への恐れからの解放といったような老年的超越が見られることもある。
- ☐ 4 高齢期には，活動や行動範囲が狭まり，ソーシャル・ネットワークは縮小するが，重要な人との関係は維持される。
- ☐ 5 エイジング・パラドックスに関する主な理論には，SOC 理論，社会情動的選択性理論，老年的超越などがある。

## 引用文献 | Reference

Baltes, P. B. & Baltes, M. M. (Eds.) (1990) *Successful aging: Perspectives from the behavioral sciences.* Press Syndicate of the University of Cambridge.

Baltes, P. B. & Mayer, K. U. (Eds.) (1999) *The berlin aging study: Aging from 70 to 100.* Cambridge University Press.

Baltes, P. B. & Staudinger, U. M. (2000) Wisdom: A metaheuristic (pragmatic) to orchestrate mind and virtue toward excellence. *American Psychologist,* 55, 122-136.

Butler, R. N. (1963) The life review: An interpretation of reminiscence in the aged. *Psychiatry,* 26, 65-75.

Carstensen, L. L. (1995) Evidence for a life-span theory of socioemotional selectivity. *Current Directions in Psychological Science,* 4, 151-156.

遠藤英俊監修／NPO シルバー総合研究所編（2007）『地域回想法ハンドブック——地域で実践する介護予防プログラム』河出書房新社

エリクソン，E. H.／仁科弥生訳（1977）『幼児期と社会 1』みすず書房

権藤恭之編（2008）『高齢者心理学』朝倉書店

権藤恭之（2016）「超高齢期の心理的特徴——幸福感に関する知見」*Aging & Health,* 23, 28-31.

権藤恭之（2022）「老年期の個人的側面に関する心理学の成果とは？——個人的側面：総論」佐藤眞一編『心理老年学と臨床死生学——心理学の視点から考える老いと死』ミネルヴァ書房

原田謙・杉澤秀博・杉原陽子・山田嘉子・柴田博（2004）「日本語版 Fraboni エイジズム尺度（FSA）短縮版の作成——都市部の若年男性におけるエイジズム測定」『老年社会科学』26, 308-319.

Kahn, R. L. & Antonucci, T. C. (1980) Convoys over the life course: Attachment, roles, and social support. In P. B. Baltes & O. G. Brim Jr. (Eds.) *Life-span development and behavior,* Vol. 3. Academic Press.

河野直子（2012）「認知加齢——知能・英知・代償的プロセス」山口智子編『老いのこころと寄り添うこころ——介護職・対人援助職のための心理学』遠見書房

清藤大輔・板橋政子・岡部健（2002）「仙台近郊圏における『お迎え』現象の示唆するもの――在宅ホスピス実践の場から」『緩和医療学』4, 43-50.

国際長寿センター（2010）「長寿社会グローバル・インフォメーションジャーナル Vol.15（豊かな高齢社会の実現をめざして（ロバート・バトラー博士特集号））」

キューブラー＝ロス, E.／川口正吉訳（1971）『死ぬ瞬間――死にゆく人々との対話』読売新聞社

Lang, F. R.（2004）Social motivation across the life span. In F. R. Lang & K. L. Fingerman（Eds.）*Growing together: Personal relationships across the life span*. Cambridge University Press.

Lang, F. R., Staudinger, U. M., & Carstensen, L. L.（1998）Perspectives on socioemotional selectivity in late life: How personality and social context do（and do not）make a difference. *Journal of Gerontology*, **53B**, 21-30.

内閣府（2021）「第9回高齢者の生活と意識に関する国際比較調査」

内閣府（2023）『令和5年版　高齢社会白書』

大村哲夫（2010）「死者のヴィジョンをどう捉えるか――終末期における死の受容とスピリチュアル・ケア」『論集』（印度学宗教学会）37, 178-154.

パルモア, E. B.／鈴木研一訳（2002）『エイジズム――高齢者差別の実相と克服の展望』明石書店

Schaie, K. W.（1980）Intelligence and problem solving. In J. E. Birren & R. B. Sloane（Eds.）, *Handbook of mental health and aging*. Prentice-Hall.

Schaie, K. W.（2013）*Developmental influences on adult intelligence: The seattel longitudinal study*（2nd ed.）. Oxford University Press.

高橋惠子（2010）『人間関係の心理学――愛情のネットワークの生涯発達』東京大学出版会

高山緑（2012）「高齢者の認知」高橋惠子・湯川良三・安藤寿康・秋山弘子編『発達科学入門3 青年期〜後期高齢期』東京大学出版会

竹内真純・片桐恵子（2020）「エイジズム研究の動向とエイジング研究との関連――エイジズムからサクセスフル・エイジングへ」『心理学評論』63, 355-374

Tornstam, L.（2005）*Gerotranscendence: A developmental theory of positive aging*. Springer Publishing Company.

山口智子編（2004）『人生の語りの発達臨床心理』ナカニシヤ出版

山口智子編（2017）『老いのこころと寄り添うこころ――介護職・対人援助職のための心理学』改訂版, 遠見書房

山口智子編（2023）『喪失のこころと支援――悲嘆のナラティヴとレジリエンス』遠見書房

# CHAPTER 第13章

## 発達は十人十色
発達におけるつまずきをどう理解し支えあうか

**KEYWORDS**

発達の偏り　定型発達　非定型発達　生物心理社会モデル　神経発達症（発達障害）　自閉スペクトラム症（ASD）　注意欠如多動症（ADHD）　限局性学習症（SLD）　発達性協調運動症（DCD）　知的発達症（IDD）　不注意　多動性・衝動性　協調機能　二次障害　子ども虐待　リスク因子　防御因子　アタッチメントの障害　社会的養護　非社会性の問題行動　不登校　ひきこもり　いじめ　ネットいじめ　反社会性の問題行動　摂食障害　リストカット　ネット依存　ゲーム障害　デートDV　認知症　文化

## 1 発達におけるつまずき
### ⅢD 発達を理解することの重要性

　これまで，生涯発達心理学を理解する理論的枠組み（⇨第1章）をもとに，発達における獲得と喪失，心身の機能や行動の変化の多元性と多方向性，発達の可塑性などを見てきた。生涯にわたる発達のプロセスは，質的に異なるいくつかの段階に分けられ，それぞれの段階で新たな適応様式を身につけることに

なり，レジリエンスを獲得する機会になる（⇨第4章）。

　しかし，心身の機能の質的変化と社会からの要請の変化はしばしば同時期に起こるため，両者の間に微妙なずれや交錯が生じ，うまく適応できずにつまずくことがある。また近年では，領域によって発達の様相が異なる，領域固有性が明らかになってきた（⇨第8章 Column）。ある領域の能力の発達にだけ大多数の人から隔たりがあり，個人内での能力の相対的な偏りが大きいと，社会生活において不都合をかかえ，つまずきを経験しやすくなる。このようなつまずきは，**身体面**（腹痛や頭痛など），**心理面**（抑うつなど），**行動面**（暴力やひきこもりなど）において，発達の段階に応じてさまざまな形で現れる。

　従来の発達心理学は，**発達の偏り**やつまずきを除外した，生涯発達モデルを構成してきた。しかし現在では，発達に偏りのある人の生きづらさや，健常と障害，あるいは**定型発達**（大多数の人に当てはまる発達の様相）と**非定型発達**の境界領域の問題，子ども虐待，不登校などの社会・文化と関連する問題も含めて，発達を理解し，支援することの重要性が増している。また，発達において何がつまずきとなるのかには，時代や文化も関わっている。

　精神科医であるエンゲルが提唱した**生物心理社会モデル**（biopsychosocial model：BPSモデル；Engel, 1977）では，人間は生物的側面（細胞，遺伝，神経，細菌など）・心理的側面（認知，信念，感情，ストレスなど）・社会的側面（社会的ネットワーク，経済状況，人種，文化など）が相互に影響して成り立っており，疾病や不適応などの問題は，これら3つの側面の相互作用の結果，生じていると考える。発達のつまずきにも，このモデルは当てはまる。3つの側面の関連を検討し，問題を整理することで，つまずきをかかえている人への理解を深められると同時に，医療，心理，福祉，教育などのさまざまな分野で支援に関わる，多職種の連携のあり方を考えることができる。

　本章では，生涯発達という長期的な時間軸上に位置づけて，発達におけるつまずきとその支援について考えていきたい。発達のつまずきに関わる要因は多数存在するが，その中でも，生物学的要因の1つとして神経発達症を，また社会環境要因の1つとして子ども虐待の問題を取り上げ，説明する。さらに，さまざまな要因が作用して生じる，身体面や心理行動面の問題について，各発達期の課題に照らしながら見ていく。

神経発達症群（発達障害）

**QUESTION 13-1**

幼稚園の年中クラス。A君は皆が鬼ごっこをしていても気にせず，1人でミニカーを並べている。B君は紙芝居の時間，立ち歩いたり先生に話しかけたりしている。集団のルールを守って皆と同じ行動をとるよう，叱るべきだろうか。

これは幼稚園や保育園でよく見かける光景である。A君は風邪で元気がないのかもしれないし，B君は誕生日のことを先生に話したいのかもしれない。子どもの行動をすぐに障害や問題と結びつけてはいけないが，このような状況が続くとき，神経発達症や虐待という観点からこれらの行動をとらえてみることが，A君やB君との関わりに役立つことがある。

### 神経発達症群（発達障害）とは

個人がもつ能力には凸凹があり，誰にでも得意なことと不得意なことがある。しかし，その不得意さが社会生活において自分の努力だけでは対処できないほどの困難を生じさせている場合，神経発達症の可能性を考えてみる必要がある。

人の神経系は中枢神経系（脳と脊髄）と末梢神経系に分けられ，中枢神経系は，末梢神経から伝達された情報を受け取り，理解する，整理する，関連づける，行動の計画を立てるといった働きを担っている。この働きに，大多数の人とは異なる「くせ」や「偏り」があると，集中する，計画を立てるなどの認知機能や，対人的な情報の読み取りや他者とのやりとり，行動や感情の自己制御，運動機能のいずれか，またはその複数に影響が及び，生活に支障や困難が生じることがある。このような症状を総称して**神経発達症群（発達障害）**という。

神経発達症群に含まれる症状は，どの領域の発達に関わるものであるのかによって，いくつかの種類に分けられる。DSM-5-TR（日本を含む諸国で世界的に用いられている，アメリカ精神医学会が作成した診断基準）では，①知的発達症，②コミュニケーション症群，③自閉スペクトラム症，④注意欠如多動症，⑤限局性学習症，⑥運動症群（発達性協調運動症，チック症群）などに分類されている

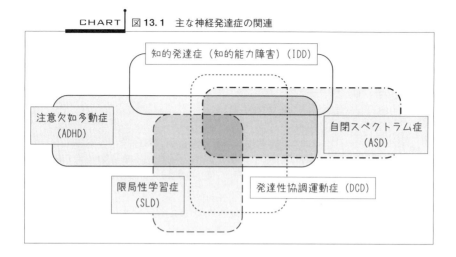

図13.1 主な神経発達症の関連

(図 13.1)。①〜⑥のうち，社会性の発達に特性がある**自閉スペクトラム症**(ASD)，注意のコントロールに特性がある**注意欠如多動症**(ADHD)，学習に関わる特定の能力に特性がある**限局性学習症**(SLD)が，日本の「発達障害者支援法」の「発達障害」に相当するものである。以下では，これら3つの神経発達症と，神経発達症の中でも相対的に発症頻度が高い，**発達性協調運動症**(DCD)と**知的発達症**(IDD)について説明する。

中枢神経系の働き方の特性に起因する発達のアンバランスは，通常，幼児期や小学校低学年など，発達の早期から見られる。発達のさまざまな領域のアンバランスは，程度の差こそあれ，誰にでも見られるものである。そのため，定型発達と，非定型発達とされる神経発達症を分ける明確な区分はなく，両者は連続性をもつ（スペクトラムである）とされる。なお，文部科学省（2022）の調査では，通常学級に在籍する小中学生の約 8.8% が，学習面や行動面で著しい困難を示すとされる。

**comment**
★ 日本の教育現場では文部科学省が使用している「発達障害」という名称が使用されており，社会一般においても「発達障害」という名称の方が広く知られていることから，本書では，神経発達症群（発達障害）と両者を併記する。なお，発達障害者支援法では，「発達障害」を「自閉症，アスペルガー症候群その他の広汎性発達障害，学習障害，注意欠陥多動性障害その他これに類する脳機能の障害であってその症状が通常低年齢において発現するものとして政令で定めるもの」（第2条第1項）と定義している。
★ 知的発達症は，DSM-5-TR では神経発達症群に含まれているが，発達障害者支援法が定義する発達障害の中には含まれず，日本の法律（知的障害者福祉法を含む）には具体的な定義の記載がない。

神経発達症の診断は，発達の特性に伴う生活上の支障や困難が大きい場合に，診断基準に基づき医師が行う。神経発達症群には，中枢神経系の働き方という共通の原因があると考えられているため，一人の人が複数の診断を併せ持つことも少なくない。また，症状の程度や現れ方は，周りの環境や時間の経過によって変わっていくため，成長とともに診断が変わる人もいる。近年では，潜在化していた困難が成人してから顕在化し，成人後にはじめて神経発達症の診断を受ける人もいる。

⑴　**自閉スペクトラム症（ASD：Autism Spectrum Disorder）**　　ASD は社会的コミュニケーションの困難（あいさつや日常的なやりとりがぎこちなく，身振りや視線や表情などの非言語的なコミュニケーションが苦手で，相互的な人間関係を作ることが難しい）と，限局された反復的な行動（行動や興味の幅が狭く限定され，パターン化されている，同じことへのこだわり，感覚が過敏であるか，逆に過度に鈍感である，という症状が伴うこともある）という，2つの特徴を有する特性である。

　こだわりの強さや，他者の心の状態を察することの難しさは，発達の各期に形を変えて現れる（表13.1）。例えば，幼少期にはこだわりのためにパニックが起こりやすく，感情や行動のコントロールに困難をかかえやすい。また，仲間同士の関わりが活発になる児童期には，こだわりや他者の心を察することの難しさから，対人的トラブルが起こりやすい。ASD のある子どもは，非言語的情報（視線や表情，身振りなど）をもとに他者の心を直観的に理解したり，他者の視点から物事をとらえたりすることが苦手だが，形式的操作期に入る9歳頃になると，言語的知識を使って筋道立てて考えることで，誤信念課題（⇨第7章）を通過するようになる（別府・小島，2010）。彼・彼女らは，社会性を欠いているというより，独自の社会性をもっている（別府，2009）のだといえる。

　ASD のある人のうち，知的な問題がなく，社会適応が比較的良好な場合には，思春期や成人期になると特異的な行動が目立たなくなることもある。これは，彼・彼女らが，人づきあいや社会的慣習に沿う行動をとること，また，非言語的コミュニケーションに多大な注意を払っていることによる。このような表面に現れない苦労があるために，順調に適応している人でも，ストレス負荷がかかると綻びが生じることがある（小川・岡田，2023）。

⑵　**注意欠如多動症（ADHD：Attention-Deficit/Hyperactivity Disorder）**　　私た

CHART 表13.1 ASDをもつ人の発達過程において見られやすい特徴

| 乳児期 | ・アイコンタクトに乏しい<br>・感覚が過敏（抱っこなどの身体接触をいやがる，音や光に過剰に反応する）であるか，過剰に鈍感である<br>・共同注意の成立（一般には生後9カ月頃）が著しく遅れる<br>・上記特徴のため，アタッチメント形成に時間がかかる傾向がある |
|---|---|
| 幼児期 | ・物や手順へのこだわりが強く，予期しない事態や変化が起こったときにはパニックを起こしやすい<br>・他者の興味・関心に注意を向け，共有することが難しい<br>・心の理論の獲得年齢（誤信念課題の通過年齢）が遅い（一般には4歳頃だが，ASDをもつ子どもの場合は9歳頃）<br>・一人遊びを好み，集団での活動や遊びに参加していても，自分の遊びややり方を通そうとする |
| 児童期 | ・状況や雰囲気，表情などから他者の感情を察することが難しい<br>・比喩や皮肉を理解しづらい（文字どおりに受け取る）<br>・相手や状況を踏まえず，思ったとおりのことを口にしがちである<br>・ルールの理解が難しい，あるいはルールに強くこだわる<br>・以上のような特徴のため，対人関係でのトラブル（クラスで孤立する，いじめられるなど）を経験しやすい |
| 青年期以降 | ・将来をイメージしたり見通しをもったりすることが苦手なため，適性にあった進路や職業を選ぶことに困難をかかえやすい<br>・異性に対する関心や好意が芽生えたときに，表現の方法がわからなかったり極端なものになったりするため，恋愛関係の構築，維持が難しい<br>・他者と協働することが求められる仕事や，状況に応じた臨機応変さを求められる仕事においては，困難をかかえやすい |

（出所）別府・小島, 2010；杉山, 2008 を参考に作成。

ちは，ふだん，自分が注意を向けるべき対象を選択して注意を集中させたり，状況に応じて注意を切り替えたり，前に見聞きしたことをふまえて行動したりしている。しかし，このような注意のコントロールに特性がある（具体的には，全体に注意を向け，配分することが難しい／先程までやっていたことや過去の経験と結びつけてその次の行動を選択，実行することが難しいなど）と，年齢に不相応な**不注意**や**多動性・衝動性**が複数の場面で持続的に見られることになる。

不注意は，長時間集中することが難しい，注意散漫で話をきちんと聞いていないように見える，宿題などの課題が果たせない，忘れ物やなくし物が多いといった形で，また，多動性・衝動性は，座っていても手足や身体を動かす，多弁，離席するなど／順番を待てない，他者の行動に割り込む，思いついたことを即座に行動に移すといった形で現れる。症状には個人差があり，不注意と多

動性・衝動性のいずれか一方が顕著な場合もあれば，両方の特徴が顕著な場合もある。これらの特徴は，処理すべき情報（周囲の刺激）が少ない場面では目立たないが，刺激が多い集団の場や，処理すべき情報が多くなったとき（立て続けに指示を受けるなど）に現れやすい。

(3) **限局性学習症（SLD：Specific Learning Disorder）** SLD は，知的な発達全般には遅れがないものの，読み，書き，計算のうち，特定の領域に極端な苦手さや特定の困難がある状態を指す。読みの困難には，単語を正確に読めない（文字と音とを結びつけられない），文を滑らかに読めない（一字一字区切って，あるいは単語の途中で区切って読むなど），読んでも内容が理解できない，などの症状がある。書きの困難では，図形のパターン認知に問題があることが多く，文字や文章を早く正確に書くことが難しい。計算の困難では，記号や数の大小，位取りの理解が難しいといった症状がある。

SLD は，文字や計算の学習が本格的に始まる就学後に明らかになるが，発達全般で見れば遅れがなかったり，状態が人によって大きく異なったりする。そのために，学習面での苦手さが，本人の努力不足によるものとみなされやすく，SLD によるものとわかるまでに時間を要することもある。

(4) **発達性協調運動症（DCD：Developmental Coordination Disorder）** DCD は，**協調機能**（視知覚や触覚，身体の位置や動き，力の入れ具合を感じる固有感覚などの情報を統合し，目的に合わせて対応，修正する脳の機能）がうまく働かないために，年齢や知的能力から期待される水準をはるかに下回る不器用さが動作や運動に認められ，生活に支障が生じている状態を指す。具体的には，食具（箸など）やはさみなどの道具をうまく使えない，紐を結べない，よく転ぶ，ボール投げや縄跳びができない，などの形で現れる。

(5) **知的発達症（IDD：Intellectual Developmental Disorder）** IDD は，概念的（記憶・言語・読字書字・数学的思考・問題解決・新規場面での判断など），社会的（対人的コミュニケーション・社会的な判断など），実用的（身の回りの基本的習慣，金銭管理，行動管理など）領域において，知的機能ならびに適応機能（日常生活で必要な要求をいかに効率よく適切に対処し，自立しているかを表す機能）が限定された状態をさす。18 歳未満に出現し，発達が全般的にゆっくりであるのが特徴である。軽度・中等度・重度・最重度の 4 段階でその程度が判断され，日常生

活において必要とする支援の程度が異なってくる。

### 神経発達症への支援

**QUESTION 13-2** あなたの周りにいる人の大半はスワヒリ語を話すが，あなたは日本語しか話せなかったとしよう。①あなたがこの先，周りの人たちとコミュニケーションをとれるようになるためには，どのような方法が考えられるだろうか。②スワヒリ語が話せないあなたを，周りの人たちが繰り返し嘲笑したり叱責したりしたら，あなたはどう感じるようになるだろうか。

QUESTION 13-2 にある「あなた」が置かれている状況は，神経発達症のある人がおかれている状況に似ている。この状況でコミュニケーションに困難をかかえるのは，おそらく少数派であるあなたであろう。このたとえから，個人の能力によって問題が生じるか否かは，周りの環境によることがわかるであろう。また，コミュニケーションにおける困難を軽減するには，あなたが歩み寄る（スワヒリ語を学ぶ）他に，周りが歩み寄る方法（日本語を学ぶ，第3のツール〔身振りや表情，自動翻訳機など〕を使うなど）もある。

これを神経発達症への支援に当てはめて考えると，前者の方法は，困難さの原因となっている能力を教育によって高めることで，環境への適応を手助けすることにあたる。後者の方法は，その人が生活しやすいように周りの環境を変えること（環境調整）で，環境への適応を手助けすることにあたる。

また，QUESTION 13-2 のような状況で②にある対応をあなたが受けた場合，自信をなくして，コミュニケーションをとる意欲を失ってしまうのではないだろうか。神経発達症のある人はこれと同様の状況を経験しており，もともとの発達の特性以外のことから不利益を被っている可能性もある。これを予防することもまた，支援においては重要となる。

(1) **神経発達症に対する支援の必要性**　神経発達症のある人は，得意なことと不得意なことの差が大きい。しかし，それが特性によるものであることは，周りの人には（場合によっては本人にも）わかりづらい。神経発達症のある人が，周りの人から見て「困った」行動（パニックを起こす，授業中に教室から飛び出すなど）を起こすのは，本人が不安や混乱をかかえ，「困っている」ときである

ことが多い。よって，支援にあたっては，本人の困り感とその背景にある発達の特性への理解が不可欠である。本人の発達のペースで，特性に合った支援を受けることができれば，困り感が軽減し，安心して過ごせる時間が増える。その結果，本人が主体的に取り組めることが増え，生活の充実へとつながる。

　本人を取り巻く環境は，本人の行動や困難さに影響を与える。しかし，本人と生活をともにしている周りの人たち（家族や保育者・教師，仲間や同僚など）もまた，本人の行動や困難さから影響を受ける。本人の行動の背後にある発達の特性がわかりづらい場合，周りの人は，関わりに難しさや戸惑いを覚えることがある。そのため，本人だけではなく，周りの人への支援も不可欠である。

　(2)　**本人への支援①──特性に応じた支援の提供**　　神経発達症がある人は，日常生活や社会生活を円滑に送るうえで必要となる情報をスムーズに処理することが難しいため，本人のニーズや特性に応じた支援が必要となる。具体的には，①環境調整，②視覚的な情報提示，③仲間による支援，④具体的，個別的な関わり，⑤自己決定・自己選択の保障が，有効な支援の方法や内容としてあげられる（国立障害者リハビリテーションセンター　発達障害情報・支援センター，2024）。

　①環境調整：書くことや計算が苦手な人のためにパソコンや電卓などの機器を用意する，学校や職場などで混乱したときに，落ち着くために1人になれる場所を用意する，気が散らないように不要な物は視界に置かないなど，学習や生活をしやすいように環境を整えることが有用である。

　②視覚的な情報提示：ASDのある人の多くは，耳で聞いた情報よりも目で見た情報の方が理解しやすいとされる。そのため，目で見てわかりやすいように情報を提示することが有効である。具体的には，物の取り出しや片付けをしやすくするために，物の収納場所を決めてそこにシールを貼っておく，作業の手順を1つひとつ分けて図示する，集団生活におけるルールや1日のスケジュールを紙に書き，目に入りやすいところに貼っておく，などの工夫が考えられる。

　③仲間による支援：学校や職場に適応するためには，教師や上司からの支援だけでは限界がある。仲間たちの理解や自然なサポートがあることが，本人にとっては支えや励みになる。

　④具体的，個別的な関わり：神経発達症がある場合，注意の集中や，抽象的な指示の理解，状況の読み取りが難しいことが少なくない。そのため，集団場面

では特に，情報の伝え方に工夫が必要である。伝えたいことは，一対一で個別に，具体的な表現で明確に伝えることが有用である。

⑤**自己決定・自己選択の保障**：生活を送るうえでは，指示や教示を受けて行動するだけでなく，本人が主体的に考え，行動できることが望まれる。支援では，本人が自己決定する機会を保障し，その機会を設定することが大切である。

(3) **本人への支援②——自尊心の低下を防ぐために**　神経発達症がある人においては，本人の努力の有無によらず，ルールを守れない，おしゃべりや忘れ物をする，宿題や課題ができないなどの行動や態度が目立ち，集団の中で皆と同じようにふるまえないことが多くなる。また，これらの行動が本人の怠けやわがままによるものと受け取られ，非難や叱責を受けたり，いじめの標的にされたりしがちである。その結果，本人の自尊心は低下し，それによって別の問題（不登校やひきこもり，非行など）が引き起こされることもある。これらは，発達の特性に対する周りの理解が十分ではなく，家庭や学校等の環境で不適切な対応を受けたことが引き金となって副次的に引き起こされるものであることから，**二次障害**と呼ばれる。

　二次障害である自尊心の低下を予防するには，周囲の人が発達の特性に関する正しい知識を得ることに加え，本人の得意な面や長所も含む，その人全体に目を向けることが大切である。本人が得意なことや好きなことに取り組むことで，充実感や達成感を得たり，周りの人たちから認められたりする機会があることは，本人にとって大きな自信になる。また，行動を共にしたり，悩みを話せたりする仲間の存在も重要である。発達の特性によらず，どのような人であっても，共感的自己肯定感（何もできなくても自分がそこにいてよいと感じられる，自己のかけがえのなさに基づく自己肯定感）をもつことができてはじめて，自分らしく，未来に目を向けて日々を送ることができるのである（別府，2009）。

(4) **周りの人たちへの支援**　神経発達症がある人の発達特性に由来する行動は，ときに周りの人にとっては理解しがたいものであり，ゆえに生活をともにする周りの人は対応に追われ，疲弊してしまうことがある。発達の特性や特性に応じた対応を知っておくことが，本人とともに生活していくうえで役に立つ。

　とりわけ親は，子どもの特性による育てにくさのために育児ストレスをかかえやすく，子どもと関係を築くうえでも困難をかかえやすい。また，子どもの

特性に由来する行動に対して，しつけができていないと責められることもある。親にとっては，子どもの特性に合った関わりをともに考え，成長を見守ってくれる専門家の存在や，子育ての悩みや楽しさを共有できる人たちの存在が，大きな支えとなる。最近では，親が前向きな気持ちで子育てに向き合えるように，子どもへの効果的な接し方を学ぶペアレント・トレーニングの機会や，子育てに疲弊した親が休息をとるためのレスパイトサービスが自治体などによって提供されている。ただし，すべての親が前向きに子育てに向き合えるとは限らないことも理解しておきたい。わが子に「障害」，すなわち，他の子たちとは大きく異なる特性があることに親が向き合い，折り合いをつけられるようになるまでには，時間と周りの支えが必要である。

　また，きょうだいがいる場合，親の注意は神経発達症がある子どもに向きがちになるため，きょうだいは親に十分甘えられず，早い自立を求められることがある。そのため，きょうだいの心理面への配慮も忘れてはならない。

　⑸　**神経発達症への本人の気づきと主体性の尊重**　　発達の特性は，年齢を重ねたり支援を受けたりすることで消えるわけではない。しかし，不得意とする部分もゆっくりとではあるが発達し，また，得意な部分によって不得意な部分をある程度は補えるようになる。さらに，本人が自身の発達の特性に気づくことで，苦手さを補う工夫をしたり，自分が必要とする具体的な支援を他者に伝えたり，情報処理の特性を生かした進路や職業の選択をすることも可能になる。

　では，発達の特性への気づきはいつ頃からでてくるのであろうか。児童期後半になると，脱中心化が進むことで，子どもは自己の否定的側面にも目を向け始める（⇨第7章）。同様の変化は，神経発達症のある子どもにも見られ，児童期後半相当の知的水準に達すると，自分の不得意なことや，自分と他者の違い，自分が他者の目にどう映っているのか，ということに気づき始める。こうした変化の訪れは，子どもへの診断の告知のタイミングや内容を，周りの大人が考える契機となる。自身の診断を知った子どもは，自分がかかえてきた困難さの理由がわかって安心することもあれば，疎外感や孤独感を覚えることもある。診断の告知は慎重に行う必要があるが，診断の有無によらず，自分の特性を知っていることは，本人が環境や進路，職業を選択するうえでプラスに働く。

　私たちの日々の生活は，どの服を着るか，何を食べるかなども含め，多数の

小さな選択と決定から成り立っている。また，生涯発達ということを考えたとき，生きていくとは，大小含めさまざまな選択と決定の連続であるといえる。支援においては，困りごとを軽減するための工夫や方法を考えるだけでなく，本人が自らの行動や未来を主体的に選択し，決定する力を育んでいくこと（田中ほか，2005）が大切である。

## 3 子ども虐待とアタッチメントの障害

　近年，パチンコ店の駐車場の車の中に幼児が放置された事件や，養育者が何日も家に帰らず，乳幼児が衰弱死する事件が起きている。これらは**子ども虐待**に相当する事柄である。児童虐待防止法では，虐待は身体的虐待，心理的虐待，ネグレクト（育児放棄），性的虐待の4つに分類されている。2005年には，配偶者間暴力を目撃させることも，心理的虐待の1つに加えられた。なお，子どもへの虐待を発見した者は，児童相談所（児童相談所虐待対応ダイヤル「189（いちはやく）」や市町村の担当窓口，福祉事務所に通告する義務がある。

### 虐待を引き起こす背景──リスク因子と防御因子

　虐待の発生には多様な要因が関わっており，その中にはリスク因子と防御因子がある。**リスク因子**には，子どもの育てにくさ（扱いづらい気質，病気や発達の特性，低出生体重など），養育者の生育歴・育児不安・精神疾患，経済的困窮，夫婦間の不和・暴力，地域からの孤立などがあり，これらの要因が複数重なったときに，虐待は起こりやすくなる（⇒Column④）。一方，**防御因子**には，配偶者や祖父母など他者からのサポートや子育て支援制度の利用などがある。子どもに何らかの育てにくさがあっても，社会的サポートを受け，養育者が心理的・経済的な安定を得ることができれば，虐待は回避できる可能性がある。

---

comment
★　出生時の体重が2500g未満の赤ちゃんを，低出生体重児という。低出生体重児では発育・発達の遅れや神経発達症のリスクが相対的に大きいため，養育者は育児において不安や困難を抱えやすい傾向にある（小さく生まれた赤ちゃんの保健指導のあり方に関する調査研究会，2019）。

## 虐待による子どもへの影響

深刻かつ長期に及ぶ虐待を子どもが発達早期に受けた場合，その影響は，認知や思考など高次機能を司る大脳皮質，記憶や意欲，情動などを司る大脳辺縁系の発達に及び，低身長，低体重，言語の遅れといった心身の発達の遅れや，対人関係の困難さといった形で表に現れる。

また，虐待は，アタッチメントの形成に深刻な問題をもたらしうる。子どもは通常，自分を世話する大人の中から特定の人を選び，その人物にアタッチメント行動を向け，応答を受けることで，アタッチメントを形成していく。子どもはアタッチメント対象の支えや助けを受けて，気持ちの安定を図りながら，自ら周りの人や物に働きかけ，コミュニケーション能力や自他の心を理解する能力，感情や行動をコントロールする自己制御の能力を発達させていく（⇨第4,6章）。しかし，虐待を受けた子どもの中には，特定の人物へのアタッチメントを形成できず，①養育者に対して滅多にアタッチメント行動を向けず，他者への社会的，感情的な反応性が欠如している，あるいは，②見慣れない大人に対しても，躊躇なく交流する，という特徴を示す者がいる。

このようなアタッチメントの障害があると，落ち着きのなさや他者への反応の乏しさ，対人関係の難しさなどが現れてくる。DSM-5-TRでは上記の①を「反応性アタッチメント症」と呼び，②を「脱抑制型対人交流症」と呼んでいる。これらはASDやADHDの特徴と重なっており，両者の判別の難しさが指摘されている（杉山，2008）。

なお，アタッチメントの形成不全（アタッチメントの障害）と不安定なアタッチメント（⇨第4章）は混同されやすいため，注意が必要である。不安定なアタッチメントは，不安定なものながらも特定の人物へのアタッチメントは形成されている，という点で，アタッチメント障害とは異なる。

子どもに生来的な育てにくさ（発達面や気質面での難しさ）などのリスク因子があり，養育環境にもリスク因子が多数あると，養育者が子どもに適切に関わるのは難しくなり，虐待が生じやすくなる。また，関わりが虐待的になると，養育者とのやりとりを通して育まれるはずのコミュニケーション能力が十分に育たず，アタッチメントの形成や社会・感情面での発達が妨げられる，という

悪循環に陥る。このように，神経発達症と虐待，アタッチメントの障害は，相互に絡み合って生じている可能性があり（神尾・上手，2008；小野，2021），背景には養育環境の要因，子ども側の要因を含め，さまざまな要因の関与が想定される。そのため，支援においては，親子関係への介入や養育者へのサポートをはじめ，多方面からのアプローチが必要となる。

### 虐待に対する支援

　少子化，貧困，いじめ，児童虐待，ヤングケアラー（本来大人が担うと想定されている家事や家族の世話などを日常的に行っている子ども）など，子どもをめぐる問題に対応するために，2023年にこども家庭庁が創設された。こども家庭センターが全市区町村に設置され，すべての妊産婦，子育て世帯，子どもを支援の対象として，母子保健と児童福祉の相談等を一体的に行うことになった。子ども虐待の相談は，こども家庭センターと児童相談所が対応する。家庭で子どもを養育することが難しい場合，国や地方公共団体には児童の養育の責務があることから，児童養護施設等への入所や里親委託など，家庭以外の場所で子どもを養護する（社会的養育）ことになる。特に就学前の子どもには，里親委託など家庭と同様の養育環境で養育することが推奨されている。

　虐待を受けた子どもは，他者への信頼感や主体性を損なっていることが少なくないが，**社会的養護**を受けて，安心・安全が保障された環境でアタッチメントに配慮した関わりを経験できると，他者への信頼感や主体性を回復することができる（坪井，2023；岩壁・工藤，2024）。しかし，そのような場合でも，施設で生活している子どもたちは，携帯電話をもっていないために学校の友人との関係をもちづらい，受験費用や学費の支払いが困難であるために大学進学を諦めるなどの困難をかかえやすく，子どもの将来を視野に入れた支援の充実が求められている。

## 4 長い時間軸から見たつまずきと可塑性

　発達の各期にはそれぞれに課題があることをこれまでの章では紹介してきた。

しかし，その人がそのときにもっている内的資源や社会的資源では対処できないストレスフルな事態に直面すると，本来その時期に取り組むはずの発達上の課題に十分に取り組めず，つまずきが生じることがある。そのためつまずきは，各期の発達の課題に関連した形で現れやすい。

### 乳幼児期

乳幼児期には基本的な生活習慣（食事，排泄，睡眠などの習慣）を身につけることが課題の1つとなるが，ストレスフルな出来事（過度に厳しいしつけ，転居や転園，妹や弟の誕生，親の病気や離婚などによる生活環境の変化など）があると，それをきっかけにつまずきが生じやすい。乳幼児は自分の思いや状態を言葉で訴えるのが難しいため，つまずきは行動として表現されやすく，例えば，食の問題（偏食，少食，過食など），排泄の問題（夜尿や遺尿など），睡眠の問題などの生活習慣上の問題に加え，癖（指しゃぶり，爪かみなど），チック，登園しぶり，赤ちゃん返りなどの形で現れる。こうした行動を叱責するのは逆効果であり，適切なケアを与え，安心して過ごせる環境を整えることによって，また，子ども自身の心身機能の発達によって，問題は改善する。

### 児童期・青年期

小学校入学後，思考能力は発達し，小学校中学年から高学年になる頃には，具体的操作期から形式的操作期に移行する。また，心の理論の発達によって，他者や自分の心の状態に敏感になり，仲間関係も変化する。この頃から，**非社会性の問題行動**である不登校，いじめ，反社会性の問題行動が増えはじめる。青年期になると，身体，社会的地位，他者との関係性は大きく変化し，それらの変化は自己にも影響する。認知発達により自己理解が深まるが，自己に関する否定的認知や自己への否定的感情が深刻化することがある（⇨第9章）。青年期はこのようにさまざまな変化を経験するために，大きなストレスをかかえやすく，不登校などの問題行動の他に，統合失調症などの精神疾患，摂食障害，

----
comment

★ 低身長などの成長障害や，熱傷等による傷あとや変形など身体外見上の他者との違い（可視的差異）は，自己に関する否定的認知につながる可能性もある。家族や友人だけではなく，広く社会一般の反応や受けとめ方が適応の重要な要因となる。

リストカット，ネット依存，ゲーム障害，デートDVなどが，問題として現れるようになる。

(1) **非社会性の問題行動：不登校・ひきこもり**　文部科学省の定義では，**不登校児童生徒**とは「心理的，情緒的，身体的，あるいは社会的要因・背景により，登校しないあるいはしたくともできない状況にあるために年間30日以上欠席」（病気や経済的理由を除く）を指す。背景には，母子分離不安，優等生の息切れ，学業不振，いじめなど，さまざまなものが想定される。また，非行や暴力を伴うものや怠けが強いものもあり，様相は多様である。

**ひきこもり**とは，社会的参加を回避し，原則的に6カ月以上，おおむね家庭にとどまり続けている状態を指す（齊藤，2010）。背景には精神疾患や神経発達症，不登校，いじめ，職業上の挫折経験など，多様なものが想定される。最近では，ひきこもりの長期高年齢化に伴い，高齢の親（80代）と子ども（50代）が生活に困窮することが問題となっている（8050問題）。ひきこもっている本人は，不安や孤独感，不信感を強くもち，支援を拒否する場合もあるため，当事者への支援だけでなく，家族への直接的支援や地域・制度を含めた総合的支援，ひきこもり予防のための支援が求められる（竹中，2014）。

(2) **いじめ・ネットいじめ**　いじめは，攻撃の一形態で，関係性の中での力の乱用を伴うものである（2007年スイスで行われたいじめ被害に対する共同努力会議でのカンダーステッグ宣言より：戸田ほか，2008）。児童期から青年期にかけては仲間関係の重要性が増し，友人関係のいざこざがいじめへと発展しやすい。また，いじめは直接的な暴力から，無視や仲間はずれ，噂など関係性攻撃へと変容し，精神的なダメージを与えるものになる。2013年に施行されたいじめ防止対策推進法では，インターネットを通じて行われるものもいじめに含められた。インターネットを利用した「ネットいじめ」は匿名性が高く，加害者から被害者の反応が見えないために攻撃がエスカレートしやすい。また，数限りない傍観者が存在する反面，ネットに関わらない大人などはいじめに気づきにくいという特徴があり，深刻化しやすい。

いじめは，いじめを受けた者の教育を受ける権利を著しく侵害し，長期化すると，不登校，ひきこもり，抑うつ，不安障害やPTSDなどの精神疾患，自殺念慮や自殺を引き起こすことがある。いじめは起こりうる，という前提で，

防止のための教育，いじめを助長しない環境づくり，いじめのサインを見逃さない関係づくり，いじめを隠蔽しない教育体制づくりをしていくことが必要である。いじめ防止対策推進法では，犯罪行為として扱われるべき重篤ないじめは警察と連携し，生命や身体の安全が脅かされる場合はただちに警察に通報することが規定されている。

(3) **反社会性の問題行動（暴力と非行）** 反社会性の問題行動とは，社会規範の侵害，他者を害する行為，あるいはその両方を含む広範な活動で，嘘，反抗，薬物使用，放火，公共物の破損，窃盗，人への暴力など多様なものを含む（中釜，2012）。青年期の重大な反社会的問題行動には，①個人の特性（低い言語能力，反社会的問題行動を肯定する態度，他者の言動に過剰に敵意的意図を読み取りがちな傾向），②家族の特性（監督の欠如，効果のないしつけ，温かみの欠如，夫婦間葛藤，両親の薬物乱用や精神科既往歴），③仲間関係，④学校での要因（成績の悪さ，怠学傾向，教育に対する関心のなさ），⑤地域社会の特性（流動性が高い，相互支援のなさ，無秩序）など，さまざまな要因が関連している（Weisz et al., 1995）。

(4) **摂食障害** 摂食障害とは食行動の異常であり，①やせ症（適正な体重を大幅に下回っているにもかかわらず，太っていると感じ，太ることを強く恐れる）と，②過食症（無制限に大量のものを食べて，食べた後に絶食，過剰な運動，嘔吐，下剤の乱用を行うなど，体型や体重へのこだわりが強い）の2タイプがある。発症は，男性に比べ，女性に圧倒的に多い。1970年代にはやせ症が注目されたが，その後，やせを礼賛するダイエット文化が浸透する中で過食症が増加しており，摂食障害の様相は多様化している（中釜，2012）。

(5) **リストカット** リストカットは自分に攻撃性を向ける問題行動であり，手首，腕，足首，太腿を自傷する行為である。リストカットをする者は，他者に心を開かず，身体の痛みに焦点化することで心の痛み（不快感）をなるべく感じないよう，努力を重ねる。その結果，自分の体験や感情もつかめなくなる，という悪循環に陥りやすい。さらに，複数の異性との交際や薬物の摂取など危険な行為を繰り返すことで，大人の怒りを買い，見捨てられたと感じて，絶望感を深めやすい。援助では，自尊心の低い彼らの心身の痛みを少しずつ言語化することで，自分の不快感や不全感に向き合えるようにしていく（中釜，2012）。

(6) **ネット依存・ゲーム障害** ネット依存とは勉強や仕事といった生活面や

CHART 表 13.2　成人期の発達におけるつまずきの例

| 職業・進路選択に関係するつまずき | ニートの状態が続くこと |
|---|---|
| ケア役割に関係するつまずき | 育児ストレスが高じて生じる児童虐待<br>介護ストレスが高じて生じる高齢者虐待 |
| 加齢による心身の機能低下，社会的役割の喪失に関係するつまずき | 更年期障害，中年期危機，中高年の自殺，認知症 |

体や心の健康面などよりもインターネットを優先してしまい，使う時間や方法を自分でコントロールできない状況のことをいう。**ゲーム障害**はゲームに熱中し，利用時間をコントロールできなくなり，日常生活に支障をきたすようになる疾病で，ネット依存の多くがゲーム障害である。ネット依存やゲーム障害で生じる問題は，朝起きられない，昼夜逆転，学業成績や仕事パフォーマンスの低下，家族への暴言や暴力，欠席・欠勤，ひきこもりなどである。予防としては，ネット利用の教育，使用する時間や場所や金額を決める，家庭でのルール作りなどがある（樋口，2023）。

(7) **デート DV**　交際関係や親しい関係における暴力は，日本では**デートDV**と呼ばれている。これは，身体的暴力，精神的暴力，性的暴力などさまざまな手段を用いた支配的言動にあたり，メールのチェック，交友の制限，過度な干渉，性行為の強要やコンドームの不使用などの性的行動なども含まれる。デート DV では，恋愛感情を理由に，束縛，行動の制限や強制，暴力が許されるとする認知の歪みが，加害側と被害側の双方に生じやすい。また，被害者のケアは非常に重要でありながら，被害者側の落ち度が責められるという，二次被害が生じやすい。

デート DV では，加害者，被害者の双方が，性的関係における男女の違いや暴力性を理解し，暴力に頼らない葛藤解決の方法を身につける必要があり，大学や社会での支援体制を拡充することが求められている（野坂，2012）。

## 成 人 期

成人期は，ライフコース選択（職業，結婚，子育てや親の介護などケア役割）や加齢による心身の機能低下，社会的役割の喪失への対処などが課題になる（**表 13.2**）（⇨第 10, 11, 12 章）。ここではその中でも認知症を取り上げ，説明する。

認知症とは，いったん，正常に発達した認知機能が脳の病変によって低下し，記憶や言語などの機能が低下するために，社会生活や職業生活に困難が生じた状態を指す。歳をとると皆が認知症になるわけではないが，加齢とともに有症率は高くなり，85歳以上では4人に1人となる。

### QUESTION 13-3

認知症になると，何もわからなくなるのだろうか。あなたの家族が日時を間違えたり，季節はずれの服を着ていたらどうすればよいのだろうか。

認知症は，以前のように片付けができない，約束を忘れてしまうといった行動面の変化をきっかけに家族や周囲が気づく場合が多い。進行すると，食事をしたことを忘れて「ご飯を食べさせてもらえない」などと被害的になる場合もある。このように経験を忘れることは，自分自身であり続けることの危機である。また，音を選択的に聞き分けられないなど感覚が変化し，疲れやすく，日常生活が困難になる。しかし，認知機能が低下しても感情やその人らしさはかなり維持される。よって「認知症は何もわからない」と考えるのは誤解である。

認知症の人が QUESTION 13-3 のように日時や季節を間違えたとき，家族が「どうしてわからないの！」と声を荒げると，その人は否定されたと感じて混乱し，暴言や暴力で訴える場合がある。このようなときは，認知症の人が否定されたと不安にならないように，その人の感じ方や想いを受けとめる方がよい。また，認知症の人ができることまで援助する過剰な支援は認知症の人の無力感を高める。支援では，認知症の人が自分で着る服を選ぶ，できる家事やペットの世話をする，会話を楽しむなど，主体性や役割を尊重し，相互的な関わりをもつことが重要である（山口，2017）。

## 5 つまずきの背景にある時代や文化

**QUESTION 13-4**
「情報化」など,現代を表す言葉をできるだけ思い浮かべてみよう。時代や文化は,発達やつまずきにどのような影響を及ぼすのだろうか。

現代を表す言葉には,少子高齢化,核家族化,情報化,グローバル化,成果主義,効率化,個人主義などさまざまなものがあり,私たちは社会情勢や生活環境が大きく変わる時代を生きている。こうした時代変化は,例えば,親の子育て不安にも関連する。かつて,子どもたちは遊びや手伝いとしてきょうだいや近所の子どもを世話し,成長とともに責任ある仕事を任され,その積み重ねのうえに親になった。しかし,現代はそのような体験がないまま,子育てをする大変さがある。また,多くの若者が20歳までは生きられなかった戦時中には,自殺者は少なかった。しかし,人類史上はじめての超高齢社会を迎えた現代では,自殺者の多さが問題となっている。どの時代にも可能性と危険性があり,つまずきの様相に影響する。情報機器の進歩によるネット依存やネットいじめなども,現代的なつまずきの例である。

また,グローバル化による価値観の多様化は文化の変容である。**文化**とは,人間が社会の成員として獲得するふるまいの総体であり,風習・伝統・思考方法・価値観・宗教などの総称で,世代を通じて伝承されていく。男女の性役割意識や家制度についての考え方は,進路の選択,結婚,家事分担,育児,介護に影響している。これらは発達のつまずきの様相だけでなく,つまずきのとらえ方にも影響する。性についてのとらえ方を例に,このことを考えてみよう。

日本では男,女という性別二分が強固であり,性別違和感が強い人の生きづらさはいまだ深刻である。しかし,近年,性の多様性についての理解は着実に進みつつある。学校では,生徒が自認する性別の制服着用を認める動きやジェンダーレス制服の採用が急速に広がりつつある。また,同性カップルを婚姻に相当する関係と認証する「パートナーシップ制度」を導入する自治体は増加し

(2024年3月時点で397自治体)，婚姻の形も多様化している。性の多様性が社会に受け容れられていけば，性別への違和感が個人の発達につまずきをもたらすことは少なくなるかもしれない。一方，これまでの規範が曖昧になることは，自由である反面，自らの選択を求められる（⇨第9，10章）。選択の迷いや自分自身と周囲の価値観の違いが大きくなると，発達におけるつまずきを経験しやすくもなる。

##  つまずきの理解と支援に求められる発達的観点

　本書ではここまで，外的な視点から，人の発達やそのつまずきの一般的な様相について記述してきた。また，神経発達症や虐待等のつまずきをかかえる人への支援では，仲間の存在や本人の主体性を尊重することの重要性を指摘した。さらに，「誰か」の発達を支援するにあたっては，そうした知識を活用しながら，自らの発達を紡ぐ主体であるその人の内的視点から，個別具体的な，その人ならではの発達の歴史を理解しようとする姿勢が求められる。

> **CASE**
> **事例C君：学校に行くことより大切なこと**★
> 　C君（小学6年）は，「この家には幽霊がいるような気がする」と学校を休み始め，母親と相談室を訪れた。C君は成績優秀で友人も多く，家族も教師もC君が学校を休む理由がわからない。母親はカウンセラーとの面接でこれまでのことを振りかえり，C君が3歳のときに生まれた子ども（弟）を養子に出したこと，そしてC君が話しかけてくると離れて暮らす子のことばかりを考えてイライラし，その悲しみをC君にぶつけたことを打ち明けた。母親がこの話を打ち明けた頃から，C君の幽霊の訴えはなくなった。また，母親はかつては自分の意見を言えず，養子縁組を断ることもできなかったが，学校を休むC君を父親が非難したときは，「こんなに楽しそうなCを見たことがないでしょう」と自分の考えを伝え，C君をかばった。

　C君は，形式的操作期に入り，母親とのやりとりで幼児期から感じていた違和感，すなわち，目には見えない誰かの存在を「幽霊がいる」と表現したのか

comment

★　事例はプライバシーに配慮し，修正を施している。

もしれない。また,「学校に行かない」というC君の行動は, 家族の潜在化した問題を改善することにつながった。C君は学校を休み, 母親との関係を修復したが, これは未来の課題, 心理的自立の準備であったとも考えられる。不登校は, 学習や社会性などを身につける機会を減じさせるため, 問題行動として理解されやすい。しかし, この事例のように, 不登校が子どもやその家族の軌道修正のきっかけになるなど, つまずきが発達の可塑性を引き出す重要な契機となることもある。ここで, C君の支援を考えると, 母親や担任や友人は重要な支援者である。母親が相談機関を利用する決心をし, C君との接し方を変えたことは, C君の「幽霊がいる」という不安を軽減した。また, C君が登校した際に, 担任や友人が学校を休む理由を問い詰めたりせず, これまでと変わらない関わりをしたことはC君に安心感を与えた。専門家による支援には限界があり, このような家族や友人との相互的な関わりが支援として重要である。

　人は過去を生きてきた存在であると同時に,「いま」「ここ」を生きている存在でもあり, さらに, 過去や現在とのつながりのうえに「こうありたい」「こうなりたい」という未来に対する物語を思い描きながら, 自らの意図をもって生きていく存在（学会連合資格「臨床発達心理士」認定運営機構, 2009）でもある。その人の現在の状態や出来事が, その人やその人を取り巻く人たちの過去や未来とどのようなつながりをもつのかを考えることではじめて, つまずきがその人の発達においてどのような意味をもつのかがわかってくるのだといえる。

---

### POINT

- [ ] **1** 主な神経発達症群（発達障害）には, 自閉スペクトラム症, 注意欠如多動症, 限局性学習症がある。神経発達症に対しては, 特性に応じた支援が有効であり, 二次障害の予防も重要である。

- [ ] **2** 虐待などの養育上の問題は, アタッチメントの障害を生じさせ, 子どもの心身の発達に深刻な影響を及ぼす可能性がある。

- [ ] **3** 個人が有する資源では対処できないストレスフルな状態が続くと, 発達の各期における課題に十分に取り組めず, 発達の段階に応じたさまざまな形でつまずきが現れる。つまずきは適切な支援を受けることで乗り越えうるものであり, 発達の可塑性を引き出す重要な契機となることもある。

- [ ] 4 支援は，支援を受ける者の主体性を尊重することが重要であり，専門家の支援だけでなく，家族や友人や仲間との相互的な関わりが有効である。
- [ ] 5 つまずきの理解や支援には，発達的観点をもつことが求められる。

## 引用文献

American Psychiatric Association 編／日本精神神経学会日本語版用語監修／髙橋三郎・大野裕監訳／染矢俊幸ほか訳（2023）『DSM-5-TR 精神疾患の診断・統計マニュアル』医学書院

別府哲（2009）『自閉症児者の発達と生活――共感的自己肯定感を育むために』全国障害者問題研究会出版部

別府哲・小島道生編（2010）『「自尊心」を大切にした高機能自閉症の理解と支援』有斐閣

小さく産まれた赤ちゃんへの保健指導のあり方に関する調査研究会（2019）『低出生体重児保健指導マニュアル――小さく生まれた赤ちゃんの地域支援』みずほ情報総研株式会社

Engel, G. L. (1977) The need for a new medical model: A challenge for biomedicine. Science, 196, 129-136.

学会連合資格「臨床発達心理士」認定運営機構編（2009）『臨床発達心理士――わかりやすい資格案内』第2版，金子書房

樋口進（2023）「インターネット・ゲーム依存について」『中央調査報』787, 6895-6899.

岩壁茂監修／工藤由佳（2024）『愛着トラウマケアガイド――共感と承認を超えて』金剛出版

神尾陽子・上手幸治（2008）「子どもの愛着行動にみられるさまざまな病理――反応性愛着障害と分離不安障害」中根晃・牛島定信・村瀬嘉代子編『詳解 子どもと思春期の精神医学』金剛出版

国立障害者リハビリテーションセンター 発達障害情報・支援センター（2024）「支援方法の学習」

文部科学省（2022）「通常の学級に在籍する特別な教育的支援を必要とする児童生徒に関する調査結果について」

中釜洋子（2012）「障がい・問題行動」高橋惠子・湯川良三・安藤寿康・秋山弘子編『発達科学入門 3 青年期～後期高齢期』東京大学出版会

野坂祐子（2012）「青年期の性的行動と支援」日本発達心理学会編『発達科学ハンドブック 6 発達と支援』新曜社

小川しおり・岡田俊（2023）「神経発達症群――DSM-5 から DSM-5-TR への変更点」『精神医学』65, 1345-1351.

小野真樹（2021）『発達障がいとトラウマ――理解してつながることから始める支援』金子書房

齊藤万比古（研究代表者）（2010）「ひきこもりの評価・支援に関するガイドライン」厚生労働科学研究費補助金こころの健康科学研究事業

杉山登志郎（2008）「発達段階からみた児童精神疾患」中根晃・牛島定信・村瀬嘉代子編『詳解 子どもと思春期の精神医学』金剛出版

竹中哲夫（2014）『長期・年長ひきこもりと若者支援地域ネットワーク』かもがわ出版

田中千穂子・栗原はるみ・市川奈緒子編（2005）『発達障害の心理臨床――子どもと家族を支える療育支援と心理臨床的援助』有斐閣

戸田有一・ストロマイヤ, D.・スピール, C.（2008）「人をおいつめるいじめ」加藤司・谷口弘一編『対人関係のダークサイド』北大路書房

坪井裕子（2023）「児童虐待と社会的養護」山口智子編『喪失のこころと支援――悲嘆のナラティヴとレジリエンス』遠見書房

山口智子編（2017）『老いのこころと寄り添うこころ――介護職・対人援助職のための心理学』改訂版，遠見書房

Weisz, J. R., Donenberg, G. R., Han, S. S. & Kauneckis, D.（1995）Child and adolescent psychotherapy outcomes in experiments versus clinics: Why the disparity?. *Journal of Abnormal Child Psychology*, **23**, 83-106.

# 事項索引

● アルファベット

AAI　→成人愛着面接
ADHD　→注意欠如多動症
ADL　→日常生活動作
ASD　→自閉症スペクトラム症
DCD　→発達性協調運動症
DNA　25
DSM-5-TR　215
EC　→エフォートフル・コントロール
Fat Talk　141
IDD　→知的発達症
IDS（対乳児発話）　83
IQ（知能指数）　14, 133
IWM　→内的作業モデル
MAMAサイクル　161
MCI　→軽度認知障害
NIPT（非侵襲的出生前遺伝学的検査）　42
PMS　→月経前症候群
QOL　205
SLD　→限局性学習症
SOC理論（選択最適化補償理論）　200
SSP　→ストレンジ・シチュエーション法

● あ 行

愛着　→アタッチメント
アイデンティティ　157, 177
　——地位　159
　——地平　166
　——の危機　158
　——のための恋愛　150
　——の探求　158
足場かけ　85
遊び　77, 88
アタッチメント（愛着）　62
　——行動　63
　——の個人差　65, 67
　——の時間的連続性　69
　——の質　70
　——の障害　225
　安定した——　66, 70
　不安定な——　71
アロマザリング　188
安全基地　65
安全と安心　63
安全な避難所　65
アンダーマイニング現象　131
安定型　66
育児（子育て）　18, 21, 69, 171, 180, 182-188, 190, 223
　——期　10
　——ストレス　222
　——不安（悩み）　183, 184
　孤立——　186
　直感的——　60
　不適切な——　185
育児・介護休業法　188
いじめ　228
いじめ防止対策推進法　229
一般知能因子　14
遺伝　4, 23
　——主義　25
　——と環境の相互作用　5
　——の説明率　27
遺伝カウンセリング　44
遺伝子　4, 24
　——型　24
意図（の理解）　80, 82, 95
意味記憶　126
ウェルビーイング　204
うそ　114
　悪意のない——　112

237

生まれは育ちを通して　26
運動遊び　88
運動面の発達　81
エイジズム（高齢者差別）　195, 210
エイジング
　——・パラドックス　196, 204
　サクセスフル・——　204
　プロダクティヴ・——　210
エピジェネシス（漸成説）　6
エピジェネティクス　25
エピソード記憶　126
エフォートフル・コントロール（EC）
　　102, 103, 116
嚥下運動　34
延滞模倣　77
延命治療　209
横断的研究　198
親からの自立　152
親子関係　102, 152
親子のやりとり　→コミュニケーション
親としての成長　183
親としての役割意識　39
親になること　182
音韻　79, 83

● か 行

介護　189
　——ストレス　189
介護保険制度　189
外言　86
外発的動機づけ　131
回避型　66
会話　85
鏡映文字　86
学習　82, 124, 216
獲得　12
　——と喪失　14
核となる知識　→コアノレッジ
過食症　229
数の理解　53

家族関係　205
可塑性　12, 16
語り　→ナラティブ
活動持続　205
家庭生活　169
ガラスの天井　167
身体の感覚　93
加齢（変化）　195
　生物学的——　196
感覚運動期　48, 50
眼球運動　36
環境　5, 16
　——主義（経験主義）　25
　——調整　221
　——的要因　4, 23
　——への適応　14, 220
　共有——　26
　非共有——　26
関係性攻撃　118, 150, 228
間主観性　94
感情（情動）
　——共有　114
　——認知　114
　——のコントロール　108
　——の発達　108
　原初的——　98
　自己意識的——　98
　自己意識的評価的——　98
感情語　108
感情コンピテンス　108
感情知性　→情動知能
記憶　126, 197
器官形成期　32
気質　68, 103
規準喃語　79
期待違反法　49
機能遊び　88
ギビング　82
虐待　224
キャリア
　——・アンカー　178

──観　165
　　──形成　163
　　──発達　178
　ニュー・──　165
　プロティアン・──　165
ギャング・グループ　116, 149
嗅覚　35
9カ月の奇跡　82
9歳の壁　123
既有知識　129
吸てつ反射　34
驚愕様運動　34
共感（性）　98, 114
　　──の指さし　83
共感的自己肯定感　222
協調機能　219
協調性（目的修正的な）　64
協同遊び　89
共同注意　20, 80, 82, 95, 96
共同注視　81
共鳴動作　60
共有環境　26
均衡化　48
クーイング　79
具体的操作期　48, 122-124
ケア　191
経験主義　→環境主義
形式的操作期　48, 122, 124, 218
形質　23, 24
　　──の個人差　27
継続性理論　205
系統発生　18
軽度認知障害（MCI）　200
系列化　123
月経前症候群（PMS）　139
結婚　169
結晶性知能　13, 198
ゲーム障害　228, 230
限局性学習症（SLD）　216, 219
健康長寿　210
言語（言葉）　86

　　──の習得　78, 84
　　──発達　83, 84
コアノレッジ（核となる知識）　53
語彙爆発　84
構音　79
向社会的行動　114
公正さ　113
行動遺伝学　26
行動調整　78, 86
行動の不変性と変化　12
高齢期（高齢者）　195, 156
高齢者差別　→エイジズム
五感　35
呼吸様運動　34
心の理論　109, 111
個人差　5, 65, 68, 102, 103
個人的寓話　147
誤信念課題　109
子育て　→育児
個体発生　18
こだわりの強さ　217
ごっこ遊び　77, 88
言葉　→言語
子ども家庭センター　226
子ども虐待　→虐待
コペアレンティング　187
コミュニケーション　61, 80, 86, 114, 215, 217, 220
　親子（母子）の──　38, 65, 153, 182
　夫婦間の──　185
コンボイ・モデル　206

● さ　行

罪悪感　98
サクセスフル・エイジング　204
サビタイジング　53
ジェネラティヴィティ　→生成継承性
ジェネレイショナル・サイクル　191
シェマ　48
ジェンダー　167

事項索引　● 239

視覚　36, 93
視覚的断崖　50
時間的拡張自己　93, 100
時間的展望　143, 145
自己　93, 145
　──概念　99
　──（に対する）肯定（的感情）　100,
　　146, 151, 222
　──（への）否定的感情　145
　概念的──　93, 99
　客体としての──　93
　現実──　143
　時間的拡張──　93, 100
　私的──　93, 145
　主体としての──　93
　生態学的──　94
　対人的──　95
　理想──　143
自己意識　19, 96
　──的感情　98
　──的評価的感情　98
思考　86, 132, 145
自己決定理論　131
自己主張　104
　──期　97
自己受容感覚　93
自己制御　101, 104, 133, 140
自己中心性　→中心化
自己調整学習　132
自己評価　116
自己分析　162
自己抑制　104
自己理解　137, 143
思春期スパート（成長スパート）　21, 137
自身焦点　147
死生観　209
自尊感情　116, 141, 146
時代　3
実行機能　115, 129
　クールな──　116
　ホットな──　116

児童期　5
児童虐待防止法　224
児童相談所　226
児童養護施設　226
死のプロセス　208
シフティング　→認知的柔軟性
自閉症スペクトラム症（ASD）　216, 217
死別　208
社会　3, 22, 71
社会情動的選択性理論　203
社会情動の発達　70
社会性　55, 107, 111, 217
社会的コンピテンス　70
社会的参照　83
社会的比較　116, 117
社会的微笑　61
社会的養護（社会的養育）　226
社会的離脱　205
社会脳仮説　18
社会文化的な環境　56
シャーデンフロイデ　117
縦断的研究　198
終末期（医療）　209
終末低下　196
熟達化　200
主体性　233
手段－目的関係　95
出産　40
出生前遺伝学的検査　41
出生前検査　41
寿命　10, 20, 21
馴化－脱馴化法　49
ショウイング　82
障害　214, 223
生涯発達　4, 12
象徴（シンボル）　77
　──遊び　88
　──機能　77
情動　→感情
情動知能（感情知性）　14
職業生活　156, 180

240

職業選択　162
初語　84
叙述（共感）の指さし　83
触覚　35, 93
処理水準効果　129
自立　152, 185
自律性　130
進化　18, 21, 23
神経発達症群（発達障害）　215, 216
信念の理解　109
シンボル　→象徴
親密性　169
心理社会的アイデンティティ　157
心理社会的危機　6, 177, 202
心理社会的モラトリアム　158
心理的離乳　152
垂直的分離　167
水平的分離　167
ストレンジ・シチュエーション法（SSP）　65, 67
生活年齢　14
成人愛着面接（AAI）　70
成人期　5, 156, 161
成人中期　177
精神年齢　14
生成継承性（世代継承性；ジェネラティヴィティ）　177
生態学的環境システム　22
生態学的自己　94
生態学的システム　72
成長加速現象　→発達加速現象
成長スパート　→思春期スパート
性的成熟　142
生得的行動　63
青年期　5, 137, 156
　──の親子関係　152
　──の自己中心性　146
　──の不安定さ　139
青年期延長　157
生物学的要因　4, 23
生物心理社会モデル　214

性役割　167
　──葛藤　142
　──観　171
生理的早産　20
生理的微笑　60
世代間伝達　17
世代継承性　→生成継承性
摂食障害　229
説明率　27
宣言記憶（宣言的知識）　126
選好注視法　49
染色体疾患　41
漸成説　→エピジェネシス
前操作期　48, 121, 122
選択最適化補償理論　→SOC理論
前頭前野　140
相互規定的作用モデル　→トランザクショナルモデル
相互作用　5, 12, 56
操作　48, 124
喪失　12, 14, 208, 230
　──と悲嘆　208
　獲得と──　12
双生児法　26
想像上の観客　146
ソーシャル・ネットワーク　206
育てにくさ　225
祖母仮説　21, 210
素朴理論　109
尊厳死　209

● た　行

第一次間主観性　94
第一次反抗期　97
胎芽　32
胎児（期）　5, 32
対象の永続性　51
対人関係　116
胎動　35, 38
第二次性徴　136, 138, 139

第二次反抗期　146
対乳児発話　→IDS
大脳辺縁系　140
ダウン症候群（21トリソミー）　43
他者　88, 96
他者の心　19
　──の理解　107
他者のまなざしの意識　116
多重役割　190
脱衛星化　152
脱中心化　49, 122
脱抑制型対人交流症　225
多動性・衝動性　218
タブラ・ラサ　47
ダブルタッチ　94
短期記憶　126
探索行動　65
男女雇用機会均等法　188
談話（ディスコース）　85
知恵　201
知的発達症（IDD）　216, 219
知能　13, 16, 197
知能検査　14
知能指数　→IQ
チャム・グループ　149, 150
注意　82
注意欠如多動症（ADHD）　216, 217
中心化（自己中心性）　49, 122, 146
　脱──　49, 122
中年期危機　177
聴覚　35, 93
長期記憶　126
超高齢期　198, 204
長寿革命　210
調節　48
つまずき　213, 226, 230, 233
定型発達　214
抵抗型　66
ディスコース　→談話
手続き記憶（手続き的知識）　126
デートDV　228, 230

照れ　98
同化　48
動機づけ　130
統語（文法）　85
同情　114
道徳性の発達段階　113
道徳的判断　112
特殊因子　14
トランザクショナル（相互規定的作用）モデル　72

● な　行

内言　86
内的作業モデル（IWM）　69
内発的動機づけ　130
仲間関係　116, 228
仲間集団　149
泣き　60
ナラティブ（語り）　85
二次障害　222
21トリソミー　→ダウン症候群
日常生活動作（ADL）　205
乳児期　5
妊娠　31
認知機能（能力）　143
　──の発達　48, 124
認知症　200, 231
認知的柔軟性（シフティング）　115
妬み　117
ネットいじめ　228
ネット依存　228, 229
年齢的事象　15
脳　18, 139

● は　行

恥　98
パーソナリティ（発達）　201, 202
　──の個人差　27
発達　4

──課題　6, 227
　　──段階　6
　　──の偏り　214
　　──の多次元性　14
　　──の多方向性　14
　　定型──　214
　　非定型──　214
発達加速現象（成長加速現象）　138
発達障害　→神経発達症群
発達障害者支援法　216
発達性協調運動症（DCD）　216, 219
発達の最近接領域　56
話し言葉　84
反抗期　97, 146
反射　50
反社会性の問題行動　229
反芻的探求　161
パンデミック　3
反応性　103
反応性アタッチメント症　225
ピア・グループ　150
ひきこもり　228
非共有環境　26
非社会性の問題行動　227
非侵襲性出生前遺伝学的検査　→NIPT
非定型発達　214
人見知り　63
非認知能力　133
非標準的事象　15
表現型　24
表示規則（表出ルール）　112
表出行動　60
表出ルール　→表示規則
表象　51, 77, 96
表情　31, 36, 60, 62, 83
夫婦関係　185
不注意　218
不登校　228, 234
ふり遊び　77, 88
不連続　13
文化　232

分散効果　130
文法　→統語
分離不安　63
ペアレント・トレーニング　223
並行遊び　89
ベビースキーマ　60
ペリー就学前プロジェクト　133
ベルリン知恵プロジェクト　201
防御因子　72, 224
誇り　98
補償　200, 204
母性愛神話　186
保存課題　122-124
母体保護法　44
微笑み　60
ホルモン　139

● ま 行

マークテスト　96
マシュマロ・テスト　115
マルトリートメント　186
味覚　35
未組織型　67
3つの山問題　122
ミラリング　62
メタ認知　132
　　──的活動　132
　　──的知識　132
目と手の協応　50
メンター　179
メンタライジング　62, 109
メンタリンク　179
模倣　95
　　──学習　82

● や 行

ヤングケアラー　226
友人関係　148
指さし　20, 82-84

事項索引　● 243

養育行動　63, 188
養育者のセンシティビティ　67
養護性　182, 188
幼児期　5
羊水検査　43
抑制　115
欲求の理解　109

● ら・わ 行

ライフイベント　8, 171
ライフコース　180
　──選択　171
ライフサイクル　10, 191
ライフレヴュー　202, 210
リスク因子　72, 224
リストカット　228, 229
リーダーとフォロワー　116

リプロダクティブ・ヘルス／ライツ　44
流産　33
流動性知能　13, 16, 198
領域一般性　125
領域固有性　125, 214
ルールのある遊び　88
霊長類　18
歴史的事象　15
レジリエンス　72, 133
レスパイトサービス　223
恋愛関係　150
連合遊び　89
連続　13
労働時間　186
老年的超越　204
論理的思考　123
ワーキングメモリ　124, 127-129

# 人名索引

● あ 行

ヴィゴツキー（L. S. Vygotsky）　56, 86
エインズワース（M. D. S. Ainsworth）
　　65, 67
エリクソン（E. H. Erikson）　6, 150, 157,
　　158, 169, 177, 191, 202
エンゲル（G. Engel）　214
大野久　150
大日向雅美　184
岡本祐子　161, 162, 177

● か 行

柏木惠子　187
カーステンセン（L. L. Carstensen）　203
ガードナー（H. Gardner）　14
キャッテル（R. Cattell）　14, 197
キューブラー＝ロス（E. Kübler-Ross）
　　208
清藤大輔　209
ギリガン（C. Gilligan）　113
クール（P. K. Kuhl）　69
グローテバント（H. D. Grotevant）　153
ケイス（R. Case）　124
コールバーグ（L. Kohlberg）　111, 113

● さ 行

シャイエ（K. W. Schaie）　198
シャイン（E. H. Schein）　178
スピアマン（C. E. Spearman）　14
ソディアン（B. Sodian）　111

● た 行

タルワー（V. Talwar）　111

土堤内昭雄　184
トーマス（A. Thomas）　103
トーンスタム（L. Tornstam）　204

● な 行

ナイサー（U. Neisser）　92
根ヶ山光一　187

● は 行

バトラー（R. N. Butler）　202, 210
バルテス（P. B. Baltes）　12, 15, 16, 17,
　　201
バロン＝コーエン（S. Baron-Cohen）　114
ピアジェ（J. Piaget）　48, 56, 88, 111, 121,
　　123-125
ファンツ（R. L. Fantz）　55
ブロス（P. Blos）　148
ブロンフェンブレナー（U. Bronfenbrenner）
　　22
ポヴィネリ（D. J. Povinelli）　100
ボウルビィ（J. Bowlby）　62, 69
ホーン（J. L. Horn）　197

● ま 行

マーシャ（J. E. Marcia）　159, 161
メルツォフ（A. N. Meltzoff）　56

● ら 行

リー（K. Lee）　111
ロスバート（M. K. Rothbart）　161
ローレンツ（K. Lorenz）　60

【有斐閣ストゥディア】

## 問いからはじめる発達心理学〔改訂版〕
——生涯にわたる育ちの科学

*Developmental Psychology Beginning with Questions:*
*A Life-Span View*, 2nd ed.

2014 年 12 月 25 日 初　版第 1 刷発行
2024 年 10 月 20 日 改訂版第 1 刷発行

| 著　者 | 坂上裕子・山口智子・林創・中間玲子 |
|---|---|
| 発行者 | 江草貞治 |
| 発行所 | 株式会社有斐閣 |
| | 〒101-0051 東京都千代田区神田神保町 2-17 |
| | https://www.yuhikaku.co.jp/ |
| 装　丁 | キタダデザイン |
| 印　刷 | 大日本法令印刷株式会社 |
| 製　本 | 大口製本印刷株式会社 |
| 装丁印刷 | 株式会社亨有堂印刷所 |

落丁・乱丁本はお取替えいたします。定価はカバーに表示してあります。
©2024, Hiroko Sakagami, Satoko Yamaguchi, Hajimu Hayashi, Reiko Nakama.
Printed in Japan. ISBN 978-4-641-15129-1

本書のコピー，スキャン，デジタル化等の無断複製は著作権法上での例外を除き禁じられています。本書を代行業者等の第三者に依頼してスキャンやデジタル化することは，たとえ個人や家庭内の利用でも著作権法違反です。

[JCOPY] 本書の無断複写（コピー）は，著作権法上での例外を除き，禁じられています。複写される場合は，そのつど事前に，(一社)出版者著作権管理機構（電話03-5244-5088，FAX03-5244-5089，e-mail:info@jcopy.or.jp）の許諾を得てください。